초연결시대의 그늘
치유론적 **탐색**

KB079547

이 저서는 2022년 대한민국 교육부와 한국연구재단의 지원을 받아 수행된 연구임 (NRF-2022S1A5C2A02092628).

초연결시대
치유인문학
총서 **4**

초연결시대의 그늘
치유론적 **탐색**

강원대 인문과학연구소 엮음 | 정지은 양유성 최성민 정락길 이민용 우찬제 노철환 이헌주

차례

머리말

인간은 항상 지금 여기와 다른 저기에 동시에 존재하기를 꿈꾸어 왔다. 소위 편재성ubiquity의 꿈은 고대 신화로부터 현대의 공상과학 영화에 이르기까지 개인과 집단의 상상력을 자극해 왔고 그 욕망의 결과가 초연결시대라는 현대의 모습으로 나타나고 있다는 사실에 대해서 이제 부정하는 사람은 별로 없을 것이다. 현대의 기술적 진화에서 비롯된 초연결의 시대는 거리 없는 공간과 지연 없는 시간을 현대 인간에게 제안하고 있다. 새로운 기술로부터 새로운 현실이 태어났고 분명 새로운 현실은 자본주의의 작동 원리를 깊이 신뢰하는 사람들에게는 효율성 측면에서 충분히 낙관적이고 행복한 현실일 수도 있다.

초연결의 시대에 현대의 인간은 현대 과학기술 성과가 집적된 기기 혹은 장치와 밀착된 존재이다. 그리고 이 장치는 현대인의 일상생활을 근본적으로 변화시키고 있다. 현대인의 존재 방식, 경험, 타인과의 관계는 새롭게 변화되었고, 심지어 우리의 습관 혹은 믿음 더 나아가 사유의 방식 자체도 변화되었다. 현대 과학기술이 건네준 선물로서의 이 장치는 너무나 강렬해서 현대인에게 이 기기와 이별해야 한다는 생각은 상상할 수 없는 현실이 되었다. 이 기기는 단순한 돌도끼와 같은 도구가 아니라 그 소지자의 육체와 마음에 전례 없는 변화를 초래했다. 이 기기는 일상적인 물건이 아니다. 우리를 지키는 파수꾼이기도 하고, 지루하고 외로울 때의 동반자이자 현대의 일과 노동의 동력이기도 하다.

이 책《초연결 시대의 그늘: 치유론적 탐색》은 '초연결시대, 이질성과 공존의 치유인문학'이라는 어젠다로 2019년 인문사회연구소 지원사업에 선정된 후 매년 발간되는 '초연결시대 치유인문학' 총서 시리즈의 네 번째 저서이다. 그동안의 총서들은 초연결시대를 치유론적 관점에서 어떻게 이해할 것인가에 대한 논의를 전개하여 왔다. 그래서 현대 과학기술 기기들이 바꾸어 놓은 우리 삶의 풍경 속에서 기술에 대하여 배타적인 시선을 던지기보다는 그 현상들을 현상학적으로 이해하고자 하는 분석적 관점을 취해 왔다. '초연결시대 치유인문학' 총서의 네 번째 책《초연결 시대의 그늘: 치유론적 탐색》은 제목이 암시하듯, 인간의 욕망이 추구해 왔던 연결의 대상들이 역설적으로 서로 연결되어 있지만 여전히 인간은 외로움과 고독의 상태 속에 있다는 사실에서 출발한다. 초연결시대 수많은 기기와의 접촉으로부터 이루어진 외관상의 무한한 연결들 사이에 접촉의 병리가 존재하고 있다는 것이다. 인간의 육체와 마음의 관계, 그리고 개인과 사회의 관계에 대한 인문학적 성찰의 여정은 고대 이래 지속적으로 이어져 왔고 여전히 지속되어야 하는 과제이다. 인간의 육체와 마음의 관계 그리고 개인과 사회의 관계는 역사적 변화의 함수로 존재하며, 초연결시대는 이 함수의 복합적인 문제를 질문하고 있다. 이 질문에 대한 대답은 인문학의 질문이 그래왔듯이 사유를 요청하는 연결의 공백, 고리, 도약 등의 구성적 과정이며 그 구성을 통해 던져지는 성찰의 과정이다. 이 총서에는 총 8명의 인문학자들이 참여해 서로 다른 시각으로 초연결시대가 제기하는 병리적인 문제들을 다양한 방식으로 제기하고 있다.

❖ ❖ ❖

정지은의 〈초연결사회 속 인간의 공간성 변화와 그에 따른 심리적 경향성: 들뢰즈의 섬 이론을 중심으로〉는 코로나 시대 비대면 상황 속에서 디지털 미디어 경험이 바꿔 놓은 인간의 공간적 구조와 심리적 구조를 살펴보고, 들뢰즈Gilles Deleuze의 무인도 이론을 적용해서 달라진 심리적 구조를 해석한다. 디지털 미디어 시대의 인간은 스크린 위에서 타자들과 만나며 이때의 타자들에 대한 경험은 현실적인 지각 공간 안에서의 타자들에 대한 경험과 차이를 갖는다. 미디어 세상 속 인간은 무인도 거주자처럼 자신만의 공간에서 실제의 타자가 부재한 상태로 세상을 경험한다. 들뢰즈는 무인도를 다룬 두 논문에서 타인-구조가 부재하는 무인도 속에서 인간이 도착증에서 정신증으로 향해 가는 과정을 서술한다. 비대면 세계의 미디어적 인간은 실제의 타인-구조의 부재 속에서 자신의 신체와 자신의 사적이고 친밀한 장소를 소유하고 또한 향유하는바, 이러한 공간 경험은 들뢰즈의 무인도 거주자의 공간 경험과 공통점을 갖는 것처럼 보인다. 공간 경험의 유사성은 심리적 구조의 유사성으로 이어질 수 있을 것이며, 그런 의미에서 비대면 세계의 미디어 속 인간과 무인도 거주자의 심리적 구조를 비교할 수 있다. 다시 말해 현실적인 지각적 공간으로부터 완전히 분리된 미디어적 인간은 도착증적 주체, 나아가 분열증으로 진행될 수 있음을 논의하고 있다.

양유성의 〈초연결시대 사이버 공간에서의 분노와 공격성〉은 초연결시대에 인간의 소외 현상, 중독이나 스트레스의 심화, 사이버 폭력의 증가 등 과학기술 문명의 부산물로서 역기능적 요소도 속속 발생하고 있음에 주목하면서, 그런 다양한 현상 중에서 분노와 공격성의 문제를 집중하여 다루고 있다. 그리고 상담 과정에서 상담자가 내담자와 함께 내면 세계 속에 깊이 숨어 있는 복잡하고 다양한 모습의 내면아이를 찾고 치료적인 작업을 해 나가야 함을 살펴보고 있다.

최성민의 〈초연결사회의 소통 교육〉은 테크놀로지에 의해 인간과 인간, 인간과 기계, 기계와 기계 등 모든 것이 연결된 초연결시대를 맞아 연결과 소통 관계에 대한 인문학적 성찰의 중요성을 강조하며 성찰에 필요한 비판 의식과 윤리 의식을 갖추기 위해 글쓰기 교육이 새로운 변화를 맞이해야 함을 고찰하고 있다. 이 글은 음성인식 기술과 같은 인간-기계의 소통이 앞으로 더욱 활발해질 것을 전망하면서, 기계와 기술의 발전에 부응할 수 있는 인문학적 성찰이 내포된 소통 사례를 주목하고, 상호 공감의 깊이를 증폭시키는 글쓰기 교육 방안을 제시하고 있다. 기계와 인공지능이 개입하더라도 결국 그것을 읽고 소통함에 있어 감정적 변화를 일으키게 될 것은 다름 아닌 인간임을 주목하면서, 데이터에 수렴되지 않는 인간 존재의 가치는 개별화된 '감성'에 있고, 그 감성을 포착하는 것이 바로 인문학의 역할임을 강조하고 있다.

정락길의 〈정상증후군, 병리인가 현실인가?: 초연결사회에 대한 크리스토퍼 볼라스의 시선〉은 19세기부터 21세기까지 인간 성격의 변화를 정신분석 병리학의 관점에서 기술하고 있는 크리스토퍼 볼라스Christopher Bollas의 논의를 검토한다. 볼라스는 정상증후군자를 안정적인 세계 속에서, 자신에 대해 확신하고 있으며, 사회적 관계에서 매우 외향적인 개인이지만, 그 자신이 사물이 되는 것을 의미하더라도 물질만능의 세상에서 큰 걱정도, 큰 결점도, 그리고 문제도 없이 행복하다는 느낌을 지닌 채 살아가는 충만의 존재들이다. 그들은 무엇인가 결여되어 있음에도 사유하지 않으며, 최첨단 물건이나 새로운 장치의 축적으로 보상받으면서 충분히 행복한 삶을 살아가는 존재들로 정의된다. 저자는 이러한 정상증후군에 대한 크리스토퍼 볼라스 논의의 쟁점과 문제점을 초연결사회의 병리적 문제들에 확장하고 있다. 이를 통해 초연결사회에서 제기되는 '사적 개인주의'와 의미를 생산하는 '상징적 공동체'의 간극을 살펴보고, 이를 애도의 병리학의 관점에서 논의하고 있다.

이민용의 〈스토리 연결의 치유서사학적 접근〉은 연결이 핵심인 초연결시대에 내러티브 연결의 관점에서 파울로 코엘료Paulo Coelho의 소설 《연금술사》를 중심으로 치유서사학적 연구를 수행하고 있다. 스토리텔링 치료에 중요한 내러티브 이론들을 검토하고 내러티브 해석학과 서사학, 그리고 내러티브 테라피 이론과 내러티브 은유 이론을 활용하여 스토리 연결의 관점에서 《연금술사》에 치유서사학적으로 접근한다.

우찬제의 〈공멸 불안과 프레카리아트의 상상력: 듀나의 〈죽은 고래에서 온 사람들〉의 경우〉는 기후 위기와 공멸의 불안에 대응하는 치유인문학의 방법적 지혜를 최근의 의료-환경 인문학Medical-Environmental Humanities의 관점에서 성찰하고 있다. 이 관점은 지구 환경의 건강과 인간의 건강이 유기적으로 연결되어 있다는 전제에서 출발한다. 여섯 번째 대멸종 담론이 넘쳐날 정도로 위태로운 생태 불안정성은 생태적 비애ecological grief에서 인류세 공포Anthropocene horror에 이르기까지 다각적인 불안의 파토스를 야기한다. 그만큼 지구와 인간이 공히 건강하기 어려운 위기의 현실에 처해 있다는 것을 시사한다. 이런 위기 상황에 대응하여 물질적 선회와 공동 생성의 가능성, 얽힌 생명의 탐색, 건강 회복을 위한 행동과 '자연문화'의 문제 등을 중심으로 최근 의료-환경 인문학의 연구 맥락을 정리한다. 이런 관점과 맥락에서 한국 문학에 형상화된 '프레카리아트precariat'(불안정성을 경험하는 사람들)의 상상력을 논의한다. 이 분야는 아직 체계적으로 정립된 분야는 아니지만, 초연결시대의 치유인문학이 결코 외면할 수 없는, 시급하게 주목해야 할 관점이고 영역임에 틀림없다. 여기서 밝힌 내용들보다 가능성의 담론으로 환기한 영역이 더 많은 글이어서 향후 연구의 확산 효과를 기대할 수 있을 듯하다.

노철환의 〈디지털 포비아와 레트로 테라피: 현실 같은 영화, 영화 같은 현실〉은 영화 작품 분석을 통해 초연결의 병리를 다루고 있다. 니콜라 브도스Nicolas Bedos의 〈카페 벨에포크〉(2019)는 현재와 과거, 현실과 가상 사이에서 복잡하게 얽힌 인물들의 사랑을 다루고 있는 작품이다. 그 중심에는 의뢰자가 요구하는 과거를 재현해 주는 복고 지향 서비스 '시간여행자'가 자리하고 있다. 마치 극장에 들어선 순간 이야기 세계에 빠져드는 연극과 영화의 경험처럼 의뢰인은 자신의 주문으로 재현된 과거의 상황 속에 빠져든다. 〈카페 벨에포크〉의 미장아빔 구조, 시각 내러티브 분석을 통해 드러나는 극중 인물들의 변화는 초연결시대 속 인간관계와 미디어 소비에 혼란을 경험한 이들을 위한 작은 치유 사례임을 이 글은 논의하고 있다.

이헌주의 〈디지털 중독과 상담적 개입 방안〉은 제목이 제시하듯이 디지털 중독의 문제를 정면으로 다루고 있다. 디지털 기기는 우리 일상의 필수재로 자리를 잡았지만, 디지털 과몰입은 신체적·정신적 문제를 초래하며, 온라인과 실제 세계 사이의 간극으로 인한 부적응 및 대인관계의 어려움을 초래한다. 이에 대해 세 가지 상담적 개입 방법이 제시된다. 첫째, 욕구 기반의 상담적 개입이다. 상담사는 디지털 기기가 개인의 욕구를 대체하고 있다는 인식을 바탕으로, 개인의 욕구와 가치를 인식하고 표현하는 능력을 증진하며, 이를 일상에 적용할 수 있도록 도울 수 있다. 둘째, 신체와 심리를 통합한 상담적 개입이다. 마음챙김을 통해 개인이 '지금 여기'에 집중하며, 충동과 정서를 조절하는 능력을 강화한다. 이는 디지털 과몰입으로 인한 문제를 해결하는 데 도움을 준다. 셋째, 자기조절 상담적 개입이다. 이 방법은 개인이 긍정적 감정을 형성하고, 목표를 설정하며, 이를 계획하고 실행할 수 있는 능력을 향상시킨다. 이는 디지털 기기 사용에 대한 통제력을 강화할 수 있다. 디지털 세계는 점점 더 우리 일상에 뿌리를 내릴 것이며, 그런 만큼 디지털 매체를 통제하고 활용하는 능력이 더 중요해질 것이다. 또한, 이러한 능력을 획득한다면, 우리는 디지털 매체에 빠지는 것이 아니라 이를 통제하고 활용하며, 좀 더 건강하고 풍요로운 삶을 누릴 수 있을 것임을 이 글은 논의하고 있다.

초연결사회 속 인간의 공간성 변화와
그에 따른 심리적 경향성
: 들뢰즈의 섬 이론을 중심으로

| 정지은 |

이 글은 《현대정신분석》 25권 1호에 수록되었던 논문을 일부 수정한 것이다. 또한 상기한 논문의 일부가 《말 : 감각의 형태》(2023, 은행나무)에 수정, 편집되어 포함되어 있다.

코로나와 스크린

이제 인류는 코로나로부터 조금씩 벗어나는 것처럼 보인다. 그렇지만 2년 넘게 지속되었던 '코로나 시대'가 남긴 흔적은 심리적으로 쉽게 지워지지 않을 뿐만 아니라, 미디어 기술과 함께 새로운 문화의 방식으로 재생산될 가능성도 보여 주고 있다. 현실과 가상의 구분을 무의미하게 만드는 메타버스, 대면 만남이 가능해졌음에도 불구하고 여전히 지속되는 비대면 만남 등은 디지털 미디어 사용 방식의 변화를 보여준다. 짧다고 할 수 없는 기간 동안 디지털 미디어 환경 속에서 업무와 학업을 수행해야 했던 사람들에게 그것으로부터 완전히 벗어나는 것은 쉽지 않은 일일 것이다. 현상학적 관점에서 디지털 미디어 환경은 신체지각 및 운동지각, 그리고 공간지각에서 현실과 차이를 갖는다. 이러한 차이 때문에 우리가 아무리 디지털 미디어 환경에 익숙해졌다고 해도 이 환경이 현실과 같을 수는 없다

발달한 현재의 미디어와 이러한 미디어에 대한 인간 경험의 급격한 차이를 정의하기 위해서 포스트미디어라는 용어가 새롭게 등장했다. 크게 정의해 보자면, 포스트미디어는 디지털 미디어를 기반으로 하는 것으로, 영화 · 사진 · 조각 · 비디오 등 "모든 매체들의 개별성이 통합 체계로 사라져"[1] 버린 미디어를 의미한다. 다시 말해 포스트미디어에서는 이전에 구별되었던 여러 미디어들의 물질성 내지 물질적

---

[1] 신양섭, 〈포스트 미디어 개념의 논쟁적 지평들〉,《디지털영상학술지》16호 2권, 2019, 64쪽.

차이가 단 하나의 디지털 미디어로 통합된다. 포스트미디어는 이제 인간의 새로운 환경을 이루는 산물로서, 또는 관계망들의 구조로서 자리 잡게 되었다. 그런데 모든 물질성이 사라진 자리에 남는 것은 무엇인가? 그것은 바로 스크린이다. 매체들 각자가 지녔던 고유한 물질성은 사라졌지만 스크린이라는 형태가 여전히 남는다.

현대의 포스트미디어에서 스크린이 갖는 힘은 매우 강력하다. 스크린은 우리의 눈을 붙잡고 쉽사리 놓아 주지 않는다. 들뢰즈Gilles Deleuze는 근대적 의미의 법과 통제에 대항하는 하나의 방법으로서 시뮬라크르 이론을 제안한 바 있다. 그에 따르면, 시뮬라크르는 원본에 대한 사본이라는 위치를 넘어서 원본과 사본 모두를 전복시킬 수 있는 힘을 가진다. 여기에는 들뢰즈가 베르그송Henri Bergson에게 빌려 온 이미지의 실재론이 깔려 있다. 강력한 힘을 가진 스크린을 들뢰즈가 말하는 시뮬라크르와 같다고 볼 수는 없을 것이다. 왜냐하면 아무리 스크린의 힘이 강력해졌다고 해도 우리의 모든 생활이 스크린 속에서 이루어지는 것은 아니기 때문이다. 하지만 스크린이 우리의 생활세계에서 차지하는 비중이 커질수록 우리에게 미치는 영향력도 강력해질 것이다.

다른 한편 스크린의 영향력이 커질수록 내 신체가 자리하고 있는 사적인 공간의 중요성도 커진다. 코로나 시대 동안 우리는 친밀한 사적 공간을 떠나지 않은 상태에서 비대면상으로 공적 생활을 유지했다.[2] 그 결과 사회 활동이 이루어지는 공적 공간과 개인의 자유와 친

---

2 비대면 회의로 많은 일들이 진행되는 동안 각자의 사적인 공간이 모니터를 통해 노출

밀성이 보장받는 사적 공간의 구분이 모호하게 되었다. 처음에는 나만의 공간을 여러 사람들이 볼 수 있다는 프라이버시 침해가 문제되기도 했지만, 점차 사람들은 그러한 불편함보다는 나의 편안한 공간을 떠나지 않은 상태에서 간접적인 방식으로 이루어지는 사회적 소통에 만족하게 되었다. 습관의 힘은 강력해서 현재 대다수의 사람들이 마스크를 벗고 외부로 나와 직접적인 접촉을 하지만, 여전히 대면보다는 비대면으로 소통하기를 원하고 마스크를 벗기보다는 벗지 않기를 원하는 사람들이 있다.

앞서 언급한 들뢰즈는 시뮬라크르 말고도 영토성·탈주·탈영토화 등을 개념화했다. 그러면서 그는 공간성에 따른 정치적 지형도를 전개했다. 위의 개념들은 가타리Félix Guattari와의 공동 작업 가운데 나온 것이다. 그런데 들뢰즈는 그 이전에 이미 공간성에 대해 관심을 가졌으며, '무인도'라는 짧은 글을 쓴다. 〈무인도〉[3]는 들뢰즈가 1950년대 초에 쓴 논문으로, 원래 'Nouveau Fémina'(누보 페미나)라는 이름의 잡지에 실릴 예정이었으나 성사되지 못하고 자필 원고만 남게 된다. 이 글은 한참 뒤에 다른 글들과 함께 한 권의 책으로 묶여 출판된다. 〈무인도〉가 집필된 지 20년 가까이 지난 1967년에 들뢰즈는 무인도에 대한 또 다른 글인 〈투르니에와 타인 없는 세상〉을 《의미의 논리》에 수록해서 발표한다. 이 글은 미셸 투르니에Michel Tournier의 소

되는 문제 때문에 카메라를 켜는 것을 강요하지 말자는 주장이 있었고 곧바로 배경화면을 흐릿하게 하거나 다른 풍경으로 대체할 수 있는 옵션이 비대면 온라인 서비스 안에 생겼다.

3　글의 원 제목은 〈무인도들의 원인과 이유〉이지만 〈무인도〉로 약칭한다.

설《방드르디, 태평양의 끝》에 대한 철학적 주석이라고 말할 수 있다. 투르니에의 이 소설은 들뢰즈가 〈무인도〉를 쓸 당시에는 존재하지 않았으며, 우리는 앞선 〈무인도〉와 투르니에의 소설이 나온 후의 글인 〈투르니에와 타인 없는 세상〉을 읽으면서 들뢰즈가 무인도와 난파자를 어떻게 다르게 서술하고 있는지를 알 수 있다.

무인도의 프랑스어 표현인 l'île déserte는 사람이 없는(déserte) 섬을 가리킨다. 프랑스어 표현 가운데 déserte는 사막désert의 형용사형이기도 하다. 그러니까 무인도는 사람이 없는 사막처럼, 사람이 없는 섬을 가리킨다. 그런데 무인도에 도착한 인간은 역설적으로 바로 그 자신이 무인도를 더 이상 무인도일 수 없게 만든다. 이제 무인도에 한 사람이 생겼으니 말이다. 반면에 우리는 이와 같은 상황을 뒤집어 볼 수 있는데, 예를 들어 무인도의 인간이 탈인간화될 수 있다면 상황이 뒤집어질 수 있다. 즉, 무인도에 도착한 인간이 탈인간화될 수 있다면 무인도는 '사람이 없는' 본래의 성질을 유지할 수 있다.

투르니에의 소설에서 무인도에 도착한 로뱅송은 인간으로서 자신의 성질을 점차 잃어버리면서 무인도에 흡수된다. 그는 섬의 요소가 되고 섬은 계속해서 사람이 없는 섬으로 남는다. 들뢰즈는 무인도에 관한 두 글에서 무인도가 갖는 원래의 성격, 타인이 없는 공간이 갖는 특이성, 타인이 없는 무인도 속 난파자의 변화 등을 다룬다. 투르니에의 로뱅송이 무인도에 있으면서 신경증적 인간에서, 도착증적 인간으로, 최종적으로 정신증적 인간으로 바뀌게 된다는 것이 들뢰즈의 주장이다.

친밀한 사적 공간 안에서 스크린과 마주하고 있는 인간으로 돌아와 보자. 스크린 앞 인간은 지각할 수 있는 현실의 타자가 부재한 공간, 하지만 친밀한 자신만의 공간 안에서 생활한다. 이 공간에서 주체의 신체는 공간과 밀접하게 연결되어 있다. 하지만 타인의 신체는 그 공간 안에 없다. 그가 경험하는 타인은 오로지 스크린상에서일 뿐이며, 이러한 타인은 그가 경험하고 있는 현실의 지각 공간에 아무런 영향을 끼치지 못한다. 이러한 비대면 상황과 무인도라는 특수한 공간성을 비교할 수 있지 않을까? 이러한 가능성을 염두에 두면서 이 글은 디지털 미디어 스크린 앞 인간의 심리를, 들뢰즈의 무인도 거주자의 심리와의 비교를 통해 추측해 보고자 한다. 이를 위해서 스크린 앞의 주체에 대한 지젝slavoj zizek의 분석과 무인도 거주자에 대한 들뢰즈의 철학적 해석을 집중해서 살펴볼 것이다.

주체와 미디어 표면

주체는 자기 이미지를 얻기 위해서 신체를 이용한다.[4] 다시 말해 최초의 자아는 신체 이미지에서 시작된다. 그런데 그러한 신체는 무의식이 증상으로 나타나기 위해 이용하는 것이기도 하다. 지젝은《신체 없는 기관: 들뢰즈와 결과들》에서 스크린 앞에서의 주체를 정신분석하기에 앞서 밀레Jacques Alain Miller가 구분하는 두 가지 신체를 소개

---

4 프로이트가 말하는 최초의 자아인 신체 자아나 라캉의 상상적 자아는 신체의 이미지를 이용한다.

한다. 하나가 "유전자에 포함된 지식에 의해 규제되는 생물학적 신체라면, 다른 하나는 신체-향유 · 정신분석 본연의 대상인 신체, 성감대들의 비일관적인 합성물로서의 신체, 외상과 과도한 향유의 흔적들이 각인되는 표면으로서의 신체, 무의식의 발화 매개체로서의 신체"[5]다. 하지만 밀레가 구분한 이 두 신체는 의식의 차원보다 아래에서 작동하는, 의식과 무관한 신체다. 현실적인 지각 공간 안에서 주체는 자신의 신체를 위의 두 신체처럼 의식하지 않는다. 그는 지각과 행동이 일어나는 통합적인 신체를 자신의 신체로 의식할 것이다. 이러한 통합적 신체와 함께 주체는 자신의 신체 이미지를 얻고, 그런 신체는 또한 주체가 현실적 지각 공간 안에서 자기 지표를 갖게 만든다. 따라서 현실적인 지각 공간 안에서 주체의 신체는 주체가 향유하는 대상으로서보다는 "환경과의 관계에서 자신과 관계하는 ─'자신을 선택하는'─ 유일무이한 방식"[6] 속에서 나타난다.

이러한 신체가 바로 현상학에서 강조하는 신체이다. 주체의 고유한 신체는 세계에 대해서 존재하면서 세계를 향해 움직이며, 의식은 이러한 신체 안에서 육화되고 주체 자신을 드러낸다. 무엇보다 고유한 신체는 세계와 관계하고 있는 동안, 이를테면 걷고 말하고 보고 듣는 동안 주체가 애써 주의하지 않아도 자발적으로 움직인다. 하지만 고유한 신체를 자발적으로 움직일 수 없을 때, 아프거나 묶여 있는 등 자유롭지 못할 때 신체는 주의의 대상이 된다. 신체는 지각 공간 안에

---

5 슬라보예 지젝, 《신체없는 기관》, 이성민 · 김지훈 · 박제철 옮김, 2006, 183~184쪽.
6 슬라보예 지젝, 《신체없는 기관》, 184쪽.

서 주체의 표지이기를 멈추고 주체에게 소유의 대상 내지 향유의 대상으로 경험된다.[7]

앞에서 언급했듯이, 미디어 환경은 현실적인 지각 환경과 같지 않다. 지각 환경 안에서 나는 내 신체의 움직임에 주의할 필요가 없으며, 나는 움직이기 위해 나의 신체 전부를 동원한다. 반면 미디어 환경 안에서 나는 내 신체의 일부만을 사용한다. 일정 시간이 지나면 과도하게 사용된 신체, 예컨대 눈이나 목덜미는 금세 피로해지고, 나는 내 신체를 의식하고 내 신체에 주의하게 된다. 지각 환경 속의 신체가 늘 전체적으로 움직이며 의식되지 않는다면, 미디어 환경 속의 신체는 주체에 의해 소유되고 향유된다. 신체 일부에서 느껴지는 피로감, 긴장감이 향유된다. 그리고 주체는 이러한 신체와 함께 스크린 속 가상의 세계로 입장한다. 이 상황을 공간적으로 보자면 주체는 친밀하고 사적인 자기만의 공간과 스크린상의 가상의 공간이 공존하는 환경 속에 있다. 이는 현실적인 지각 공간과 공적 공간이 일치하는 비대면 이전의 공간 경험과 질적으로 다른 공간 경험을 인간에게 가져온다.

지젝의 《신체 없는 기관》은 들뢰즈에 대한 비판적 글이다. 지젝은 이 책의 한 부분에서 미디어 스크린을 통한 타자 경험에 대해 서술하는데, 핵심적인 것은 타인의 신체 이미지와 타인의 인격을 연결하는

---

7 신체의 현상학자인 메를로-퐁티는 신체와 관련된 모든 경험을 '가진다'로 바꿔 놓는다. 예를 들어, 프랑스어에서 배고프다는 '나는 배고픔을 가진다(J'ai faim)'로, 발이 아프다는 '나는 발에서 고통을 가진다(J'ai mal au pied)'로 표현한다. 이를 메를로-퐁티는 신체는 정동affection의 공간이자 정동의 공간을 펼친다고 말하며, 주체는 신체를 통해 그런 정동의 공간을 가진다(소유한다)고 말한다, Merleau-Ponty, *La phénoménologie de la perception*, 1945, 1부, 6장 '표현으로서의 신체와 말' 참조.

방식이다. 현실 속에서 타인의 인격은 타인의 신체의 총체적 움직임과 그런 움직임을 통해 전달되는 타인이 세계와 관계 맺는 방식을 통해서 나타난다. 하지만 스크린상에서 타인의 인격은 그런 과정을 통과하지 않는다. 스크린상의 타인의 인격은 전체가 아닌 표면의 신체를 통과하면서 나타난다. 지젝의 비유에 따르면, 우리는 스크린에는 나타나지 않는 타인의 신체를 상상하는 식으로 타인의 인격을 추측한다. 타인의 인격은 표면의 타인 이미지에 대비되는 "깊이 효과"로서만 표시된다.

> (자기)의식은 깊이의 효과를, 배후에 있는 차원의 효과를 산출하는 표면-스크린이다. 하지만 이 차원은 표면의 관점에서만, 일종의 표면-효과로서만 접근 가능하다. 우리가 실제로 스크린 배후에 이르게 되면, 인격체의 깊이라는 그 효과는 사라진다.[8]

결국 디지털 미디어의 스크린은 그 앞에 있는 사람들의 '인격'을 생산하지만, 그것은 스크린 표면에서 파생된 효과일 뿐이다.

하지만 스크린에서 파생된 깊이 효과로서의 인격을 과연 타인의 주체성으로 삼을 수 있을까? 그렇다면 스크린을 통해 소통하는 타인은 현실적 지각 세계 안에서 소통하는 타인과 어떻게 다를까? 다른 한편 실제적 타인 없이, 스크린 앞에서 자기 자신의 신체와 친밀한 사적 공간만을 현실적 지각으로서 경험하는 주체는 어떤 주체일까? 이러한

---

8 슬라보예 지젝, 《신체없는 기관》, 227쪽.

질문들과 함께 우리는 들뢰즈의 〈투르니에와 타인 없는 세상〉을 다시 읽을 수 있다. 그 전에 지젝이 스크린을 통해서 주체를 인격과 어떻게 구분하고 있는지를 좀 더 살펴보자.

지젝은 그레마스A. J. Greimas의 기호학적 사각형의 구도를 빌려 와서 주체와 대상, 인격과 사물을 배치한다. 다음 그림은 지젝이 서술한 내용을 바탕으로 필자가 도식화해 본 사각형이다.

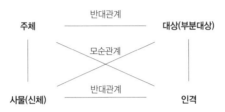

지젝은 이 도식을 통해서 인격-사물의 쌍과 주체-대상의 쌍이 마치 뫼비우스의 띠처럼 교차할 수 있다고 말한다. 한 사람의 신체는 지각 공간 안에서 그 움직임과 스타일과 함께 그 사람의 인격을 지시한다. 이 인격을 지닌 사람은 다시 하나의 주체로서 세워져 자신이 아닌 다른 것들을 대상으로서 정립한다. 이 대상들 가운데 유일하게 대상화될 수 없는 것이 바로 주체 자신의 신체이다. 그리하여 대상들 가운데 특별한 대상, 즉 라캉적 의미에서의 부분대상이 신체와 연결된다. 이런 식으로 인격-사물의 쌍과 주체-대상의 쌍은 교차를 반복해 가면서 현실을 구성한다.

여기서 반대관계, 모순관계는 그레마스의 도식에 기입된 것이지만 유래를 따져 보자면 아리스토텔레스 논리학의 용어이다. 반대관계가 의미하는 것은 상관관계로서 하나가 다른 하나에게 그 존재 방식을 의존하고 있다는 말이다. 모순관계는 반대로 양쪽 항이 동시에 있을 수 없으며, 하나가 존재할 때 다른 하나는 존재할 수 없다는 말이다. 따라서 모순관계에 있는 주체와 인격은 이행하는 것이지 동시에 존재하는 게 아니다. 지젝의 표현에 따르면 가장 이상적 형태인 텅 빈 주체[9]의 모순항인 인격체는 "순수한 주체성의 공백에 대립되는 바로서의, 내적 삶의 정념적 자산"[10]이다. 사물의 모순항은 대상인데, 물질적 충만함의 성질을 지닌 사물에 대해서 대상의 추상성, 가능적 성격이 대립하기 때문이다. 사물과 대상은, 주체와 인격과 마찬가지로 동시에 존재할 수 없다. 지젝은 이 도식에서 핵심은 주체가 사물(혹은 더 정확하게는 신체)의 상관항이 아니라는 것이라고 덧붙인다. 인격체는 신체 속에 거주하지만 주체는 신체 속에 거주하지 않는다.

그런데 이렇게 뫼비우스의 띠처럼 꼬인 관계 속에 있는 두 쌍이 교차 전환할 수 없을 때, 즉 매듭이 풀려 버렸을 때 문제가 발생한다. 어떤 특이한 상황에서 주체에서 인격으로, 인격에서 주체로의 교차적인 이행이 일어나지 않을 수 있으며, 주체로 이행하지 못한 인격체가 자신의 상관물인 사물(신체)과 함께 남게 된다. 인격은 대상을 가질 수 없는바, 인격-사물(신체)의 쌍만 남게 된다면 그러한 인간은 자기 자신의 신체만을 향유하고 대상들이 들어선 세계를 경험할 수 없게

---

9   이 주체는 내용을 갖지 않는다는 점에서 사르트르의 초월적 에고와 유사하다.
10   슬라보예 지젝, 《신체없는 기관》, 328쪽.

된다. 여기에 지젝은 시작이자 원형은 주체-대상의 쌍이라고 분명히 말한다. 인격-사물의 쌍은 단지 주체-대상의 쌍에 의한 "길들임"[11]으로서 존재해야 한다. 다시 말해 날것의 사물은 처음부터 추상화된 대상으로, 물리적·유전자적 신체는 주체가 인식하고 소유하는 대상화된 신체로 끌어올려져야 한다. 주체와 대상의 쌍이 선행하지 않는다면, 사물과 인격은 뒤섞이고 혼동될 것이다.

우리는 주체-대상의 관계와 인격-사물의 관계, 그리고 이 사이에서 일어나는 교차 전환이 비대면 공간이라는 특수한 상황 안에서 어떤 식으로 전개될 것인지를 생각해 볼 수 있다. 앞서 말했듯이 비대면 상황은 현실적인 지각 공간과 미디어에 의한 스크린 표면 공간이 공존하고 있다. 주체는 한편으로는 현실적인 지각 공간 안에 있으면서 자신의 신체를 소유 또는 향유하고, 다른 한편으로 스크린상에서 오로지 표면으로 타인들과 만난다. 지젝의 분석을 따른다면, 스크린상에서 나와 타인들은 표면의 파생 효과로서만 서로의 인격을 인지한다. 즉 표면의 파생 효과로서의 인격은 통합된 신체의 이런저런 몸짓으로서 전달되는 인격일 수 없으며, 당연히 그때 타인의 경험은 진정한 것이라고 볼 수 없다.

그런데 비대면 상황에서 타인과의 공적 관계가 이루어지는 곳은 스크린 위다. 이때의 신체는 주체의 자기 지표 기능을 하지 못한다. 혼합적 공간 속의 이러한 주체를 필자는 "최소한의 주체"라고 이름 붙이고 싶은데, 왜냐하면 이 주체가 대상으로 삼는 것은 스크린 속의 타인

---

11 슬라보예 지젝, 《신체없는 기관》, 329쪽.

도 아니고 생활세계 속 대상들도 아니고 오로지 자신이 소유하고 향유하는 신체뿐이기 때문이다. 그리하여 지젝의 사각형의 주체-대상의 쌍은 비대면 공간 안에서 제대로 작동될 수 없는 것처럼 나타난다. 비대면 공간에서 타인에 대한 현실적·지각적 경험이 존재하지 않는다면, 그런 상황을 무인도와 비교할 수 있지 않을까? 들뢰즈는 〈투르니에와 타인 없는 세상〉에서 대상이 대상으로서 안정적으로 지각되기 위해서 타인의 존재가 얼마나 필수적인지를 말한다. 하지만 들뢰즈가 궁극적으로 말하려는 것은 필수불가결한 타인의 존재가 아니다. 그는 대상화되기 이전의 요소들, 감각적 요소들에 도달하라고 촉구하며, 그러기 위해서는 오히려 타인 구조에서 벗어나야 한다고 말한다. 그는 무인도의 인간이 타인 구조에서 완전히 벗어나서 존재의 감각적 표면과 합류하는 것을 목적으로 삼는다. 먼저 들뢰즈의 무인도 개념을 살펴보자.

들뢰즈의 두 종류의 섬

들뢰즈는 〈무인도〉라는 짧은 글에서 무인도가 함축하는 존재론적 의미, 그리고 기원에 대한 상상력을 이야기한다. 무인도를 그저 인간이 부재하는 곳으로 봐서는 안 된다. 무인도는 인간을 탈영토화시킬 수 있는 곳, 혹은 탈영토화한 인간이 자신의 창조적인 움직임을 끌어낼 수 있는 약동적 힘을 지닌 곳이다. 들뢰즈는 무인도를 다룬 두 소설, 대니얼 디포Daniel Defoe의《로빈슨 크루소》와 장 지로두Jean Giraudoux

의《쉬잔과 태평양》을 언급한다. 하지만 그에 대한 들뢰즈의 해석은 매우 간결하고 단편적이며, 게다가 들뢰즈는 그 두 소설이 무인도를 상상하는 방식에서 실패하고 있다고 말한다. 들뢰즈는 마치 '무인도'에 대한 자신의 이론을 완성하기 위해 투르니에의《방드르디, 태평양의 끝》[12]이 출간되기만을 기다린 듯한데, 왜냐하면 한참 뒤에 발표한 〈투르니에와 타인 없는 세상〉에서 들뢰즈는 이전 글에서 보여 주었던 두 소설에 대한 서술과 평가와 다르게 투르니에 소설 속 로뱅송에 대해 치밀하고 체계적인 관찰을 보여 주기 때문이다. 이 글에 대해서는 뒤에서 다루기로 하고 우선 들뢰즈가 무인도를 어떻게 이야기하는지 보자.

〈무인도〉에서 들뢰즈는 먼저 지리학에서 구분하는 두 종류의 섬을 소개한다. 하나는 대륙의 섬l'île continentale으로 이것은 수위의 차이가 생겨 대륙에서 분리된 섬들을 가리킨다. 다른 하나는 대양의 섬 l'île océanique이다. 이 섬은 대륙과 연결되어 있지 않으며 산호초들에 의해서, 또는 해저 화산 분출에 의해서 생겨난 섬들이다. 대륙의 섬은 이를테면 대지가 바다를 받치고 있는 식이며 섬들은 언제나 대륙에 연결되어 있다. 반대로 대양의 섬은 바다에서 생겨난 섬이며 언제든지 바다에 의해 다시 집어삼켜질 수 있다. 이 두 섬의 차이는 들뢰즈에게 영토화의 상태에 의존하는지, 영토와 분리되었지만 늘 위협에 놓여 있는지라고 할 수 있다. 들뢰즈는 두 종류의 섬 가운데 대양의 섬이 본래적인orginaire 섬이고 기원origine이 되는 섬이라고 말한다.

---

12 투르니에의 이 소설은 대니얼 디포의《로빈슨 크루소》를 새롭게 쓴 것이다.

기원이기 때문에 대양의 섬은 무인도l'île déserte다. 즉, 인간이 없다.

대양의 섬은 그 자신이 생성의 약동을 지니고 있으며, 그런 약동을 섬 안에서 전파한다. 약동은 분리와 재창조라는 이중의 운동을 끌어낸다. 무인도에 도착한 인간은 섬이 지닌 운동 가운데 하나인 '분리'(일탈)의 운동에 의해 무인도에 도착한 것이며, 도착한 인간은 이제 창조의 운동을 다시금 끌어내야 한다. 그런 식으로 무인도의 거주자는 섬의 약동을 다시 붙잡는다.

섬들을 꿈꾸는 것, 이는 대륙으로부터 멀리 자신을 분리시키기를, 이미 분리되었기를 꿈꾸는 것이고, 홀로 길을 잃기를 꿈꾸는 것이다. 그것이 아니면 그것은 원점에서 다시 출발하기를, 재창조하고 다시 시작하기를 꿈꾸는 것이다. 일탈된dérivé 섬들이 존재했지만, 또한 사람들이 일탈해서 향하는 것도 섬이다.[13]

섬의 거주자가 충분히 분리되지 못했을 때, 그는 대륙의 질서를 섬 안으로 옮겨 놓을 뿐이다. 그때 인간은 자신을 "섬에 데려다 놓은 운동과 동일하지 않으며, 그래서 섬을 생산한 약동과 합류하지 못한다."[14] 섬을 생산했던 약동을 다시 붙잡아야 하는 것만이 무인도를 그 자체로 존속시키는 방식이다. 따라서 만일 인간이 충분히 분리되었

13　Gille Deleuze, *L'île déserte et les autres essais:textes et entretiens 1953-1974*. Ed. de Minuit, 2002, p. 12.

14　Gille Deleuze, *L'île déserte et les autres essais:textes et entretiens 1953-1974*. p. 13.

고 충분한 창조자라면 그는 "섬에게 역동적인 이미지만을 주게 될 것이며, 섬이 인간을 통과해서 마침내 인간이 없는 무인도로서 자기 의식을 얻게 되는 정도로까지 역동적 이미지를 생산했던 운동의 의식을 그 섬에게 줄 것이다."[15]

들뢰즈는 섬을 생산했던 바로 그 약동이 집단적 상상력과 일치했던 순간들을 신화 창조와 연결시킨다. 그래서 여러 신화들 속에서 섬의 거주자들이 우주의 창조자 혹은 거인들로 묘사되었던 것이다.[16] 일종의 과학인 지리학이 섬의 생성 원리에 의해 대양의 섬과 대륙의 섬을 구분할 때, 이 구분이 집단적인 신화적 상상력과 어느 정도 일치하는 것은 우연이 아니다. 순수한 무인도, 즉 대양의 섬은 창조의 신화를 가능하게 하는 장소이기 때문이다.

이러한 신화나 설화와 달리 한 개인의 상상력은 집단적 상상력에 미치지 못하는데, 왜냐하면 순수한 창조를 이룰 수 없기 때문이다. 그렇지만 창조적 상상력의 약동은 여전히 작동하는바, 집단적 상상력이 기능하지 않게 된 시대에—또는 생성의 약동이 사라진 시대에—신화를 대신하게 된 것이 문학이다. 무인도를 다룬 소설인 디포의 《로빈슨 크루소》와 장 지로두의 《쉬잔과 태평양》이 그러한 시도일 수 있다. 다만 안타깝게도 두 소설은 무인도가 내포하는 순수한 창조의 상상력을 포착하는 데 실패한다. 디포의 로빈슨은 대륙의 자본주

---

15 Gille Deleuze, *L'île déserte et les autres essais: textes et entretiens 1953-1974*. p. 13.
16 들뢰즈는 이스터섬의 바위 거인들을 예로 든다. 온 세상이 바다에 집어삼켜진 뒤 노아의 방주가 도착한 섬 또한 제2의 창조 신화라고 볼 수 있을 것이다.

의적 생활양식을 무인도로 들여옴으로써, 지로두의 쉬잔은 도시 상품의 죽은 복제품들을 무인도에 늘어놓음으로써 대륙으로부터의 완전한 분리에 성공하지 못한다.

들뢰즈가 〈무인도〉에서 강조한 생성의 약동과 이에 일치하는 순수한 상상력은 그가 이 시기에 베르그송의 영향 아래 있었음을 보여 준다. 이와 관련된 내용을 여기서 더 깊이 다루지는 않을 것이다. 우리의 관심은 무인도라는 독특한 공간과, 이 공간과 함께 변화하는 심리이기 때문이다.

들뢰즈는 〈무인도〉에서 대륙의 섬과 대양의 섬을 구분했지만, 이는 섬들의 구분이다. 따라서 섬이 아닌 공간성을 기준으로 나눴을 때, 대륙의 섬이 분리되어 나온 대륙 자체를 앞선 두 섬과 나란히 배열할 수 있을 것이다. 공간의 특징에 따른 구분은 둘이 아니라 셋으로 이루어진다. 대륙, 대륙의 섬, 대양의 섬이다. 첫째 대륙의 공간은 도시와 일상의 생활양식이 지배하는 공간이다. 둘째 대륙의 섬이라는 공간은 대륙으로부터 분리되었지만 완전한 분리가 이루어지지 않은, 대륙의 거주자들이 이주한 공간이다. 마지막으로 대양의 섬이라는 공간은 대륙으로부터 완전히 분리되어 순수한 창조가 이루어짐으로써 하나의 기원이 되는 (무인도의) 공간이다. 이러한 세 공간의 구조는 언뜻 정신분석에서의 무의식적 구조에 따른 세 증상, 신경증·도착증·정신증과 일치하는 것처럼 보인다.

신경증은 대타자의 법과 질서 속에서 살아가는 주체의 무의식 구조를 가리킨다. 도착증은 대타자의 법을 인정하면서 동시에 부인하고 상상적 타자의 팔루스 대체물을 세워 그것을 향유하는 주체의 무의식 구조를 가리킨다. 정신증은 대타자의 폐제forclusion[17] 속에서 상징계가 파괴된 무의식 구조를 가리킨다. 이러한 무의식 구조를 주체가 공간적 구조와 관계하는 방식과 비교하면서 이론화한 것이 들뢰즈와 가타리에 의해 만들어진 영토화, 탈주, 탈영토화이다. 가타리와의 공저인《안티 오이디푸스》에서 들뢰즈는 신경증자névrosé, 도착증자pervers, 정신병자psychotique를 영토성과의 관계를 통해 재정의한다.[18] 그의 정의에 의하면, 신경증자는 우리 사회의 "인조적 영토성들에 설치되어 있으며, 이것들 모두를 궁극적 영토성인 오이디푸스로 복귀"시키고, 도착증자는 "사회가 우리에게 제안하는 것들보다 무한히 더 인공적인 영토성들"을 가진다. 분열자[19]는 "자신의 기관 없는 몸 위에서 사회체의 해체를 무한히 추구하여 늘 탈영토화 속으로 더 멀리 가는 자"이다. 들뢰즈는 이처럼 정신분석의 무의식 구조에 따른 세 증상을 인간과 공간의 관계성에 의해 재정의하고 있다. 그는 완전한 탈영토화에 성공한 탈脫오이디푸스적 주체를 기관 없는 신체와 일치시키는데, 이로써 우리는 들뢰즈에게서 신경증·도착증·정신병과 동시에 진행되는 것이 또한 주체의 유기적(통합적) 신체의 해체임을 알 수 있다.

---

[17] 폐제는 프로이트의 용어를 라캉이 인용하여 자신의 정신증의 발병 이유로 내세운 개념으로서, 아버지의 이름인 근본 기표의 축출을 의미한다.

[18] 질 들뢰즈·펠릭스 가타리,《안티 오이디푸스》, 김재인 옮김, 민음사, 2014, 72쪽.

[19] 국역본에는 도착증pervers을 변태로, 정신병자psychotique를 분열자로 옮겼다.

무인도와 로뱅송의 심리의 변화

들뢰즈는 〈무인도〉에서 기원을 강조했으며, 대양의 섬이 기원으로서 생의 약동을 내포하고 있다고 말했다. 그는 과거 자신의 말을 기억하고 있었던 것처럼, 〈투르니에와 타인 없는 세상〉에서는 다루고자 하는 것이 기원이 아닌 "목적"임을 분명하게 밝힌다.

> 기원이 아닌 목적이라는 개념을 통해 문제를 제기함으로써, 투르니에는 로뱅송이 섬을 떠나 가지 않게 한다. 로뱅송의 목적, 궁극 목표는 '탈인간화', 리비도와 자유로운 원소들의 만남, 우주적 에네르기 또는 원초적인 건강함의 발견이다. 이들은 섬 안에서만, 그리고 섬이 공기나 태양이 되는 한에서만 나타날 수 있는 것이다.[20]

〈무인도〉에서 강조되었던 것이 기원, 즉 완전한 분리와 창조였다면, 〈투르니에와 타인 없는 세상〉에서는 목적이 강조된다는 것이다. 기원도 무인도이지만 목적에 도달하는 것 역시 무인도에서 일어난다는 말이다. 그렇다면 들뢰즈가 말하는 목적은 무엇일까? 목적을 강조할 때 들뢰즈가 의미하는 것은 기원과 합류하는 길이 결국 목적이라는 점이다. 그는 무인도의 로뱅송을 통해서 궁극적 목적은 탈인간화, 자연의 원소 내지 우주적 에너지와의 만남이었음을 보여 준다. 하지만 들뢰즈는 목적이 기원과 완전히 일치하는 것은 아니라고 덧붙인

---

20   질 들뢰즈, 《의미의 논리》, 이정우 옮김, 한길사, 1999, 476쪽.

다. 그렇게 단언함으로써 들뢰즈는 섬의 자연 원소들과 합류한 분열 중 인간이 다시 기원이 되어 인간적 질서를 세우는 것을 막는다. 이는 인간이 세상으로부터 일탈되어[21] 섬의 약동을 전유해서 다시금 새로운 인간으로 재창조되는 것으로는 충분하지 않다는 것, 인간 자체가 해체되어 자연의 요소가 되어야만 한다는 것을 의미한다.

〈투르니에와 타인 없는 세상〉이라는 제목이 알려 주듯이, 들뢰즈는 여기서 타인을 척도로 삼아 로뱅송의 심리 변화를 서술한다. 타인이 조건이 되어 타인 구조가 형성된다. 들뢰즈는 타인이라는 용어 대신 타인 구조를 더 많이 사용하는데, 이는 조금 뒤에 자세히 설명하겠지만 간단히 말하자면, 무인도에서 문제가 되는 것은 대상으로서의 타인이 아니라 타인의 존재 유무에 따라 달라지는 주체의 세계 경험이기 때문이다. 타인 구조가 기능한지 아닌지에 따라 로뱅송의 심리적 변화는 세 단계로 진행된다. 이 단계들을 서술하면서 들뢰즈는 다시 한 번 신경증과 도착증, 정신병을 언급한다.[22]

첫 번째 순간은 "타인 구조가 더 이상 그(로뱅송)를 채우고 현실화할 아무도 없었음에도 여전히 기능하는 이 신경증의 순간을 표현"[23]한다. 무인도에 막 도착한 로뱅송은 어린 시절을 추억하고 아내가 자

---

21 들뢰즈는 〈투르니에와 타인 없는 세상〉에서 perversion의 문제에 한 절을 할애한다. 국역자는 이 단어를 '일탈'로 옮겼다. 하지만 도착증으로 옮기는 게 더 나아 보이는데, 들뢰즈는 이 절에서 프로이트 정신분석의 도착증을 언급하면서 그것의 다른 측면을 강조하고자 하기 때문이다.

22 들뢰즈는 이 세 증상을 정신분석에서 가져오지만 자유로운 방식으로, 하지만 정신분석적 정의와 크게 어긋나지는 않는 방식으로 서술한다.

23 질 들뢰즈, 《의미의 논리》, 490쪽.

신이 돌아왔을 때 어떤 모습일까를 상상한다. 그는 과거를 추억하고 미래를 상상함으로써 인간적 세계의 시간 속에 여전히 붙잡혀 있다. 타인들이 부재함에도 불구하고 타인 구조가 여전히 작동하고 있는 것이다. 두 번째 순간은 "타인 구조가 쇠퇴하기 시작했음"[24]을 알린다. 타인 구조의 쇠퇴는 여러 효과들을 낳는데, 로뱅송의 행동 속에서 도착증자의 방식으로 나타난다. 세 번째 순간은 "타인 추락"의 순간이다. 인간으로서의 로뱅송, 인격으로서의 로뱅송이 사라지는 순간이다. 그는 섬이 되고 섬은 로뱅송이 된다. 로뱅송을 둘러쌌던 사물들은 깊이와 무게를 잃어버리고 감각적 표면들로 바뀌어 환각들을 낳는다. 예컨대 빛은 눈으로 변하면서 망막의 자극이 된다. 냄새는 코가 되고 바람 소리는 고막의 진동일 뿐이다. 로뱅송의 신체 기관들인 망막 · 코 · 고막은 통합적이고 유기적인 신체로부터 벗어나, 그저 섬 자체가 뿜어내는 "배설물"들이 된다. 그리하여 "순수하고 해방된 원소들이 세워"[25]진다.

투르니에의 소설에서 가장 길게 서술되는 부분은 들뢰즈가 타인 구조가 쇠퇴하기 시작하는 시기라고 규정하는 두 번째 도착증의 순간이다. 이 두 번째 순간에 로뱅송은 이전에는 인지하지 못했던 타인 구조의 기능을 자각하고, 대체물들을 동원함으로써 부재하는 타자 구조를 다시 세우려고 부단히 노력한다. 그러는 동안 로뱅송의 성적 욕망은 변질되어, 인간적인 성적 욕망에서 섬 전체를 향유하는 식으

---

24 질 들뢰즈, 《의미의 논리》, 490쪽.
25 미셸 투르니에, 《방드르디, 태평양의 끝》, 민음사, 2021, 119쪽, 120쪽.

로 점차 변화한다. 그렇게 그는 자신이 이름을 수여한 섬 스페란차와 성교를 한다. 하지만 이 결합은 유성적인 의미를 지니지 않는다.

타인 구조가 사회를 떠받치고 있을 뿐만 아니라 세계 자체를 떠받치고 있다는 자각은 벌거벗은 상태의 로뱅송이 극도의 위협과 공포를 느끼면서 일어난다. 그는 자신을 언제든지 공격받을 수 있는 약한 존재로 느끼면서 타자의 실제적인 부재를 경험한다. 벌거벗은 신체는 주변의 것들에 노출되어 있으며 상처받기 쉬운 상태다. 주변의 사물들이 자리를 벗어나 자신을 공격할 수 있다는 착각이 일어날 때, 로뱅송은 사물들이 그 자리에 여전히 있다는 확신을 주는 것이 다름 아닌 타인이었다는 사실을 깨닫는다. 나를 둘러싼 사물들이 나를 해치지 않을 것임을 확신시키는 것은 나와 마찬가지로 사물들을 경험하는 타자들이 있기 때문이다. 그렇게 타인은 나의 지각 활동에 영향을 준다.

내가 지각하는 사물은 내게 일부분의 측면들만 보여 준다. 하지만 나는 타인을 보면서 동일한 사물이 나와 다른 장소에 있는 타인들에게 또 다른 측면들을 보여 주고 있다는 것을 안다. 만일 타인이 존재하지 않는다면, 나는 그 사물이 내가 그것으로부터 등을 돌리는 순간 나를 따라오거나 나를 향해 덤빌지도 모른다는 이상한 생각에 빠질 수도 있다. 타인은 내가 지각했던 사물이 계속해서 그 자리에, 세계 속 자신의 자리에 있게 하는 보증인으로서 기능한다.

이 새로운 대상이 나를 해치지 않는다면, 그것이 난폭하게 나에게 부딪쳐 오지 않는다면, 그것은 최초의 대상이 내가 미리 그 존재를 감지했던 하나의 여백을, 내가 이미 현실화할 수 있었던 잠재성들과 잠재력의 장을 사용했기 때문이다. 그래서 여분의 실존을 그렇게 인식하거나 감지하는 것은 오직 타인에 의해서만 가능한 것이다.… 대상에서 내가 보지 못하는 부분, 그 부분을 동시에 나는 타인이 볼 수 있는 부분으로 정립한다. 내가 대상의 숨겨진 쪽을 보기 위해 돌아가면, 나는 대상 뒤에서 타인을 만나게 되고 타인의 봄과 나의 봄이 합쳐질 때 대상의 총체적 봄이 달성될 것이다.[26]

하지만 그런 안정적인 사물을 사물 그 자체, 사물의 진실이라고 볼 수는 없다. 나와 타인이 협조해서 만들어 놓은 안정적인 사물은 사물 자체가 아니라 사물의 가능성이다. 다시 말해 그것은 하나의 통일된 대상이 되어 나에게나 타인에게나 공통적으로 인지될 수 있도록 만들어진 사물의 가능성이다. 사물에서 추출된 이러한 지각 가능한 사물은 가능성이라는 특성 때문에 다시 사물의 기호, 즉 지시 기표로 전환될 수 있다. 여기서 우리는 지젝이 말했듯이 날것의 사물이 대상의 차원으로 승격되는 과정을 엿볼 수 있다. 사물이 날것에서 대상으로, 다시 기호로 바뀌고 안정적이게 되는 것은 바로 주체로서의 나와 타인들이 공존하기 때문이다.

타인이 없다면 나는 내가 대상을 지각하고 있는 것인지를, 내가 지각한다고 착각하는 것인지를 끊임없이 의심할 수밖에 없을 것이다. 그래서 들뢰즈는 타인이 "지각적 장의 아프리오리apriori한 구조"라고

---

26 질 들뢰즈, 《의미의 논리》, 479쪽.

말한다. 즉, 타인이 부재한다면, 지각적 장은 아예 기능하지 않을 것이다. 세계 속 모든 사물은 타인 구조를 경유하면서만 내게 지각된다. 이처럼 지각된 사물은 비록 실재성을 상실할 수 있지만—또는 칸트의 물 자체처럼 영원히 인간의 인식 능력 밖으로 물러나 버릴 수 있지만,— 이러한 대가를 치르고 인간은 안정적인 가능 세계를 얻는다. 언어는 이러한 가능 세계의 한 형식, 혹은 가장 탁월한 가능 세계다. 언어는 사물과 아무런 유사성을 지니지 않지만, 그럼에도 불구하고 타인 구조 속에서 안정성과 가능성을 보장받는다. 투르니에는 지각적 세계의 안정성을 가능하게 하는 타인들이 언어적 세계의 안정성도 가능하게 한다는 것을 로뱅송의 말을 통해 전달한다.

근본적으로 언어란 과연 그 내부의 모든 것이 이미 알려져 있거나 적어도 알 수 있을 터인 어떤 빛의 섬을 그 주위에 만들고 있는 등대들처럼 수많은 타인들이 가득히 들어 살고 있는 세계에 속하는 것이다.[27]

나는 가능의 양태 위에서 타인에 의해 표현된 것으로서의 대상만을 욕망한다. 나는 타인에게서 그가 표현하는 가능 세계들만을 욕망한다. 타인은 원소들을 대지로, 대지를 물체로, 물체들을 대상들로 조직하는, 그리고 대상, 지각, 욕망을 동시에 규제하고 측정하는 것으로서 나타난다.[28]

---

27 미셸 투르니에, 《방드르디, 태평양의 끝》, 67쪽.
28 질 들뢰즈, 《의미의 논리》, 496쪽. 번역어를 일부 수정했음.

지각적 장과 언어 세계의 아프리오리한 구조로서 타인 구조는 새로운 이분법을 도입하며, 전통적인 철학적 이분법이 더 이상 효력을 가질 수 없게 만든다. 전통적인 이분법은 질료와 형식 또는 내용과 형식을 구분했으며, 이러한 이분법으로부터 질료에 형식을 부여하고 질료를 종합하는 역량을 가진 주체가 출현할 수 있었다. 그런데 타인 구조는 지각적 대상, 욕망의 대상, 나아가 기호를 주체의 역량의 결과물이 될 수 없게 만든다. 이분법은 이제 타인의 부재가 가져오는 효과들과 타인 구조가 가져오는 효과들의 구분으로 바뀐다.

투르니에의 소설은 난파 직전의 배에서 시작되고 곧바로 무인도 생활로 이어진다. 로뱅송은 무인도의 황폐함을 경험하고 나서야 타인 구조를 자각한다. 타인이 부재하는 세계에 대한 혹독한 경험, 즉 세계가 무너지는 경험을 하고 나서 로뱅송은 타인 구조를 대체하는 인공물들을 스스로 세우려고 노력한다. 그는 섬에게 스페란차라는 이름을 주고 그 자신이 총독이 되어 법전을 세운다. 그는 비록 혼자이지만 물시계를 만들어 섬 안에 규칙적인 시간을 도입하고 계획과 노동을 도입한다. 그는 심지어 광적인 노동에 몸을 던진다.

로뱅송은 때때로 물시계를 멈추고 기이한 성행위를 하는데, 동굴 속으로 들어가 온몸에 우유를 바르고 구멍 안으로 자신을 깊숙이 밀어 넣는 식이다. 그는 그렇게 웅크린 자세로 몇 시간을 보낸다. 로뱅송에게 스페란차는 푸근하고 굳건한 어머니, 어렸을 때 보았던, 불이 난 집 바깥으로 여섯 아이들을 몸에 주렁주렁 매달고 나왔던 자신의 어머니와 같다. 조현수는《질 들뢰즈의 마조히즘 읽기》에서 세 가지 유형의 여인을 구분한다. 감각과 관능의 여인, 잔인한 사디스트적 여인, 그리고 이 둘 사이에 있는 "엄격하고 잔인하며 차가우면서도 또한 동시에 부드럽고 따뜻하며 관대한 면모를 지닌"[29] 여인이다. 조현수는 이러한 세 여인이 곧 어머니의 세 이미지라고 적는다. 그는 두 번째 여인―엄격하고 잔인하며 차가우면서도 또한 동시에 부드럽고 따뜻하고 관대한 면모를 지닌 여인―과의 교합이 있고 나서야 비로소 아버지를 배제하고 오로지 어머니에게만 의존하는 "단성생식"[30]이 일어나며 새로운 인간의 재탄생이 이루어진다고 말한다. 이것이 바로 들뢰즈의 마조히스트 환상이다.

우리는 들뢰즈의 마조히스트 환상과 유사한 현상을 투르니에의 로뱅송에게서 발견한다. 무엇보다 타인 구조의 쇠퇴는 상징계가 점차 변질되는 도착증의 효과를 로뱅송에게 일으킨다. 그는 자신이 법과 규칙의 주인이 되고 노동에 자신의 온몸을 바친다. 그는 마조흐의 여인과 같은, 잔인하고 차가우면서 동시에 자애롭고 관대한 면모의 어머니―섬과 관계를 갖는다. 프로이트와 프로이트의 오이디푸스적 주체에 대해 언제나 비판적이었던 들뢰즈는, 그러한 방식으로 도착증을 이용해서 프로이트를 넘어서려는 것처럼 보인다. 그는 〈투르니에와 타인 없는 세상〉에서 도착증에 대해 이렇게 적는다.

도착증의 개념은 사생아적bâtard이다. 그것은 반은 법률적이고 반은 의학적이다. … 도착증은 충동들의 체계 안에서 욕망의 힘에 의해 정의

---

29 조현수, 《질 들뢰즈의 '마조히즘' 읽기》, 세창미디어, 2020, 34쪽.
30 조현수, 《질 들뢰즈의 '마조히즘' 읽기》, 71쪽.

되지 않으며, 도착증자는 욕망하는 자가 아니라 완전히 다른 체계 안으로 욕망을 도입하고 이 체계 안에서 내적인 극한, 잠재적인 거처 또는 영점(유명한 사드적 무감성無感性apathie)의 역할을 하게 만드는 자이다. 도착증자는 더 이상 욕망하는 자아가 아니며, 대타자Autre는 그에게 더 이상 실제적으로 실존하는 욕망의 대상이 아닌 것이다.[31]

로뱅송에게서 타인과 연관된 일체의 구조가 파괴되는 순간이 온다. 이제 로뱅송은 도착증자의 방식으로 무인도에서 생존을 꾸려 간다. 이러한 로뱅송에게 타인 구조가 완전히 소멸되는 순간이 오며, 그때 로뱅송과 섬은 하나가 된다. 이 순간은 세상의 완전한 재구조화가 일어나는 순간이다. 로뱅송은 자신을 포함한 모든 사물들이 원소 단위로 하강하고 모든 것이 형태와 형상으로부터 해방되는 경험을 한다. 들뢰즈는 이러한 세상을 "순수한 평면"이라고 명명한다. 이것은 타인-구조와 함께 일체의 깊이—지각적 대상의 깊이, 욕망적 대상의 깊이, 상징적이고 이성적인 의미의 깊이 등등—가 소멸된 결과이다.

들뢰즈는 왜 무인도에 관심을 가졌을까? 그는 왜 무인도 거주자를 주제로 삼아 탐구하려고 했을까? 이러한 질문들과 함께 우리는 그의 관심의 바탕에 있는 무인도라는 독특한 공간과 무인도 거주자의 독특한 심리적 구조를 생각하지 않을 수 없다. 그런데 투르니에의 소설에서도, 투르니에의 소설에 대한 들뢰즈의 철학적 해석에서도, 무인도 이전의 로뱅송의 삶인 오이디푸스적 주체의 삶은 간접적으로만,

---

31 질 들뢰즈, 《의미의 논리》, 478쪽. 번역을 일부 수정했음.

즉 로뱅송의 사후적 기억에 의해서만 드러나고 있을 뿐이다. 들뢰즈는 프로이트의 오이디푸스적 주체를 비판하기 위해서 처음부터 도착중적이고 분열증자가 되어 가는 로뱅송을 끌어들이고 있는 것이다. 지젝의 방식으로 말하자면, 들뢰즈는 주체-대상의 상징적 관계에서 시작하는 게 아니라, 주체-사물의 도착중적 관계에서 시작한다. 실제적인 타인 구조가 부재하는 무인도에서 사물은 대상의 차원으로 이동하지 못하고 그저 향유의 대상인 사물로서만 남아 있기 때문이다.

다시 처음의 문제의식으로 돌아가 보자. 장기간 지속된 비대면 상황은 대부분의 시간 동안 우리를 미디어 앞으로 끌어들였다. 무엇보다 우리는 현실의 타자들을 미디어를 통해서 만날 수밖에 없었다. 들뢰즈는 타인 구조의 부재 효과를 통해서 타인들이 수행하는 기능을 지각적 세계 및 가능 세계의 선험적 구조 속에서 발견한다. 즉, 타인들은 사물로부터 추상화된, 가능한 대상의 안정성과 자아의 자기 지표를 보장하는 지각적이고 상징적인 공간을 정립하는 데 있어서 반드시 필요하다. 그런데 미디어의 스크린 표면 위의 타인들이 그러한 본질적 기능을 수행할 수 있을까? 그럴 수 없다는 것이 분명해 보이는데, 왜냐하면 현실적인 지각 공간의 타인과 미디어 속의 타인이 같을 수 없기 때문이다. 미디어 속 타인들은 그저 모호한 타인들일 뿐이다. 그렇다면 미디어에 의한 비대면 공간과 타인이 없는 공간인 무인도 공간을 비교하고, 스크린 앞의 주체와 섬의 거주자를 비교할 수 있지 않을까? 무인도의 거주자는 흔적으로서만 남아 있는 타인 구조를 보존하려고 노력하지만 결국 도착중과 정신증에 이르게 된다. 이러한 상황을 자기만의 공간에 오롯이 남아서 스크린상으로만 타인들을

경험하는 인간의 상황과 비교할 수 있지 않을까? 물론 들뢰즈는 무인
도의 로뱅송이 도달한 지점, 자연과의 합일의 순간을 목적으로서 제
시한다. 이 순간은 자연과 합일한다는 점에서 긍정적으로 보일 수도
있지만, 다른 시각에서 보자면 주체성이 완전히 소멸하는 순간이다.
이 순간, 즉 로뱅송이 섬의 빛나는 원소들로 변하는 순간을 미디어에
몰입된 인간의 상황에 유비적으로 대입시킬 때, 우리는 인간이 현실
적인 최소한의 지각적 공간을 상실하고 스크린 안으로 삼켜지는 광
경을 떠올리게 된다. 들뢰즈가 잘 보았듯이 "정신증적psychotique" 순
간이다.

결론

일레인 스캐리Elaine Scarry는《고통받는 몸》에서 신체를 파괴하는 행
위는 세계를 파괴하는 행위라고 말한다. 신체가 자기를 연장한 것이
문명이고 세계이기 때문이다. 신체는 생리학적, 유전자적인 메커니
즘이 지배하는 물질적 신체이기에 앞서 주체의 신체이다. 주체는 신
체를 사용해서 도구를 만들고 공간에 형태를 도입한다. 만일 신체가
자기 연장에 의해 문명의 세계를 만들었다면, 거꾸로 신체의 자기 수
축은 문명의 세계를 소멸시킬 수도 있을 것이다. 반反오이디푸스 철
학자인 들뢰즈는 그것을 잠재적인 것으로 회귀하는 것이라고 부를
수도 있을 테지만 말이다.
　신체와 세계가 연결되므로, 자기 신체의 경험은 외부 세계의 경험

과 긴밀히 연결되어 있다고 할 수 있다. 들뢰즈는 무인도에 관한 두 개의 글을 통해 무인도의 본질에 대해서, 타인이 부재하는 무인도 공간의 경험 속에서 변화하는 인간 주체에 대해서 탐구한다. 그는 타인 구조를 인간적 세계의 정립을 위한 선험적 구조로 삼는다. 하지만 동시에 그는 타인 구조를 전복시킴으로써 인간적 세계가 정립되기 이전 혹은 인간적 세계보다 실재적인 것과의 만남을 모색한다. 몽트벨로Pierre Montebello는 들뢰즈를 반反현상학자로 규정한다. 들뢰즈는 현상학이 도처에 인간성을 전달한다고 판단하면서, 그런 현상학에 반대해서 인간 주체를 자연의 한 경우로, 세계의 효과로 삼기 때문이다. 들뢰즈의 관점에서, 잠재적인 것의 존재론은 현상학만이 아니라 심리학 혹은 정신분석도 극복해야 하는데, 왜냐하면 심리학이나 정신분석은 자칫 존재론적인 깊이를 심리적인 것, 무의식적인 것으로 환원시킬 수 있기 때문이다. 들뢰즈에게 깊이는 존재론적 표면들의 효과일 뿐이다. 들뢰즈의 존재론을 그런 점에서 탈인간중심적인 철학이라고 부를 수도 있을 것이다.

인간이 가질 수 있는 상상력을 인간의 한계 너머로까지 가져갔을 때 순수한 상상에 도달할 수도 있을 것이다. 들뢰즈가 목적 개념을 적용시킨, 무인도의 로뱅송이 도달한 지점이 그런 것이 아닐까? 순수한 상상의 지점. 투르니에는 소설을 그렇게 끝맺지 않는다. 그는 섬의 또 다른 요소인 방드르디(금요일)가 인간적 세계로 떠난 다음에 그 자리에 쥬디(목요일)를 놓는다. 쥬디를 남겨 둔다는 사실은 로뱅송이 여전히 혼자가 아니라는 것, 그가 아무리 주체성을 상실하고 섬의 한 요소로 변화한다고 주장할지라도 여전히 그를 인간으로 남게 하는 타자가 존재한다는 것을 의미한다.

들뢰즈의 정신증적 결론은 다른 방식으로 우리에게 의미를 갖는다. 첫째, 그의 무인도 개념은 신체와 공간의 관계, 신체를 가진 주체의 심리가 공간적 구조와 갖는 관계를 파악할 수 있게 한다. 정신분석에서 말하는 신경증·도착증·정신증을 주체가 공간과 갖는 관계 양상으로 풀어 냄으로써, 들뢰즈는 현상학과는 다른 방식으로 주체의 신체에 대해 의미를 부여한다. 둘째, 타인 구조가 부재할 때 인간이 갖는 완전히 다른 사물 경험을 통해 우리는 지각적으로 다른 공간인 비대면 공간 안에서 인간의 경험을 유추해 볼 수 있다. 비대면 공간은 현실적인 지각적 공간과 경험적으로 다르다. 비대면 공간에서는 스크린이 주요 무대가 되며, 현실적인 지각적 공간은 뒤로 물러난다. 실제적 지각 공간 안에서의 타인이 부재할 때 주체를 둘러싼 사물들은 안정성을 갖지 못한다. 스크린 앞에서 대부분의 시간을 보낸다면, 비록 스크린상의 타자들을 경험하겠지만 그러한 타자들이 현실적 지각 경험의 타자들을 결코 대체할 수 없을 것이며 타자 부재의 효과가 나타날 수밖에 없을 것이다. 과도한 집착과 몰입, 현실적 지각 공간으로 돌아왔을 때의 불안감 등이 나타날 수 있다. 가령 그는 스크린을 떠났을 때 홀로 남겨질 것이고, 현실의 공간 안에서 일상적인 관계를 갖는 것이 점점 힘들어질 것이다. 들뢰즈의 무인도라는 상상적 공간, 그 속의 거주자의 상상적 경험을 비대면 공간 안에서 주체의 경험과 완전히 같다고 말할 수는 없다. 하지만 적어도 유사성을 가진 두 공간 안에서 일어나는 주체의 심리 변화는 실제적인 것처럼 보인다.

참고문헌

신양섭, 〈포스트 미디어 개념의 논쟁적 지평들〉, 《디지털영상학술지》 16(2), 2019, 57~82쪽.

조현수, 《질 들뢰즈의 '마조히즘' 읽기》, 세창미디어, 2020.

Aulagnier-Spairani, P. et al. (1967). *Le désir et la perversion*. Paris : Ed. de Seuil.

Deleuze, G. (2002). *L'île déserte et les autres essais: textes et entretiens 1953-1974*. Paris : Ed. de Minuit.

Deleuze, G. (1969). *Logique du sens*. Paris : Ed. de Minuit. (《의미의 논리》, 이정우 옮김, 한길사, 1999)

Deleuze, G. (1972). *L'anti-Œdipe : Capitalisme et schizophrénie*. Paris : Ed. de Minuit. (《안티 오이디푸스》, 김재인 옮김, 민음사, 2014)

Dor, J. (1987). *Structure et perversions*. Paris : Denoël. (《라깡과 정신분석임상: 구조와 도착증》, 홍준기 옮김, 아난케, 2013)

Merleau-Ponty, M. (1945). *Phénoménologie de la perception*. Paris : Gallimard. (《지각의 현상학》, 류의근 옮김, 문학과지성사, 2002)

Montebello, P. (2011). "Deleuze, Une anti-phénoménologie?". *Chiasmi international*. 13.

Scarry, E. (1987). *The Body in Pain : The Making and Unmaking of the World*. Oxford University Press. (《고통받는 몸》, 메이 옮김, 오월의봄, 2018)

Tournier, M. (1967). *Vendredi ou les limbes du pacifique*. Paris : Gallimard. (《방드르디, 태평양의 끝》, 김화영 옮김, 민음사, 2021)

Zizek, S. (2003). *Organs without Bodies: On Deleuze and Consequences*. Routledge. (《신체없는 기관》, 이성민 · 김지훈 · 박제철 옮김, 도서출판b, 2006)

초연결시대 사이버 공간에서의 분노와 공격성

|양유성|

제9차 인문치료학회 학술대회(2023년 2월 3일) 발표 원고를 일부 수정하였음.

들어가는 글

인류 문명의 오랜 역사 속에서 인간은 불을 발견하고 사용하게 되면서 지구상의 다른 모든 생명체를 지배할 수 있는 결정적인 힘을 얻게 되었다. 독자적으로 불을 다룰 수 있기 전, 번개가 치면서 산불이 나고 때로 화산이 폭발하는 것을 보면서 인간은 자연에서 발생하는 불의 엄청난 힘을 경험하였다. 시간이 지나면서 부싯돌이나 나뭇조각을 마찰시켜 직접 불을 피우는 기술을 터득한 후, 불을 피워 추위를 이겨 내고 음식을 익혀 먹고 토기와 금속 도구를 만들게 되었다. 이렇게 인간이 불을 사용할 수 있게 되면서부터 인류 문명은 급속도로 발전하였다. 지금도 인류는 석탄, 석유, 천연가스 등의 화석연료를 기반으로 한 화력에너지를 여전히 다양한 용도로 사용하며 이에 크게 의존하고 있다.

과거 원시 문명에서 불의 사용이 인간의 삶을 근본적으로 바꿔 놓는 큰 계기가 되었다면, 현대 문명에서는 거대한 컴퓨터 통신망인 인터넷이 지구상의 모든 인간들을 쉽게 연결시키고 다양한 많은 정보를 손쉽고 빠르게 교환할 수 있도록 도와주면서 문명의 발전을 크게 가속화시키는 기폭제가 되었다. 라디오·텔레비전·냉장고 등의 전자제품이 우리 삶을 즐겁고 편하게 해 주었지만, 전자기기이면서 정보통신기술IT: Information Technology과 결합한 인터넷은 유선 연결뿐 아니라 인공위성을 통한 무선 서비스까지 가능해지면서 언제 어디서나 접속할 수 있는 유비쿼터스Ubiquitous[1] 시대를 열었고, 우리 곁에

---

1 언제 어디서나 존재한다는 뜻의 라틴어로 종교적으로 신의 편재성을 의미하는 데서

가까이 다가와 다른 어떤 기기도 필적할 수 없는 강한 영향력을 갖게 되었다. 대한민국의 국력을 신장시킨 여러 많은 요인이 있겠지만, 무엇보다 인터넷 기술의 발달이 큰 역할을 했다고 할 수 있다. 한류 문화의 확산도 전 세계로 연결된 인터넷 장치가 개발되지 않았다면 불가능한 일이었을 것이다.

불을 사용하면서 인간의 삶은 놀라울 정도로 크게 바뀌어 안전하고 건강한 삶을 꾸려 갈 수 있게 되었는데, 이런 불은 무기로도 개발되어 전쟁터에서 불화살로 활용되고 화약 발명과 함께 소총과 대포에 사용되어 많은 인명이 살상되기도 했다. 알프레드 노벨Alfred Nobel이 처음 다이너마이트를 발명했을 때는 광산에서 광물을 채굴하거나 도로와 교량을 건설하는 데 쓸 목적이었겠지만, 시간이 지나면서 처음 의도와 달리 전쟁터와 테러 현장에서 범죄 집단 등에 의해 매우 위험하고 파괴적인 도구로 사용되었다.

인터넷도 우리의 삶을 놀라울 정도로 바꾸었다. 정보화 시대로 이동하면서 모든 지식이나 정보를 쉽게 공유할 수 있는 자유롭고 개방된 사회, 좀 더 평등한 세계가 만들어졌고, 블루투스와 와이파이 등의 기술을 통해 여러 스마트 기기들이 연결되면서 초고속·초연결 시대가 열렸다. 이처럼 인터넷은 매우 놀랍고 매력적인 문명의 이기利器로서 인간의 삶에 큰 유익을 주었지만, 그 빛나는 이면에 어두운 그림자도 동시에 강하게 형성되었다. 기계에 압도되고 지배받는 인간의 소

유래했고, 나중에 과학기술 용어로 변환되어 인간이 장소에 상관없이 컴퓨터 네트워크를 접속할 수 있는 통신 환경을 의미하게 되었다.

외 현상, 심각한 중독 증상, 빠른 속도의 기술 변혁에 적응해야 하는 스트레스 심화, 사회적 양극화 속에서 벌어지는 갈등과 그로 인한 사이버 폭력의 증가 등 역기능적 요소가 속속 발생한 것이다. 상담학은 인간 삶의 순기능보다 역기능으로 인해 벌어지는 병리적 현상에 먼저 주목하고 해결하는 데 학문적 주안점을 두기에, 이 글에서는 이러한 다양한 현상 중에서 분노와 공격성의 문제를 집중하여 살펴보고자 한다.

초연결사회에 살고 있는 인간의 미래 이야기

오늘날 초연결사회가 형성되기까지 인류 역사 속에서 기술 문명이 발전해 온 과정을 뒤돌아보려면, 산업혁명을 통한 근대화 과정을 짚어 봐야 할 것이다. 오늘날은 4차 산업혁명이 본격적으로 진행되고 있는 상태이고, 초연결의 기술적 특성도 4차 산업혁명의 한 부분으로 자리 잡고 있다.

　기술 문명의 역사적 발전 과정을 짧게 정리해 보면, 처음 1차 산업혁명은 18세기 후반 영국에서 새로운 동력 기술로 증기기관을 발명하면서 시작되었다. 석탄을 연료로 써서 고압 증기로 팽창된 강한 열에너지를 사용하는 기계를 가동함으로써 섬유와 의류 산업이 발전하였다. 철도 건설을 계기로 증기기관차가 다니게 되었고, 증기기관으로 운행하는 자동차·선박 등의 운송 수단이 발달하기 시작하였다.

2차 산업혁명은 19세기 후반에서 20세기 초반 새로 등장한 전기에너지로 촉발되었다. 대량생산 산업 생태계가 본격적으로 확산되고, 전기에너지 관련 기술이 산업 전반을 주도하였으며 석유와 철강 분야가 커지면서 중화학공업이 크게 발전하였다.

3차 산업혁명은 20세기 후반 컴퓨터와 인터넷 기술을 활용하여 정보 전달이 자유로워지면서 시작된 정보화 시대로, 그 중심에는 정보통신기술이 있었다. 1990년대에 등장한 인터넷은 소통과 교류의 틀을 근본적으로 바꿔 놓았고, 인류는 인터넷 덕분에 언제 어디서나 소통할 수 있게 되었다.

현재 우리는 4차 산업혁명 시대에 들어와 있다. 전문가들은 4차 산업혁명의 키워드로 초연결, 초지능, 초융합을 꼽는다. 그 중심에는 데이터가 있고, 인간과 사물의 모든 데이터가 수집 · 활용되는 통신 혁명을 기반으로 인류의 생활 방식과 사회와 경제의 운영 방식이 혁신되는 거대한 변혁이 이루어지고 있다(하원규 · 최남희, 2015, 11).

4차 산업혁명에서 초연결과 연결되어 발전하고 있는 기술은 사물인터넷IoT: Internet of Things,[2] 5G,[3] 블록체인[4] 등이다. 정보통신기술은 시간이 갈수록 전송 속도와 용량은 물론 그 범위와 대상 등을 계속 확장해 가고 있으며, 이에 따라 인간과 인간 사이의 관계에서 나아가 인

---

2 사물인터넷은 사람, 사물, 공간, 데이터 등 모든 것이 인터넷으로 연결되어 정보를 수집하고 공유하는 초연결망을 의미한다(최연구, 2018, 145).

3 초연결과 초고속뿐 아니라 초고용량 데이터 전송 기술이 증대되어 3D 입체영상, 360도 동영상, 홀로그램 서비스가 가능한 5세대 이동통신 기술을 의미한다.

4 가상화폐 거래 내역을 가입자들의 모든 네트워크에 분산하여 기록하는 공공 거래 장부로 비트코인을 포함한 여러 암호화폐의 보안 기술로 사용된다.

간과 기계의 관계에서도 인터넷을 연결하여 필요한 작업을 해 나갈 수 있는 사물인터넷이 늘어나고 있다. 사물인터넷이 적용되는 대표적인 영역은 스마트홈 시스템이다. 집 안에 있는 가전제품들과 보안 장치·조명 시설 등을 연결시키고 이를 원격으로 제어하는 기술로, 집 안의 온도와 미세먼지 등을 자동으로 조절하고, 직장에 출근하면 불필요한 전원을 자동 차단하며, 직장에서 퇴근하기 전 로봇청소기가 정해진 시간에 청소를 완료해 놓는다. 집주인이 장기 외출을 하면 보안 시스템이 작동하여 저녁이 되면 불이 켜지고 아침이면 불이 꺼져 외부에서 빈 집처럼 보이지 않게 한다.

이런 기술의 또 다른 변형으로 사회적 관심을 크게 끌고 있는 것은 자율주행 자동차이다. 자율주행 기술은 완전자율주행까지 5단계로 나뉘는데, 근래 판매된 대부분의 차들은 자율주행 2단계 수준으로 운전 핸들·가속 페달·제동장치에서 손과 발을 떼도 일정 시간 운전자가 지시한 속도로 차선을 이탈하지 않고 차가 스스로 주행을 한다. 이런 일들은 과거에는 생각할 수 없는 위험천만한 행동이었다. 일부 고급 승용차는 3단계 수준을 구현하여 고속도로에서 자동차가 스스로 안전하게 차선 변경을 할 수 있게 되었다. 최근 벤츠 자동차는 운전자가 스마트폰으로 사진을 찍어 위치를 전송하면 차가 무인 상태로 운전자가 원하는 장소에 주차하는 자율주행 4단계를 실현했다.[5] 이런 자율주행 기술은 승용차, 버스, 트럭 등 자동차는 물론이고 더 나아가 농기계와 선박에까지 적용되고 있다.

---

5 https://brunch.co.kr/@akmobilekorea/2287 (2023년 1월 7일 접속).

인공지능[6]과 빅데이터,[7] 알고리즘[8]과 인지과학 등은 4차산업의 두 번째 키워드인 초지능에 해당한다. 인공지능AI: Artificial Intelligence은 인간의 지성이 지닌 논리적 추론이나 연산 능력을 수행할 수 있는 컴퓨터 시스템을 뜻하며, 이 인공지능의 목표는 사람처럼 생각하는 기계를 개발하여 실체화하는 것이다(오경환, 2022, 622). 기술이 발전하면서 인간은 기계가 아니라 정말 인간과 같은 그 무엇을 만들어 내기 시작했다. 인공지능을 통해서 빅데이터를 취합해 스스로 사고하고 판단하고, 심지어 창조할 수 있는 그 무엇을 만들어 낸 것이다. 그동안 기계가 인간의 노동을 대체했다면 이제 인공지능이 인간의 사고와 판단, 심지어 창의력까지 대체하게 되었다(조성돈, 2018, 628). 인공지능의 등장은 인간이 예상하지 못한 생활과 사고방식의 근본적 변화를 가져왔으며, 다양한 영역에서 인간 이상의 뛰어난 능력을 발휘하고 있다.

인공지능의 실력이 인간에게 큰 충격으로 다가온 것은 2016년 구글의 인공지능 프로그램 알파고AlphaGo와 이세돌의 바둑 대결이었다. 바둑 대결 이전에 열렸던 체스 대결에서 인간이 컴퓨터에 패했다

---

6 인공지능은 딥러닝이나 머신러닝의 방식으로 스스로 학습하고, 인간의 언어를 알아듣고, 사람처럼 지각하고 판단하는 기능을 갖춘 컴퓨터 시스템을 의미한다(최연구, 2018, 147).

7 빅데이터는 인터넷상에서 천문학적인 분량의 방대한 데이터와 정보가 생성되고, 유통되고, 공유되는 것을 말한다(최연구, 2018, 146). 빅데이터 4대 천왕으로 불리는 구글 · 아마존 · 페이스북 · 애플은 모두 미국 기업으로, 산업혁명은 맨 처음 영국에서 시작되었으나 2차 산업혁명부터 지금까지 미국이 전체적인 큰 흐름을 계속 주도하고 있는 것을 알 수 있다(최배근, 2020, 59).

8 어떤 주어진 문제를 풀기 위한 절차나 방법을 효율적으로 처리하기 위한 컴퓨터 프로그램을 의미한다.

는 소식은 단지 작은 충격이었다. 모두들 바둑만큼은 인공지능이 인간을 따라갈 수 없을 것이라고 예상했다. 바둑은 워낙 그 수가 복잡하고 상대방의 반응 여하에 따라 변화의 가능성이 무한대로 계속 생기기 때문에, 디지털에 의지한 컴퓨터가 인간을 이기는 것은 불가능할 것이라고 여겨졌다. 그런데 실제 바둑 대결에서 알파고는 5번의 대결에서 4번을 이기고 1번만 패배했다.

이 사건 이후 사람들은 컴퓨터를 넘어서 인공지능이라는 개념에 대해 눈을 뜨기 시작했다. 기존의 컴퓨터는 인간이 지정해 준 알고리즘을 기준으로 삼았다. 그 의미는 인간의 상상력이나 능력을 벗어날 수 없다는 것이다. 그런데 이제는 스스로 익혀 나가는 딥러닝deep learning을 통해 인간을 뛰어넘을 수 있음을 증명했다. 여기에 클라우딩과 같이 하나의 컴퓨터가 아니라 여러 컴퓨터가 연결되면서 그 가능성의 폭과 깊이를 더하게 되었다. 특정한 한 대의 컴퓨터에서 연결을 통해 지구적 네트워크로 확장된 것이다(조성돈, 2018, 624).

이런 인공지능의 대단한 능력에도 불구하고 그 한계는 분명히 존재한다. 상담의 과정과 방식을 놓고 연결시켜 보면, 인공지능의 밑바탕은 인간의 합리적이고 이성적인 인지 능력을 주로 반영하는 것이기에, 인간적인 공감 능력이나 정서적 감수성을 이해하고 표현하는 데에는 한계가 있을 것이다. 마찬가지로 인공지능은 인간의 의식 세계를 탐색하는 데 주로 사용될 가능성이 높기 때문에, 인간 심층의 정신 역동을 이해하고 분석할 수 있는 직관력이나 통찰력은 크게 떨어질 수밖에 없다. 무엇보다 큰 문제는 인간은 어떤 일을 계획하고 실행하는 데 있어 도덕적 판단을 먼저 해 보고, 잘못된 동기에 대해 죄의식을 느끼고, 타인에게 피해나 고통을 주었다면 사과하고 용서를 구하며, 때로는 책임을 지거나 보상을 해 줄 수 있지만, 인공지능은 인간이 아닌 기계로서 스스로 그런 일을 감당해 낼 수 없다는 것이다.

4차산업의 마지막 키워드인 초융합은 다양한 분야의 여러 기술이 합쳐지고 때로는 전혀 다른 분야의 기술과 접목되면서 전문 영역의 엄격한 경계가 허물어지고 있는 현상을 의미한다(최연구, 2018, 144). 이런 융복합 기술로 3D 프린터나 드론을 들 수 있다. 3D 프린터는 평면 출력이 아니라 입체물을 출력한다는 점에서 가정이나 사무실에 있는 2D 프린터와는 차원이 다르다. 의료공학 기술과 결합하여 인간의 인공 장기를 만들 수도 있고 사제 총기류 제작에 이용될 수도 있다. 인간의 생명을 살릴 수도 있고 범죄의 위험성을 높일 수도 있는 것이다.

마찬가지로 드론은 과거 특수촬영의 영역이었던·항공사진을 쉽게 가능하도록 했고, 영화 촬영에 광범위하게 활용되어 입체적인 현장감을 끌어올렸으며, 산불 감시와 조난자 수색·구호, 농가의 농약 살포, 차량으로 접근하기 어렵거나 교통 혼잡이 심한 지역의 물류 배송과 배달 서비스 등에 큰 도움을 주지만, 우크라이나 전쟁에서 보듯이 전쟁터에서 전투기와 전폭기보다 더 큰 파괴적인 살상력을 발휘하기도 한다. 앞서 언급한 자율주행 차량과 드론·자율주행 대중교통 시스템을 합쳐 '스마트 모빌리티'로 부르기도 한다. 이처럼 4차 산업혁명은 어떤 특정 기술이 전체적인 변화를 주도하는 것이 아니라, 여러 첨단 기술이 복합적으로 연결된 다원화 구조를 띠고 있는 것이 특징이다.

다양한 기술 문명의 급속한 변화와 발전 속에서 다시 초연결사회의 문제로 돌아가 과거 삶의 방식과 달라진 모습을 살펴보면, 무엇보다 밴드·인스타그램·카카오스토리·페이스북 등의 소셜미디어 플랫폼에서 너무 많은 시간을 보낸다는 것을 들 수 있다.[9] 음식점에서 가족들이 각자 자기 휴대전화를 들여다보느라 서로 대화하지 않는 모습이나, 휴대전화를 보면서 위험하게 횡단보도를 건너는 사람들을 주변에서 흔히 볼 수 있다. 퇴근 후에도 수시로 카톡으로 업무 연락이 오고, 코로나 사태 이후부터는 화상통화 프로그램인 줌Zoom으로 회의를 하는 경우도 많아졌다.

우리는 하루 종일 스마트폰을 가까이 두고 많은 시간을 보낸다. 2014년 영국의 한 언론 보도에 의하면, 하루에 휴대전화를 확인하는 평균 횟수는 221회이며,[10] 사용 시간은 매일 평균 3시간 15분, 1년에 거의 1,200시간이다. 전 세계 성인의 3분의 1이 아침에 눈을 뜨고 5분 이내에 휴대전화를 확인하고, 한밤중에 깼을 때도 5분 안에 휴대전화를 확인한다는 연구 결과도 있다(Noreena Hertz, 2021, 152).

스마트폰 의존 추세가 심해진 것은 다양한 기술 개발로 인해 새로운 첨단 기능이 계속 추가된 때문이기도 하다. 일상생활에서 스마트폰은 신분증·건물 출입카드·신용카드·자동차 키 등을 대체하여 다목적으로 쓸 수 있는 슈퍼 만능 기기가 되었다. 오래전 과거 세대의 전화기와는 비교할 수 없는 편리성을 지닌 스마트폰은, 이동통신 수

---

9 표기된 순서는 2020년 3월 소셜미디어 이용자 수 조사에서 발표된 랭킹 순위이다. https://www.newsway.co.kr/news/view?tp=1&ud=2020091116025101658 (2023년 1월 9일 접속)

10 *Evening Standard*, 2014년 10월 7일자. Noreena Hertz, 152쪽에서 재인용.

단에서 일찌감치 벗어나 전혀 다른 성격과 차원의 다양한 기능을 가진 앱을 통해 일상생활의 많은 일들을 수행한다. 스마트폰으로 영화 · TV 드라마 · 유튜브 동영상을 시청하고, 음악을 감상하고, 인터넷을 검색하거나 이메일을 확인하고, 일정을 관리하고, 가계부를 작성하고, 중요한 정보를 메모해 두거나 녹음을 하거나 사진을 찍어 두기도 하고, 중요한 문서 · 사진 · 음악 · 동영상 파일을 보관하여 필요할 때 꺼내 쓰고, 사전이나 번역기 또는 계산기로 사용하고, 쇼핑을 하고, 배달 음식을 주문하고, 고속버스나 기차표를 예약하고, 운전하면서 길을 찾는 내비게이션으로도 사용하고, 외국어 학습을 하고, 금융 거래를 하고, 운동이나 등산을 할 때 필요한 정보를 얻거나 다양한 기록을 측정한다.

뿐만 아니라 스마트폰은 음악이나 미술의 창작 활동 도구로 사용되고, 종교적 경전을 읽고 예배의식 수행을 돕는 역할도 하며, 종교적 공동체의 소통과 교류의 장이 되기도 한다. 심지어 스마트폰은 다양한 건강진단과 검사를 집에서 쉽게 할 수 있는 디지털 헬스케어의 혁신 기기로 변신하면서 새로운 성장 산업으로 주목받고 있다. 이에 여러 기업에서 혈당을 측정하고 수면 장애가 있는 환자들을 대상으로 수면 상태를 측정하여 분석하고, 심장 질환을 사전에 방지할 수 있는 기능을 개발하고 있다.

과거에는 관광 명소나 여행지에서 무거운 DSLR 카메라를 목에 걸고 인물이나 풍경 사진 등 용도에 따라 교환할 여러 개의 렌즈와 삼각대를 큰 가방에 넣어 등에 메고 다니는 사람들이 자주 눈에 띄었지만, 지금은 전문가 수준의 작품 사진을 원하는 사람이라도 굳이 무거운 카메라를 힘들게 들고 다니지 않는다. 스마트폰의 화소 수가 크게 증가했고, 고가의 스마트폰의 경우에는 F1.8 고급 렌즈를 장착하여 매우 뛰어난 선예도를 구현했으며, 자동 초점과 흔들림 방지 기능이 포함되고 어두운 환경에서 야간 촬영도 가능하며 고배율 망원과 광각 렌즈까지 추가되었기 때문이다. 그뿐 아니라 사진 보정과 편집을 위한 수많은 앱이 개발되어 평범한 사진을 독창적이고 예술적인 사진으로 바꿀 수도 있게 되었다.

이런 시대적 상황의 변화로 인해 DSLR이나 미러리스 카메라의 전 세계 매출량이 해마다 급격하게 줄면서, 캐논·니콘·소니 등 대표적인 카메라 제조사들은 이미 DSLR 카메라의 개발과 생산을 중단하였다. 이런 모습은 과거 디지털 카메라의 등장으로 예상보다 빨리 필름 카메라가 세상에서 사라지고 말았던 일을 떠오르게 한다. 디지털 카메라 사용으로 필름을 사서 교체하고 사진을 현상하고 인화하는 시간과 비용을 크게 줄일 수 있게 되면서, 코닥필름·후지필름 등으로 대표되는 아날로그 카메라 시대는 저물고 말았다.

이렇게 새로운 기술과 다양한 스마트 기기의 출현으로 집단의 대중문화나 개인의 생활 방식도 과거보다 빠른 주기로 크게 바뀌고 있다. 우리 시대에는 스마트폰이 모든 신기술을 집약시킨 결정체로 군림하게 되었고, 우리의 삶에 깊숙이 침투해 들어와 남녀노소 모두 한시도 손에서 뗄 수 없도록 강하게 유혹하면서 전능하고 초월적인 신의 위치를 위협하는 강력한 힘을 지닌 존재가 되었다.

첨단 기술 문명 사회에서 벌어지는 양극화 현상

과학기술의 급격한 발전은 인간의 고통과 불편을 해결해 줄 수 있는 새로운 지식과 기술을 제공하면서 미래 새로운 세상에 대한 희망과 기대를 갖게 한다. 이런 다양한 첨단 기술의 혜택을 받으면서 그것을 적극 활용하여 긍정적 경험을 만끽하는 사람들이 늘고 있는 반면, 이런 변화를 원치 않고 불편해 하거나 적응하기 힘들어 하며 두려워하고 불안해 하는 사람들도 동시에 많아지고 있다.

초고속사회에서 과거에 대한 향수를 품고 아날로그 시대를 그리워하며 레트로풍의 복고주의를 추구하는 이들도 많다. 2022년 12월 24일 KBS의 국내 도시 여행 다큐 프로그램 〈동네 한바퀴〉에서 서울 정동의 '온기 우편함'을 소개했다. 우리 사회의 우울한 마음을 완화시키고 심리적 안전망을 구축하기 위해 2017년 설립되어 상담 활동을 하고 있는 단체에서 마음의 상처와 고통을 적은 편지를 누군가 거리에 설치되어 있는 '온기 우편함'에 넣으면 자원봉사자들이 편지 내용을 읽어 보고 손 편지로 답장을 써서 보내 주는 일을 하고 있다. 활동을 시작한 이래 지금까지 9,000통 이상의 답장을 보냈다고 한다. 이런 방식의 편지 상담 또는 서신 상담은 1970년대와 80년대에 잠시 유행하다가 전화 상담으로 대체되었는데, 아직도 이런 과거 전통적인 방식의 상담 활동이 이루어진다는 사실이 놀라웠다. 곧, 인공지능 로봇이 심리 검사나 단순한 형태의 상담을 진행할 것이라 예견되는 시대에도 많은 사람들이 과거의 감성적인 추억을 그리워하며 물질적인 편리함보다 인격적으로 따뜻한 정서적 연결을 원하고 있다.

역사상 유례 없는 눈부신 발전을 통해 과거에는 경험할 수 없었던 편리함과 즐거움을 누리고 있지만, 거대하고 신속한 변화 속에서 인간의 존재와 삶의 방식에 관한 심각한 문제들이 계속 제기되고 있다. 기술의 진보가 사회를 급격히 변화시키고 그 속도가 가속화되면서 인간의 상상력을 뛰어넘고 있기에 두려움을 갖는 상황에 이르렀다(조성돈, 2018, 641). 이런 발전을 보면서 우리는 크게 두 가지 두려움을 갖게 된다. 먼저 지금까지 오랜 세월 지속된 개인의 직업이 계속 유지될 수 있을지의 문제인데, 이런 불안은 인공지능 로봇이 등장하면서 인간이 서서히 세상의 중심에서 밀려날 것이라는 예측에서 비롯된다. 주변을 보면 음식점이나 카페에서 무인 정보기기인 키오스크로 메뉴를 주문해야 하는 업소가 많아졌고, 서빙 로봇이 단순한 일을 거들고 돕는 모습도 종종 볼 수 있다. 마트에서도 무인점포 계산대가 늘면서 전에 사람들이 하던 일을 기계가 대신하고 있다. 두 번째는 이렇게 무섭게 발전하고 있는 기술의 진보로 발생하는 사회적 문제를 인간이 통제하거나 해결할 수 있을지에 대한 의문이다(조성돈, 2018, 624-625). 따라서 정부와 기업, 대학과 연구기관은 첨단 기술과 경제 논리의 결합으로 인한 노동시장의 붕괴와 대량 실업, 빈부격차에 따른 사회적 갈등에 대한 해결 방안을 서둘러 찾고 마련해야 하는 사회적으로 시급한 과제를 떠안게 되었다.

4차 산업혁명 시대로 진입하면서 우리의 삶이 갈수록 편리해지는 반면 삶의 깊이와 교감은 약해지고 있다. 정보 과잉으로 인해 깊이 있는 생각을 할 여유와 필요가 없어졌고, 자동화 기술의 혜택으로 수동적이고 소극적인 사고를 하게 되었으며, 거대 조직에 속해 있으면서 깊이 생각하지 않는 습관을 갖게 되었다(박형준, 2018, 171).

초연결사회에서 사람들은 컴퓨터와 핸드폰을 통해 늘 외부 세계와 접속되어 있다. 더 쉽고 빠르게 사람들과 연결되고, 연결할 수 있다. 이렇게 항상 온라인 상태에서 사이버 공간에 접속되어 있는 이 세대는 오히려 사람들과의 직접적인 교제는 꺼리고 있다. 정신적으로 외부의 대상들과 항상 연결되어 있지만, 실제로는 외부 세계와 격리된 채 늘 혼자 지내는 경우가 많다. 사람들이 현실에서 어떤 조직이나 공동체로 모이지만 외로운 사람들이 함께하는 것일 뿐임을 알 수 있다. 사이버 공간에서 다양한 사람들과 어울리고, 서로 위로하고 격려하지만 실제적인 대면 관계에서는 철저한 소외를 경험하고 있다(조성돈, 2018, 634-641).

이처럼 초연결사회에서 서로 연결되어 함께 있지만 여전히 외로움을 느끼는 사람들이 늘어나는 모순된 현상을 자주 접하게 된다. 이런 역설적인 불일치는 사이버 공간에서의 인간관계가 순수하고 자연스럽고 진지한 인간관계가 아니라, 짧고 부담 없이 상대해 주는 피상적인 관계 또는 진실이 왜곡된 환상적이거나 거짓된 관계로 변질될 위험성이 높기 때문일 것이다. 또 감각적인 면에서도 사이버 공간에서의 관계는 실물이 아닌 사진이나 동영상을 보는 듯한 느낌으로, 비현실적인 공허함이나 정서적 거리감을 느끼기가 쉽다.

이렇게 사이버 공간에서의 인간관계가 실제로 만나 교류하는 인간관계보다 환상에 사로잡혀 있거나 질적인 면에서 취약할 수 있음에도 불구하고, 일상생활에서 정서적 지지가 결여된 사람들은 인터넷상에서 친구를 사귀어 위로와 지지의 보상을 받게 되므로, 자신의 외로움을 해소하기 위해 역설적으로 더욱 사이버 공간의 연결에 매달리는 모습을 볼 수 있다. 이는 마치 진품인 명화나 예술품을 구하다가 자신의 능력으로 불가능할 때 모조품이나 유사품이라도 구해 결핍된 욕구를 해소하려는 보상 심리와 유사하다.

사이버 공간에서의 분노와 폭력

많은 사람들이 사이버 공간으로 몰려드는 것은, 무엇보다 경제적 부담 없이 간편하고 쉽게 접근할 수 있고, 때로는 부정적으로 인식되고 느껴지는 내 모습을 다른 사람들에게 감추고 숨길 수 있기 때문이다. 여기서 사람들이 사이버 공간에 집착하고 빠지는 이유나 동기는 개인의 삶의 환경과 여건, 심리 성향과 욕구에 따라 매우 다양하다. 외로움으로 인한 애착 욕구 때문에, 다른 사람들에게 주목 받고 자신을 과시하기 위해서, 피곤하고 지친 일상생활에서 잠시 벗어나기 위해, 시대에 뒤쳐지지 않고 앞서 가기 위해서, 지적인 성장 욕구 때문에, 그리고 때로는 큰돈을 벌고 싶은 욕망 때문이기도 하다. 그중 고소득 창출과 관련된 대표적인 예는 구글의 동영상 공유 플랫폼인 유튜브이다. 유튜브는 텍스트와 정적 이미지 중심의 검색 방식을 역동적인 동영상 중심으로 바꿔 놓았다. 또한 톱다운 방식의 미디어 문화를 종식시켜, 누구든 쉽게 올릴 수 있는 다양한 주제와 내용의 동영상이 엄청나게 증가했다. 유튜브는 채널 운영으로 수익을 창출하는 새로운 일자리를 만들어 냈고, 일부 유튜브 스타는 연간 수억 원에 이르는 수입을 올리기도 한다. 이런 새로운 성공 신화에 대한 사회적 관심과 열기가 뜨거워지면서, 2022년 12월 교육부와 한국직업능력연구원이 초등학교 6학년 학생들을 대상으로 조사한 결과 '유튜브 크리에이터'가 초등학생들의 장래 희망 직업 순위 3위에 꼽히게 되었다.[11] 2023년 1월 교육 콘텐츠 기업 키자니아에서 초등학생들을 대상으로 실시한 직업선호도 설문 조사 결과도 동일하게 3위로 나왔다.[12]

사이버 공간은 다양한 방식으로 사람들의 욕망을 충동하면서 환상적인 세계로 빠져들게 한다. 많은 사람들이 그 유혹에 못 이겨 스마트폰이나 인터넷상의 가상공간에서 너무 많은 시간을 보내고, 지나치게 집착하고 의존하기도 한다. 이렇게 충동적이고 강박적인 몰입은 점차 위험한 중독 성향으로 이어질 수가 있다. 물질이나 행위에 강박적으로 집착하게 되면서, 시간이 지날수록 자신의 힘으로 통제하거나 조절할 수 없는 상태에 이르고, 그런 자신의 병적인 모습을 합리화시키거나 자신의 문제를 부인하는 방어기제를 사용하게 되는데, 이런 심리 상태는 중독의 전형적인 특성을 그대로 드러낸다.

삶의 거의 모든 영역에 깊숙이 침투하여 우리 삶을 지배하고 있는 스마트폰이나 인터넷의 영향력은 이런 기계의 힘에 의존하지 않고는 인간이 생존하기 어렵게 만들었고, 이로 인한 부정적 폐해도 여러 가

---

[11]   1위는 운동선수, 2위는 교사였다. https://v.daum.net/v/20221219120622763 (2023년 1월 10일 접속)
[12]   1위는 연예인, 2위는 로봇공학자였다. https://v.daum.net/v/20230111091348661 (2023년 1월 11일 접속)

지 모습으로 나타나기 시작했다. 역기능적이고 병리적 현상인 외로 움으로 인한 우울증, 과도한 사용으로 인한 중독 현상 등은 대개 혼 자서 겪는 증상이기에 다른 사람에게 큰 피해를 주지 않을 수도 있지 만, 사이버 공간에서 발생하는 분노와 폭력은 심각한 문제로 제기되 고 있다. 이런 폭력의 심리적 배경에는 적대감·증오심·시기심·보 복심·열등감·피해의식 등 다양한 부정적 감정이 복합적으로 깔려 있고, 이로 인해 공격적이든 반대로 수동적이고 저항적이든 다양한 모습으로 분노가 표출된다. 이 분노의 감정은 다른 사람들에게 큰 피 해를 줄 수 있고, 사회적으로 확산될 수 있는 파괴적인 영향력이 다른 병리적 현상보다 더 크고 강하게 인식될 수 있다.

부적절한 방식의 분노 표출로 인한 폭력 행위는, 더 나아가 사이버 공간에서 비행과 범죄를 저지르는 심리적 동기를 제공하기도 한다. 상담 분야에서 이런 주제를 사이버 폭력이라고 부르는데, 기본 개념 은 인터넷상에서 다른 사람에게 비난과 욕설을 퍼붓는 언어폭력과 성적 혐오감이나 모욕감을 주는 성폭력 등의 인격적 위해를 가함으 로써 정신적이거나 물질적인 피해를 주는 행위로 규정할 수 있다.

사이버 폭력의 실제 사례들을 살펴보면, 신분을 속이고 SNS에 들 어가 다른 사람의 개인정보를 유출하고 사생활을 침해하거나 스토킹 을 하는 경우, 사적인 메시지를 공개하거나 폭로하겠다고 협박하는 경우, 유언비어를 날조하며 허위 사실을 유포하는 경우, 비방과 험담 으로 인신공격을 하며 다른 사람의 인격을 모독하거나 명예를 훼손 하는 경우, 여러 명이 한편이 되어 집단의 일원을 따돌리는 경우, 심 한 욕설을 쓰면서 언어폭력을 가하는 경우 등 매우 다양한 모습을 보이고 있다. 이런 괴롭힘 행동은 인간의 원초적 본능인 공격성에 기초한다.

사이버 괴롭힘은 다른 형태의 괴롭힘보다 인터넷상에서 빠른 속도로 유포되기 때문에 심리적인 고통과 충격이 더 클 수 있다(오인수, 2014, 1872). 특히 요즘 다양한 미디어 매체들을 통해 유포되는 가짜뉴스들은 사람들의 인성을 파괴할 뿐 아니라, 양극단적인 사상적 대립 현상을 불러일으키는 부정적 요인이 되고 있다.

사이버 폭력은 공격 행동 후 가해자가 정체성을 바꾸거나 숨길 수 있고, 없던 자아를 새로 만드는 것이 가능하다. 사이버 폭력은 한두 명 또는 소수의 가해자가 존재하는 일반적인 폭력과 달리 기술적 우위를 가진 여러 명의 가해자들이 존재할 수 있고, 그로 인해 가해 진원지를 밝혀 가해자를 검거하고 처벌하는 것이 쉽지 않아 공격 행동 후 검거에 대한 두려움이 일반적 의미의 폭력보다 적다. 거기다 범죄 실행을 위한 준비와 도구 선택에 많은 시간이 필요하지 않고, 폭력 피해자를 직접 대면하지 않기 때문에 공격 행동 후 죄책감도 거의 없다. 사이버 폭력은 검거에 대한 두려움과 피해자에 대한 죄책감 없이 원하는 대상에게 쉽고 간편하게 실행할 수 있는 폭력 행위이다(정혜연, 2022, 414).

사이버 괴롭힘은 익명성을 기반으로 하는데, 실제 사례에서 사이버 괴롭힘의 피해자 중 대다수는 가해자가 누구인지 알고 있다고 주장했다(오인수, 2014, 1874). 이렇게 엇갈리는 결과 보고는 사이버 공간의 플랫폼 환경이 각기 다르기 때문에 발생할 수 있다. 피해자 입장에서는 전혀 모르는 사람보다 가까운 관계라고 여겼던 주변 인물에게 이런 일을 당했을 때 심한 배신감으로 인해 더 강한 분노를 느낄 수 있다.

쉽고 간단한 공격 행위지만 사이버 비행이나 범죄의 대상으로서 악의적인 비난이나 공격을 받게 되면 피해자는 매우 고통스러운 부정적 정서를 경험하며 심각한 경우 자살 사고로까지 이어지게 된다. 과거 악성 댓글로 인한 고통과 충격을 견디지 못한 유명 연예인들의 자살 사건이 여러 차례 보도를 통해 알려지기도 했다.

사이버 폭력이 발생하는 또 다른 원인적 배경은 대면 접촉이 아닌 비대면 접촉의 한계에서 찾을 수 있다. 사이버 공간에서는 상대방의 감정 반응을 눈으로 볼 수 없기 때문에 무분별하고 반복적인 폭력을 가하게 된다. 현실 속에서의 폭력은 상대방이 어떤 반응을 보이는지 눈으로 직접 볼 수 있으므로, 가해자가 폭력 수위를 어느 정도 조절하게 된다. 그러나 사이버상에서는 상대방의 감정을 정확히 파악하기 어렵기 때문에 서로 오해가 생기기 쉽고, 이로 인해 더욱 심각한 폭력을 불러일으키기도 한다(정여주·김동일, 2012, 647).

사이버 폭력은 다양한 사회문화 요인에 의해 증가하는 추세에 있다. 방송통신위원회가 실시한 2019년 사이버 폭력 실태 조사에서는 성인 전체 경험 37.8퍼센트, 가해 경험 32.5퍼센트, 피해 경험 48.5퍼센트, 2020년 실태 조사에서는 성인 전체 경험 54.7퍼센트, 가해 경험 40.9퍼센트, 피해 경험 62.7퍼센트로 나타나 성인 사이버 폭력 경험이 증가하고 있음을 알 수 있다. 사이버 폭력 경험자들은 피해를 입은 후 불안·낙심·우울·심각한 스트레스를 느꼈으며, 자살이나 자해를 고민하거나 실행한 피해자도 21.6퍼센트에 이른다. 또한 41.2퍼센트 이상의 피해자들은 일상생활 영위가 불가능할 정도의 불안과 무기력을 호소했고, 2차·3차 가해에 대한 불안과 공포심 때문에 가해자에 대한 복수를 계획했던 비율도 45퍼센트 이상으로 나타났다[방송통신위원회, 2020, 91].

사이버 폭력 실태 조사에서 발견된 또 다른 양상은 폭력의 가해자와 피해자가 서로 바뀌는 현상이다. 일반적인 폭력과 달리, 사이버 폭력은 2차·3차 가해에 대한 불안과 함께 가해자가 피해자가 되고, 피해자가 다시 가해자가 되는 가해와 피해의 순환 비중이 높다. 사이버 폭력 피해 경험자 54.3퍼센트 이상은 가해 경험이 있으며, 가해 경험자 80퍼센트 이상은 피해 경험이 있어서 사이버 폭력 경험에 대한 악순환의 고리를 끊을 수 있는 각별한 관심과 사회적 대책이 필요하다[방송통신위원회, 2020, 91].

특히 청소년들의 충동적 폭력 성향이 심각하게 표출되는 현상을 많은 사람들이 크게 우려하고 있다. 몇 년 전 여중고생들의 집단폭행 사건에서 가해자들은 죄의식 없이 잔인한 폭력 행위를 저지르고 나서 자신들의 힘을 과시하면서 폭력 장면을 스마트폰으로 찍어 다른 친구들에게 보냈다[권명수, 2018, 320]. 이런 현상은 그들 집단 내에서 우월성의 위계질서를 확립하려는 의도로 볼 수 있다. 또 다른 사례에서 사이버 폭력의 청소년 가해자들이 장난이나 재미로 그런 행동을 했다고 진술했는데, 이재호는 이들의 심리를 다른 사람의 마음을 이해하는 공감 능력이 크게 부족하기 때문이라고 분석했다[이재호, 2015, 144].

소셜미디어는 아동들 사이에서도 받아들이기 힘든 학대와 괴롭힘의 온상이 되었다. 싱가포르에서는 10대의 4분의 3이 온라인에서 괴롭힘을 당한 적이 있다고 했고, 영국에서는 학생들의 65퍼센트가 사이버상의 괴롭힘을 경험한 적이 있으며 7퍼센트는 자주 당했다고 한다. 최근 영국에서 12세부터 20세까지 1만 명 이상의 청소년과 청년을 대상으로 설문 조사를 실시한 결과, 응답자의 거의 70퍼센트가 온라인에서 다른 사람에게 학대 행위(불쾌한 메시지 발송하기, 가짜 이름으로 악플 달기, 제3자를 조롱하려는 의도로 무언가를 누군가와 공유하기)를 한 적이 있다고 답했다(Noreena Hertz, 2021, 175).

분노하는 내면아이의 심리

사이버 폭력의 전체적인 분위기 속에는 분노의 감정이 밑에 깊이 깔려 있는 것을 볼 수 있다. 분노의 정서에 속하지만 미묘하게 차이가 나는 정서들로는 격분, 적개심, 복수심 등이 포함된다. 화를 내는 것은 무엇인가 못마땅하고 그래서 자신의 불편한 감정을 드러내는 것이다.

분노를 강하게 표출시키는 심리 상태를 분석해 보면, 이기적이고 미숙한 유아적 모습을 보게 되는 경우가 많다. 사소한 요인에 의해 촉발된 충동적이거나 돌발적인 분노는 과거 오래전 마음속 깊숙한 곳에 자리 잡고 있는 자신의 깊은 상처 때문일 수 있다. 이렇게 어린 시절의 모습으로 마음속에 내면화되어 있는 인간의 유아적 존재와 속성을 대중화된 용어로 흔히 내면아이라고 부른다.

상담 과정에서 내면아이의 심리적 배경과 특성을 탐색하는 것은 매우 중요한 과제이다. 상담에서 내면아이의 모습은 다양한 병리적 현상으로 나타나는데, 먼저 자기 자신의 삶 속에서 자주 등장하면서 심리적 갈등을 불러일으키고, 다른 사람들과의 관계에서도 심각한 문제를 만들어 낼 수 있다.

학문적 입장에서 이런 내면아이에 대한 이해는 역사적으로 정신분석학파에서 처음 시작되었다. 먼저 프로이트Sigmund Freud의 구조 이론에서 보면, 이드id(원본능 또는 원초아)의 속성은 비합리적이고 충동적인 유아의 심리 성향을 띠고 있다. 이드가 지배하는 인간은 이기적이고 인내심이 없고, 본능적인 행동을 함부로 저질러 초기 정신분석학에서는 문제를 불러일으키는 원흉으로 보았다.

프로이트는 아동기를 구강기, 항문기, 남근기의 세 단계로 구분했기 때문에 내면아이의 형태도 세 가지 유형으로 정리해 볼 수 있다. 첫 번째 단계의 구강기형 내면아이의 모습부터 살펴보면, 이 시기는 젖먹이 단계로 구강순응형과 구강공격형의 두 가지 유형으로 나누어진다. 구강순응형은 젖을 먹는 구강 전기의 순진하고 의존적인 모습이고, 이가 나서 이유를 시작하는 구강 후기에 형성되는 성격 유형은 구강공격형이다. 아이는 이가 나면서 고통을 겪을 수 있고 그로 인해 공격적으로 깨물거나 물어뜯는 특성을 발달시키는데, 구강 후기의 성격은 아이가 깨무는 것이 좌절될 때 형성된다. 예를 들어, 엄마가 자신의 유두를 깨물까 봐 아이를 거부하거나 너무 빨리 젖을 뗄 때 아이는 구강공격형 성격을 형성하게 된다(David Bienenfeld, 2009, 37). 그런 아이가 성인이 되면서 과거 경험을 심층적으로 내면화시킨다면 공격적이고 지배적인 성향, 냉소적이거나 비판적인 성향을 성격적으로 고착시킬 수 있다.

프로이트가 주장하는 인간의 두 번째 발달단계인 항문기도 전기와 후기의 발달 환경과 조건에 따라 심리 상태가 달라진다. 전기에 형성되는 성격 유형은 항문배출형, 후기에 형성되는 유형은 항문보유형이라고 한다. 두 가지 심리 유형 중 분노와 공격성을 쉽게 표출시킬 수 있는 유형은 자신의 생각과 감정을 억누르며 참는 항문보유형이 아니고 반대 유형인 항문배출형으로 볼 수 있다. 항문배출형 성격을 지닌 사람은 외부의 사소한 압박이나 강요에 민감하게 스트레스를 받고, 그로 인해 자기 내부에 계속 쌓여 고통을 주는 감정적 쓰레기 더미를 자신에게 스트레스를 준 사람을 향해 공격적으로 배출한다.

프로이트는 3세에서 5세 정도의 유아기를 남근기로 명명했는데, 이창재는 분노의 중심적 근원이 남근기에 겪는 오이디푸스 갈등에 있다고 주장한다(이창재, 2010, 118). 부모 사이에 끼여 삼각관계의 심리적 갈등을 겪으면서, 그동안 자신에게 안전과 쾌락을 제공해 온 대상에게 가장 소중한 애정 대상이 자신이 아니라는 사실을 알고 느끼는 충격적 소외 경험은 아이에게 깊은 상처를 남기며 배신감과 분노를 일으킨다. 이성 부모와의 은밀한 결합 욕구를 금지하는 부모의 태도나 분위기에 저항하고 싶은 분노는 그 상황의 아이에게는 자연스런 감정이다. 그러나 자신이 그 분노를 계속 품게 되면 부모의 애정을 잃게 되거나 거친 보복을 당할지 모른다는 거세불안이 밀려와 오이디푸스 욕구는 강력히 억압된다.

더 나아가 남근기에 벌어지는 남근선망과 거세불안의 심리는 주도권에 대한 탐욕과, 기득권을 잃을까 두려워하는 마음으로 발전하게 된다. 이런 양상은 양성평등 사회가 되면서 여성이 남성을 밀어내고 더 좋은 자리를 차지하고 있다고 생각하며 불만을 품는 남성들이 사이버 공간에서 분노와 공격성을 표출하는 심리적 동기를 제공한다. 치열한 경쟁에 밀려 위기감을 느끼고 위축된 남성들이 여성에게 혐오감을 투사하면서 성적 대결을 하고 적대감과 증오심을 발산하는 형태를 띠며, 이런 심리는 사이버 공간에서 성희롱이나 성폭력으로 비화되기도 한다.

프로이트의 고전적 정신분석을 학문적으로 계승하였지만, 급진적이면서 프로이트의 학설과 다른 견해를 제기하기 시작한 현대 정신분석학의 대상관계학파는 남성중심 이론에서 벗어나 인간의 초기 성격 형성에 있어 아버지보다 실질적 양육자인 어머니와의 관계 경험을 중요하게 평가한다. 대상관계이론의 주요 개념을 다른 학자들보다 앞서 제시하면서 새로운 학문 발전의 큰 흐름을 주도한 멜라니 클라인Melnie Klein은, 아이가 태어난 뒤 몇 달 동안 '편집-분열증 자리'에 머물다가 한 살이 되기 몇 달 전부터 한 살이 될 때까지 어느 시기에 이르면 '우울증 자리'로 이동한다는 이론을 정립했다. 먼저 편집-분열증 자리로 명명한 것은, 엄마 자궁 속에서의 안전함의 상실과 더불어 탄생의 고통이 아이로 하여금 학대받고 공격받는다고 느끼게 할 수 있기 때문이다. 여기서 편집 성향은 외부 세계로부터의 박해 또는 공격이라고 지각된 것에서 생긴 불안과 공포를 의미하며, 분열은 중립 지대가 존재하지 않고 전부 좋거나 전부 나쁜 것으로 경험하는 분할된 상태를 말한다.

편집증 자리에 고착된 심리 성향을 가진 인물이 격노를 일으키는 것은 정신 내부에 분열되었다가 외부로 투사된 파괴 욕동, 박해 환상과 불안 때문이다. 내부의 파괴 욕동과 환상이 투사된 외부 대상을 볼 때, 그 대상이 자신을 파괴하려는 전적으로 나쁜 대상으로 지각된다. 그로 인한 공포로부터 자신을 보호하려는 차원에서 격렬한 분노 폭발이 일어나게 된다(이창재, 2010, 122).

대상관계이론의 형성 과정에서 또 다른 큰 영향을 준 로널드 페어베언Ronald Fairbairn에 따르면, 아동이 어머니와 갖는 관계는 만족스럽거나 불만스러운 두 가지 특징을 갖는다. 어머니가 단순히 거절할 때보다, 어머니가 어떤 희망이나 기대감을 준 뒤 거절했을 때 아동은 더 심각하게 분열되고 어머니와의 관계는 더 불만스러운 것이 된다. 아동은 어머니와의 관계에서 만족을 주는 어머니, 유혹하는 어머니, 박탈하는 어머니라는 서로 다른 대상들을 경험한다. 현실에서 어머니와의 관계가 만족스럽지 못하면, 그 만족스럽지 못한 관계는 내면화된다. 그 결과 어머니와의 외적 관계가 갖는 세 가지 특징들과 상응하는 내적 관계가 형성된다. 페어베언은 세 가지 내적 대상들을 이상적인 대상(어머니의 만족스러운 측면), 흥분시키는 대상(약속을 남발하는 어머니의 유혹적인 측면), 거절하는 대상(어머니의 박탈하고 주지 않는 측면)이라고 불렀다(Greenberg & Mitchell, 1999, 267-268).

불만스럽거나 나쁜 대상은 둘 중 하나의 형태를 띨 수 있다. 하나는 '흥분시키는 대상'이다. 이것은 감질나게 하면서 괴롭히고 아이를 유혹하는 엄마와의 상호작용에 의해 생겨난다. 그 결과 아이는 만성적으로 좌절감과 공허감을 느낀다.

다른 나쁜 대상인 '거절하는 대상'은 적대적이거나 철수되어 있는 엄마와의 상호작용으로 인해 만들어진다. 아이는 자신이 사랑받지 못하고 원치 않는 아이라고 느껴, 이에 대해 만성적으로 화가 나게 된다. 거절하는 대상과 동일시된 자아는 어떤 접촉에 대해서도 적대적이며 냉소적이다. 이것은 미워하고 복수심에 불타는 자아의 한 부분이다(Sheldon Cashdan, 2005, 31-32).

자기애성 성격장애자들을 치료한 임상 경험을 토대로 자기 심리학 Self Psychology을 창시한 하인즈 코헛Heinz Kohut은 내면적 상처에 대한 반응으로서의 분노를 자기애적 분노로 규정했다. 자기애적 상처에서 비롯된 공격성은, 외적 대상을 향한 공격을 통해 상처 입은 자신의 결함을 복구하려는 욕구의 표출이다. 다른 형태의 공격성과 구별되는 자기애적 분노는 자신에게 상처를 입힌 대상에게 보복하고, 그 상처를 보상받기 위해 비합리적인 냉담함과 무자비한 태도와 행동을 취한다. 이처럼 인간의 공격성이 자기애적 상처로부터 표출될 때, 매우 위험하고 파괴적인 결과를 낳을 수 있다(홍이화, 2011, 257).

분노는 누군가 나의 상처를 건드렸기 때문에 아파하며 화내는 반응일 수 있다. 그 상처는 대개 어린 시절부터 수치스럽게 느꼈던 개인의 콤플렉스와 연결되어 있다. 인간은 누구나 완벽하지 않기에 취약한 결함이 있을 수밖에 없다. 이런 약점은 내 주변 가까운 인물이 더 잘 알게 된다. 친밀하게 느끼고 의지했던 사람이 그런 나의 약점을 아프게 찌를 때, 심한 배신감을 느끼면서 분노를 강하게 표출하게 된다.

분노를 경험하고 표현하는 것은 문제 상황에 직면했을 때 자존감을 유지하려는 내적 동기와 밀접한 관계가 있다. 이런 점에서 분노는 자기방어 체계의 한 부분으로 볼 수 있지만, 부적절한 형태의 분노 표현은 가해자나 피해자 모두에게 부정적 영향을 준다. 여기서 상담자는 분노와 공격성이 어떤 상황에서 병리적 증상을 촉발하는지 충분히 탐색해 보아야 한다. 그런 후에 상담 과정에서 긴장 이완과 호흡법, 공감 훈련과 부적절한 언어 표현의 수정, 나 전달 방식의 의사 표현과 비폭력 대화법, 적극적 자기주장 훈련, 감정 코칭, 역할극 등의 상담 기법을 도입해 볼 필요가 있다.

분노는 개인적 차원에서 심리적 배경과 동기에 주로 좌우되지만 사회적 차원에서 환경적인 영향을 크게 받기도 한다. 사회구조적인 면에서 무능하고 부패한 정치권에 대한 불신, 기득권층이 모든 것을 주도하고 지배하는 불평등하고 불공정한 사회에 대한 불만, 불확실한 미래에 대한 불안 등이 분노를 유발한다. 여기에 우리 사회 특유의 빨리빨리 문화는 스트레스를 가중시키면서 조급하고 충동적인 분노 감정을 더욱 부추길 수 있다.

나가는 글

본격적으로 4차 산업혁명 사회로 돌입하면서 최첨단 기술의 새로운 성장 산업으로 자본이 집중되고, 그로 인해 무인 자동화 설비만 크게 증가하고, 고용 불안정 상태는 심화되어 생존경쟁은 오히려 과거보다 더 심해지고 있다. 거기다 장기간의 코로나 사태가 채 끝나기도 전에 우크라이나 전쟁이 발발하면서 급격한 원자재 가격 상승과 물가 인상, 기준금리의 가파른 상승, 부동산 가격의 급격한 하락 등으로 장기간 경기 침체가 불가피할 것으로 예측된다. 과거 외환위기나 금융위기 때보다 더 많은 개인 파산과 자영업자들의 폐업이 속출하는 심각한 경제 상황이 펼쳐질 것이라는 불안 속에서 많은 사람들이 전보다 살기가 힘들어졌다고 느끼고 있다. 이런 열악한 환경 속에서 사람들은 외부 자극에 신경이 더 날카로워지고, 그때 누군가에게 마음의 상처를 받게 되면 평상시보다 과도한 부정적 반응을 하게 된다.

분노와 공격성의 문제를 다루는 상담 과정에서 상담자는 내담자와 함께 내면 세계 속에 깊이 숨어 있는 복잡하고 다양한 모습의 내면아이를 찾아내야 한다. 그것은 내담자가 원하는 진정한 인격이 아니고, 외부로부터 다른 인격이 침투해 내면 세계를 잠식하면서 상처를 입혀 상실된 자아이다. 내담자가 원치 않고, 혐오스럽거나 열등하다고 느끼는 자신의 모습이다. 이런 내면아이가 심층적으로 어떤 모습인지 그 정체가 밝혀지면, 내면아이의 위력은 급격히 떨어질 수 있다.

내면아이가 어떻게 자신의 삶을 교묘하게 조종하고 휘둘렀는지 깨닫고, 어두움의 사슬에서 해방되어야 한다. 자각과 통찰을 통해 내면아이에게 지배되었던 과거에 대한 철저한 반성이 필요하다. 내면아이의 모습이 수치스럽거나 역겹게 느껴져도 그것을 있는 그대로 받아들여야 한다. 내면아이에 대한 분노와 슬픔의 양가감정을 인정하고, 과거의 어둡고 아픈 모습과 결별할 굳은 결심과 강한 의지를 가져야 한다. 이것은 내담자가 현재 경험하고 있는 삶의 문제 속에서 건강한 삶의 방식을 방해하는 어리석고 미숙한 삶의 방식을 버리고 중단하는 것을 의미한다.

상처 입은 내면아이를 치유하는 과정은, 과거 부모로부터 겪은 역기능적이거나 병리적인 양육 방식과 관계 경험을 교정하고, 유아적 환상이나 기분과 충동에 따르는 것이 아닌 성숙한 성인으로 현실 세계를 바라보며 기능적이고 건강한 방식으로 반응하는 것을 새로 배우고 연습하면서 삶에 적용하고 그 결과를 평가하는 작업을 계속해 나가는 것이다. 이런 치료 접근에 더하여, 첨단 기술 문명이 주도하는 시대적 상황에서 인문학의 오랜 전통과 지혜를 바탕으로 우리를 안전한 환상의 세계에 잠시 즐겁게 머물게 하고 상징적 원형과 접촉하면서 치유의 경험을 하도록 도와주는 문학적 상상력, 다양한 창의적 방식으로 인간의 순수한 감수성을 끌어내 주는 예술적 표현력, 실존적 공허와 절망을 극복하고 완전한 사랑과 진리의 길로 인도해 주는 종교적이고 영적인 초월성 등을 통합시켜, 기술 문명의 한계와 문제점을 보완할 수 있는 치료 모델과 기술을 계속 모색하고 발전시켜 나가야 한다. 이 과정은 긴 시간이 걸리겠지만, 일관성 있고 진지하게 실천해 나간다면 분노하는 내면아이의 깊은 상처는 차차 아물고, 그 흉터도 희미하게 지워져 마침내 사라지고 말 것이다.

참고문헌

단행본

그린버그, 제이 · 밋첼, 스테판, 《정신분석학적 대상관계이론》, 이재훈 옮김, 서울: 현대정신분석연구소, 1999.

박형준, 《빅데이터 빅마인드》, 고양: 리드리드출판, 2018.

비넨펠드, 데이비드, 《상담 및 임상 실무자를 위한 정신역동이론》, 유성경 · 서은경 · 이은진 옮김, 서울: 학지사, 2009.

최배근, 《호모 엠파티쿠스가 온다》, 파주: 21세기북스, 2020.

최연구, 《4차 산업혁명과 인간의 미래》, 파주: 살림, 2018.

캐쉬단, 셸던Cashdon, Sheldon, 《대상관계치료》, 이영희 옮김, 서울: 학지사, 2005.

하원규 · 최남희, 《제4차 산업혁명》, 서울: 콘텐츠하다, 2015.

허츠, 노리나, 《고립의 시대》, 홍정인 옮김, 서울: 웅진지식하우스, 2021.

학술논문 및 보고서

권명수, 〈기계와의 친밀 관계 시대〉, 《한국실천신학회 정기학술세미나》 2, 2018, 317~345쪽.

방송통신위원회, 〈2020년 사이버 폭력 실태 조사서〉, 한국지능정보사회진흥원, 2020.

오경환, 〈인공지능 시대의 신학교육의 방향성 재고〉, 《신학과 실천》 81, 2022, 619~643쪽.

오인수, 〈성별에 따른 유형별 공격성과 전통적 괴롭힘 및 사이버 괴롭힘 가해의 관계〉, 《상담학 연구》 15, 2014, 1871~1885쪽.

이재호, 〈청소년들의 사이버 폭력에 대한 자기심리학적 고찰〉, 《목회와 상담》 24, 2015, 138~168쪽.

이창재, 〈분노의 유형과 기원에 대한 정신분석적 접근〉, 《인간 연구》 19, 2010, 107~154쪽.

정여주, 김동일. 〈청소년의 사이버폭력 피해 경험과 정서조절〉, 〈상담학연구〉 13, 2012, 645~663쪽.

정혜연, 〈사이버 폭력의 가해 · 피해 순환성에 대한 기독교적 고찰〉, 《신학과 실천》

81, 2022, 409~436쪽.

조성돈, 〈4차 산업혁명 시대의 목회〉,《신학과 실천》61, 2018, 621~646쪽.

홍이화, 〈자기심리학이야기: 자기애적 상처〉,《기독교사상》, 2011, 252~262쪽.

인터넷 자료

https://brunch.co.kr/@akmobilekorea/2287

https://www.newsway.co.kr/news/view?tp=1&ud=2020091116025101658

https://v.daum.net/v/20221219120622763

https://v.daum.net/v/20230111091348661

초연결사회의 소통 교육

| 최 성 민 |

이 글은 《우리말연구》 46집(2016년 7월)에 실린 〈융합시대 글쓰기 교육의 과제〉를 수정 보완한 것이다.

융합 시대와 초연결사회

21세기로 접어든 이후 현대사회를 지칭하는 말에는 인터넷 시대·디지털 시대·다매체 시대·정보화 시대 등의 표현들이 존재하지만, 특히 최근 들어 '융합 시대'라는 개념도 널리 활용되고 있다. 국립국어원의 《표준국어대사전》에 따르면 '융합'은 "다른 종류의 것이 녹아서 서로 구별이 없게 하나로 합하여지거나 그렇게 만드는 것"을 뜻한다. 융합은 상반되는 가치 체계를 아우르는 공존의 미덕이며, 다양한 학문 분야에 대한 통합적이고 발전적 사고에 대한 요구의 산물이기도 하다.

인류 역사에서 융합의 가치가 크게 부각되었던 것은 르네상스 시대였다. 중세의 암흑기가 끝나고 새로운 시대를 맞이할 지식에 대한 요구가 컸던 시대였기에, 매우 다양한 각도에서 활발하게 요구되는 지식과 문제 해결을 한 명의 개인이 감당해 내는 '천재'의 시기이기도 했다. 서구의 레오나르도 다빈치 같은 인물은 '융합'적 가치를 한 몸으로 실천해 낸 인물이라고 할 수 있다. 조선 시대의 르네상스라 불리는 영정조 시대 정약용도 이에 비견할 만한 인물이다. 급격한 사회적 변화와 학문적 진보가 그들과 같은 천재에 의해 달성될 수 있었다.

현대사회의 융합은 한두 명의 천재에 의해 이루어지기보다는 전체 사회적 맥락을 가진 흐름이라고 할 수 있다. 급격한 과학기술의 발달은 일종의 문화지체 현상을 불러일으켜 사회적 갈등의 원인이 되기도 한다. 이러한 문제를 극복하기 위해 다양한 학문 분야, 특히 인문학과 과학 분야의 융합적 사고가 강조되고 있다.

언어 교육의 목적은 본질적으로 소통을 위한 것이다. 특히, 고등교육기관인 대학에서의 글쓰기 교육은 그 시대에 알맞은 사고 능력과 표현 능력, 그리고 논리적 이해 능력을 획득하는 데 그 목적이 있다고 할 수 있다. 조선 시대 선비들의 글쓰기가 단순히 글 내용의 문제에 그치지 않고, 글씨 자체의 미적 완성도나 당대 정치 현실에 대한 직시와 비판, 왕과 관료를 비롯한 지배계급의 윤리적 논쟁을 포괄하고 있었던 것처럼 지성인들을 위한 대학의 글쓰기 교육이 단순히 문법적 교육에 머물거나 구시대의 교육 방식을 답습하는 데에 그쳐서는 곤란하다. 시대와 사회가 요구하고 있는 '융합적 사고'를 바탕으로 한 글쓰기 교육은 융합 시대를 위한 소통 교육이며, 사회적 갈등을 극복하기 위한 사고 훈련이 되어야 한다.

융합 시대, 그리고 초연결사회를 맞이하는 최근의 전망들은 편리함과 효율성으로 포장되어 있기도 하지만, 테크놀로지의 급속한 발달이 '인간'의 가치, 인문학적 가치를 뛰어넘어 도리어 해악으로 작용할 우려도 나타나고 있다.

이 글은 융합 시대와 초연결사회에 대한 개괄적 이해에서 출발하여, 이러한 미래 전망이 현실화되고 있는 몇 가지 사례와 국면들을 통해, 현재의 '글쓰기' 교육과 언어적 소통 교육이 지향하고 염두에 두어야 할 지점들을 짚어 보고자 한다. 본문에서 다루겠지만, 융합 시대와 초연결사회가 인간을 이롭게 하는 사회로 이행되기 위해서는 테크놀로지의 발달 못지않게 인문학적 성찰, 그리고 언어적 소통의 미래 전망과 각성이 필요할 것으로 보인다.

근세 이전의 사회는 혈연 및 소규모 지역사회의 바탕 위에서 인간 관계가 형성되어 있었다. 계급 간 이동이나 지역 간 유동성도 극히 한

정적으로 이루어졌기 때문에, 한 개인이 접할 수 있는 정보의 양이나 접촉 가능한 인간관계의 폭은 제한적이었다. 이 시기 개인의 사고와 성찰은 추상적 차원에서의 우주에 대한 성찰이나 사적私的인 사색을 중심으로 한 자아성찰에 치중되어 있었다. 그 이외의 인간관계에 대한 윤리적 고찰은 부모-자식 또는 군주-신하 간의 위계질서 차원에 머물기도 했다.

산업혁명과 시민혁명 이후, 근현대사회는 큰 변화를 맞이하게 되었다. 교통 및 통신수단의 발달로 인하여 한 개인의 공간적 활동 범위가 크게 확장되었고, 이에 따라 접촉 가능한 정보와 인간관계망도 크게 복잡해지고 다양해졌다. 테크놀로지의 차원에서는 사진, 영화, 녹음기처럼 현실을 모방하거나 저장할 수 있는 장비들이 등장하였다. 또한 라디오와 텔레비전과 같은 매스미디어가 등장하면서, 동일한 정보를 다수의 대중이 공유하는 일이 손쉬워졌다. 개인용컴퓨터, 즉 PC의 등장 이후에는 대중 속 개개인들이 단순히 소통의 수용자에 그치지 않고, 정보의 생산 주체로 대두될 수 있는 환경이 조성되었다. 인간의 요구와 상상력을 확장적으로 실현할 기계장치와 테크놀로지가 다양한 각도에서 개발되었다. '인간 기능의 확장'(M. McLuhan : 1964)을 담당할 미디어와 디바이스들이 경쟁적으로 등장한 것이다.

그러나 도시화와 산업화, 인구 집중으로 인하여 인간 개개인 간의 세밀한 접촉에 있어서 새로운 문제점과 한계들이 제기되기 시작했다. 개개인의 정체성과 특성을 배려한 소통이 오히려 어려워졌다. 이른바 인간소외 현상과 인간의 부품화에 대한 우려가 증폭되었다.

인간의 연산이나 기억 능력에 대한 보조적 수단이었던 개인용컴퓨터들이 인터넷이라는 네트워크에 연결되기 시작하면서, 인간은 사이버 네트워크라는 새로운 관계망에 놓이게 되었다. PC들이 네트워크에 연결되면서 집집마다, 사무실마다, 디지털 환경에서의 교류와 소통이 이루어졌다. 그리고 스마트폰의 개발과 보급 이후, 이제 각자의 손안에 들려 있는 디바이스들 하나하나가 네트워크에 연결되어 '누구나', '언제나', '어디에서나' 연결되게 되었다. 스티브 잡스가 널리 보급시킨 '스마트폰'은 기존의 전화·카메라·녹음기·PC·음향기기를 한 손 안에 모조리 아울러 포함한 '작은 괴물'이 되어, 아주 다양한 용도로 24시간 폭넓게 활용되고 있다. 스마트폰은 모리스 메를로-퐁티 Maurice Merleau-Ponty가 말하는 '몸의 발화 기계'가 되었으며, 마셜 매클루언Marshall McLuhan이 말하는 '미디어가 곧 메시지'임을 극명하게 입증하는 기계장치가 되었다.[1] 스마트폰은 이제 단순히 통신 도구가 아니라 그것을 사용하는 자아의 또 다른 자아, 즉 하이퍼-자아hyper-self, 도플갱어doppelgänger가 되어 개인의 정체성을 대체하고 있다.[2]

현재 융합 시대라는 개념의 핵심은 바로 스마트폰이라는 미디어가 만들어 내는 융합이라 할 수 있다. 스마트폰을 통해 글쓰기, 글읽기는 물론 개인적인 대화, 영화감상, 음악감상, 게임까지 할 수 있다. 과

---

[1] 스마트폰이 전달하는 어떤 메시지나 그 안에 담긴 어플리케이션보다 스마트폰 그 자체가 지금의 현실 사회에 가장 큰 변화를 안겨다 준 '메시지'라고 할 수 있다.

[2] 실제로 현실 사회에서 내가 '나'임을 입증하기 위한 '본인인증 절차'의 핵심은 스마트폰을 비롯한 모바일 기기이다. 자신 명의의 휴대전화를 갖지 못한 사람은 '내가 나임을 증명'하기가 매우 어려운 시대를 살아가고 있다.:"이제 휴대폰 번호가 개개인을 식별케 하는 중요 수단이 되었다." 최병호, 〈개인 정보 유출 등잔 밑이 어둡다〉,《디지털타임즈》2006년 8월 9일자. https://n.news.naver.com/mnews/article/029/0000144729?sid=110(최종접속일 2023. 5. 8.)

거에 종이·신문·전화·극장·텔레비전·라디오·PC 등의 미디어를 각기 이용해야만 했던, 이 모든 행위가 스마트폰 위에서 '융합'적으로 이루어진다.

스마트폰이 만들어 낸 또 다른 변화는 '초연결사회'라는 개념으로 집약되어 설명될 수 있다. 초연결사회란 한 마디로 모든 것이 끊임없이 무한하게 네트워크로 연결된 사회를 말한다. 초연결사회란 물리적 자원과 사이버 자원을 활용하여 인간과 인간, 인간과 사물, 사물과 사물이 시공간의 제약과 물리적·생물학적 특성을 뛰어넘어 상호 무한하게 연계되어 있는 사회를 의미한다(차두원 : 2015). 이제 관계는 사람과 사람 사이에 머물지 않고 사람과 기계, 기계와 기계, 또는 데이터와 데이터 사이에도 존재하며, 이 관계들은 네트워크 안에서 일정하게 역할과 기능을 다하면서, 또 새로운 연결망으로 확장되며 증식되고 있다.

초연결사회란 '인간과 사물을 포함한 모든 것이 네트워크로 연결된 사회'를 일컫는 말로, PC들끼리 연결되어 있는 인터넷사회를 뛰어넘는 미래적 전망을 담은 개념이다. 2014년 5월 한국 정부는 '초연결 창조한국 비전 선포식'을 통해 '조화, 참여, 혁신, 신뢰, 연결'이라는 다섯 가지 미래 가치를 천명한 바 있다. 초연결사회에 대한 전망이 담고 있는 핵심은 '인간과 인간의 소통'을 뛰어넘어 '인간과 기계', '기계와 기계'의 소통과 연결이 보편화될 미래라고 되어 있다. 그러나 당연하게도 편리함과 효율성이라는 장밋빛 전망과 더불어, 이 연결이 만들어 낼 수 있는 인간소외, 정보 유출과 독점에 대한 두려움, 그리고 연결의 장애가 만들어 낼 위험성에 대한 인문학적 성찰도 시급히 요구된다.

초연결사회에서는 스마트폰과 웨어러블 디바이스를 이용하여 개개인끼리의 지속 가능한 연결망이 형성되었을 뿐만 아니라, 각 사물·데이터·시간과 공간·지식 등 지구상의 모든 요소들이 연계되고 융합되는 네트워크 환경이 구축되고 있다. 각각의 개개인은 지문인식·홍채인식·공인인증 등의 디지털 시스템에 의해 자기인식의 과정을 거친 뒤, 무한한 네트워크 연결망 속에 하나의 디바이스로 참여하고 있다. 고정된 위치에 놓여 있거나 이동과 연결이 제한적인 수준이던 PC 기반의 네트워크와는 차원이 다른 모빌리티의 시대, 초연결 시대의 모습이다.

이러한 변화는 소통 교육과 글쓰기 교육의 측면에서 새로운 패러다임을 요구한다. 과거의 글쓰기 교육은 매우 당연하게도 인간과 인간 사이의 소통을 전제로 한 것이었다. 하지만 초연결사회에서의 소통은 인간과 인간 사이의 소통뿐만 아니라 인간과 기계, 기계와 기계, 데이터와 데이터 사이에서도 이루어진다. 가령 기계와 기계 사이의 소통의 경우, 대학에서의 글쓰기 교육과 무관한 것처럼 보일 수 있다. 하지만 이러한 소통 역시 기본적으로 인간이 주체로서 주관하여 연결시킨 관계망이라는 점에서 인간의 역할이 중요하며, 어떠한 방식의 언어적 소통이 이루어지는 것이 바람직한 것인지에 대한 성찰을 인간에게 요구한다.

기계를 거쳐 소통이 이루어지는 경우, 우리는 간혹 소통의 양쪽 끝에 인간이 있음을 잊어버리곤 한다. 인터넷상의 글쓰기, 기계 위에서의 글쓰기에서 종종 무례하거나 과격한 글쓰기가 문제시되는 것은 기계 뒤에 존재하는 인간을 망각하기 때문이기도 하다. 특히 초연결사회에서는 소셜네트워크서비스SNS의 아이디, 스마트폰 미디어 장치

등을 통해 또 다른 사람이나 사물과의 연결이 무궁무진하게 가능하지만, 결국 모든 연결의 연장선 끝에는 사람이 있음을 잊어서는 안 될 것이다. 융합 시대와 초연결사회의 글쓰기 교육은 기계 너머, 디바이스 너머, 미디어 너머의 인간을 인식하고 인간이 주체가 되는 소통의 중요성을 인식시키는 데에서 출발해야 한다.

지식 정보의 탐색과 글쓰기 교육

글쓰기 교육에 있어 자료, 정보, 글감의 확보가 중요하다는 점은 새삼스럽게 강조할 필요가 없다. 다만 그 중요성이 강조되는 지점은 조금씩 다른 측면이 있다. 과거에는 주어진 주제에 맞는 글쓰기 과제를 해결하기 위해 필요한 정보를 조사하여 활용하는 데에 초점이 맞추어져 있었다면, 근래에는 글쓰기에 동기를 유발하고, 스스로 흥미를 느낄 수 있는 글쓰기 교육이 되도록 하기 위해 정보를 모으는 과정 자체가 글쓰기의 주제를 개발하는 전 단계가 되기도 한다(최선희, 2015 : 197-209).

  정보 탐색과 관련하여 나타난 커다란 변화 중 하나는 탐색의 대상이자 정보의 출처가 크게 변화하고 있다는 점이다. 지식 정보는 '문헌'을 통해 얻는 것이 보편적이었던 시대도 있었지만, 현재 지식 정보의 출처는 인터넷의 비중이 압도적이다.

  인터넷 자료의 비중이 높다는 것은 대학 도서관의 자료구입비 비율과 추이를 살펴보아도 짐작할 수 있다. 대학도서관연합회에서 펴낸《2015 대학도서관 연감》(2016)을 보면, 국내 4년제 대학 도서관들

| 표 1 | 4년제 대학 도서관의 자료구입비 비율

단위: 백만 원, %

구분	관 수	단행본		연속간행물		비도서자료		전자자료		합계	
		금액	비율	금액	비율	금액	비율	금액	비율	금액	비율
4년제 대학	262	59,939	25.7	23,376	10.0	3,163	1.4	146,699	62.9	233,176	100

출처: 《2015 대학도서관 연감》

의 자료구입비에서 전자자료가 차지하는 비율은 60퍼센트를 넘어서고 있다(〈표 1〉 참조). 종이로 된 책을 찾아 펼쳐 보고 자료를 찾기보다는 인터넷을 통해 전문적 정보와 학술논문까지 찾아보고 있기 때문에, 도서관들 역시 전자자료 위주로 자료구입비를 지출하고 있는 것이다. 자료구입비 변화 추이를 살펴보아도 전자자료의 비중은 최근 4년 사이 20퍼센트포인트 가까이 증가하고 있는 반면, 단행본이나 연속간행물과 같은 종이 인쇄물 문헌의 비중은 크게 감소하고 있음을 알 수 있다(〈표 2〉 참조).

인용한 자료로부터도 5~6년이 흘러, 코로나19까지 겪은 현재는 전자자료 비중이 더욱 커졌다. 교육부와 한국교육학술정보원이 펴낸 《2022년 대학도서관 실태조사》에 따르면, 전자자료 구입 비율은 72퍼센트가량으로 더욱 늘어났다.[3]

한 마디로 현재 대학생들에게 정보의 탐색은 곧 인터넷 검색을 의미하는 것이라고 해도 과언은 아니다. 인터넷을 통해 정보를 찾다 보면, 온라인에 게재된 학술논문이나 권위를 인정받은 데이터들도 있

---

3 김준환, 〈코로나19 유행 장기화⋯대학생 전자자료 이용 47% 증가〉, 《한국대학신문》 2023년 2월 1일자. https://news.unn.net/news/articleView.html?idxno=541370(최종접속일 2023. 5. 8.)

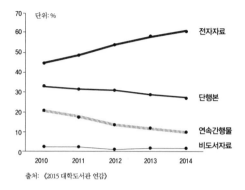

| 표 2 | 대학 도서관의 자료구입 변화 추이

출처: 《2015 대학도서관 연감》

지만, 신뢰하기 힘든 자료들도 적지 않다. 검색 방법에 따라서는 이들 자료의 신뢰도를 구별해 내기 어려운 경우도 있다. 대부분의 대학 글 쓰기 교육이 아직까지 학술적 연구의 엄밀성에 대한 인식을 갖추지 못한 대학 신입생들을 대상으로 이루어진다는 점에서, 정보와 자료 의 신뢰성 제고를 위한 학습도 필요하다.

인터넷이 보편화되고, 일상 사회생활의 많은 부분을 인터넷이 대 신하고 있는 실정에서, 학술적 자료 검색에서 인터넷을 과도하게 배 척하거나 무조건적 불신의 태도로 대하는 것 역시 바람직하다고 보 기 힘들다. 불과 10년 전까지만 해도 은행이나 관공서를 가야만 처리 되던 행정적 절차들이 인터넷을 통해 이루어지고 있고, 인터넷을 통 해 다운로드되거나 인쇄된 문서들이 '복사된 가짜' 취급을 받지 않게 된 현실의 변화는 크게 발전된 보안 기술의 도움도 있었지만, 인터넷 에 대한 보편적 인식 자체가 크게 변화된 덕이기도 하다.

대표적인 인터넷 정보 사이트인 위키피디아의 경우, 학술논문에서

| 표 3 | Web of Science 색인 논문의 위키피디아 인용 횟수

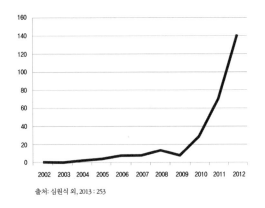

출처: 심원식 외, 2013 : 253

인용해서는 안 될 자료로 인식되는 경향이 높았으나, 최근 들어서는 위키피디아를 인용하는 학술논문들도 많아지고 있다.

〈표 3〉에서 보듯이 학술논문의 경우에도 위키피디아를 인용한 사례가 2011년 이후 급격히 증가하는 추세를 보이고 있다. 위키피디아는 누구나 편집과 수정이 가능하다는 특징이 있는 집단지성 형태의 '인터넷 백과사전'이다. 실시간으로 정보가 보완될 수 있으며, 다양한 전문적 관련자들의 의견이 반영될 수 있다는 장점에도 불구하고, 위키피디아는 언제든지 조작된 자료나 오류 정보들로 채워질 수 있다는 위험성을 안고 있다.

〈그림 1〉은 '위메이크프라이스'(약칭 위메프)라는 사이트에 대한 위키피디아의 설명 내용이다. 2013년 2월 초까지 위키피디아에는 위메프에 대한 설명이 "대한민국 전자상업 웹사이트"라는 간략한 설명밖에 없었으나, 2월 8일 서른 줄가량의 내용이 새롭게 등록되었다. 그런데

│그림 1│ 위메이크프라이스 사이트에 대한 위키피디아 설명 캡처 (접속일 : 2013.2.10.)

이 내용들이 위메프 사이트에 대한 악의적 비방이었고, 이 내용들이 경쟁 업체에 의해 수정 입력된 것으로 알려지면서 논쟁이 벌어졌다.[4]

2015년 독일에서는 애플의 음성인식 서비스 시리Siri에게 "메르켈 총리는 누구인가?"라고 묻자 "거짓말쟁이, 미국의 노예"라는 답변이 나왔다고 하여 논란이 벌어진 바 있다.[5] 외교적 분쟁 우려까지 언급되었던 이 사건은 누군가에 의해 '위키피디아'의 내용이 악의적으로 수정된 시점에 시리가 이것을 참조하여 답변을 구성한 것으로 확인되며 일단락되었다. 그만큼 위키피디아 내용은 신뢰하기 힘들고, 오류투성이이며, 조작의 가능성이 높다는 것을 확인한 사례였다.

인터넷을 집단지성의 장으로 긍정적으로 활용하고자 하는 이들에게 이와 같이 악의적으로 콘텐츠를 변경시키거나 파괴하는 '반달리

---

4   백진엽, 〈위메프, 티몬 고소 "위키 설명글 조작"〉, 《뉴스1》 2013년 2월 22일자. https://
     n.news.naver.com/mnews/article/421/0000179604(최종접속일 2023. 5. 8.)

5   문예성, 〈애플 시리, 독일서 황당한 오류 논란〉, 《뉴시스》 2015년 9월 30일자. https://
     n.news.naver.com/mnews/article/003/0006784946(최종접속일 2023. 5. 8.)

즘'적 태도는 비판받아 마땅할 것이지만, 이것이 인터넷 전반에 대한 불신이나 인터넷 활용 기피로 이어지는 것은 바람직하지 않다.

이미 인터넷은 취향이나 개인적인 호불호에 따라 이용하거나 이용하지 않을 수 있는 미디어가 아니라, 모든 지식 정보가 축적되고 융합되는 저장소가 되었기 때문이다. 따라서 융합 시대의 글쓰기 교육 차원에서는 '인터넷을 인용하지 말라'는 부정적negative 교육안보다는 '인터넷에서의 글쓰기를 어떻게 해야 할 것인가'에 대한 긍정적positive 교육안을 구성하는 것이 바람직할 것으로 생각된다.

다음은 인터넷을 좀 더 긍정적으로 활용하고, 그 안에서 '올바른 글쓰기'를 실제 실천할 수 있는 글쓰기 교육 방안의 사례들을 제시한 것이다.

인터넷의 긍정적 활용을 위한 글쓰기 교육 방안 사례

① 자신이 가장 관심 있는 분야를 골라 위키피디아의 항목 설명을 살펴보고, 직접 내용을 보완하거나 수정 편집하여 보자. 항목이 없으면 직접 항목을 개설하여 보자.
② 자신의 페이스북이나 블로그에 출처 없이 인용하거나 퍼온 글, 이미지가 있으면, 출처를 명확히 밝히거나 링크로 대체하는 방식으로 글을 수정 편집하여 보자.
③ 자신이 과제를 수행하는 과정에서 도움을 받은 사이트나 웹페이지의 운영자나 관리자에게 고마움을 표현하는 이메일, 댓글, 트윗 등을 적어 남겨 보도록 하자.

위의 교육 방안 중 특히 ①은 기존의 글쓰기 교육 방법과는 차별화된 교육안이다. 대부분의 글쓰기 교육이 자신의 글을 쓰기 위해 기존의 자료나 문헌을 조사하고 참조 · 인용하는 방식으로 이루어지는 반면, 이 교육안은 기존의 자료와 문헌 자체를 새롭게 생성하거나 보완 수정하는 '글쓰기'를 수행하도록 한다. 비유적으로 말하자면, 기존의 글쓰기 교육이 이미 있는 식재료를 가지고 요리를 만드는 교육이었다면, 이 교육안은 식재료를 재배하거나 다듬는 것의 중요성을 강조하는 교육이라 할 수 있다. 실제로 김지선 외[2021]의 연구는 위키피디아를 기반으로 하여 이것이 문학 교육과 글쓰기 플랫폼으로서 활용될 가능성을 검토하고 실천한 결과를 보여 주기도 했다.

초연결사회에서의 인문학적 언어 소통과 윤리적 성찰

1930년대 찰리 채플린의 영화 〈모던 타임즈〉에서 주인공은 컨베이어 벨트 위에서 나사를 조이는 일에 집중하다가 컨베이어 벨트 속 톱니바퀴로 빨려 들어가기도 하고, 동그란 모양만 보면 스패너를 들이대는 행위를 함으로써 정신병원에 끌려갈 위기에 처하기도 한다. 이른바 산업화 사회에서의 인간소외는 하나의 인간이 기계장치의 주인이나 조작자가 아니라, 기계장치 부품의 일부로 인식되는 현상을 일컫는다. 초연결사회에서의 소외는 끊임없이 연결되어 있는 네트워크 속에서 자신의 위치를 자각하지 못하거나, 하나의 주체가 아니라 수많은 데이터 중 한 점으로 인식될 때 발생한다. 데이터의 한 섹터가 아니라, 하나의 존재로서 인간에 대한 인식과 인간 정체성에 대한 질문은 효율성의 파도가 잠시 멈춰진 상태에서 탐색되어야 한다.

급격한 기술의 발달로 일어난 변화의 구체적 양상은 언제나 먼저 주목을 끌기 마련이다. 그러나 그 변화를 경험하고 변화에 적응하여 받아들이거나, 변화를 거부하는 주체는 결국 인간이다.

인문학은 지금까지 과학기술의 발전의 한편에서 윤리적 성찰을 전개해 왔던 것과 마찬가지로, 초연결사회의 그늘에 존재하는 개인의 소외, 정보의 편중, 소통 윤리의 파괴와 같은 문제점을 성찰하고 해결하기 위한 밑바탕이 될 것이다. 인문학이 늘 관심을 기울여 왔던 '인간 사이의 이야기', 그리고 '감성의 주고받음'이 초연결사회라는 급격한 변화 상황에서도 유의미한 역할을 할 수 있으리라고 본다.

인터넷은 사람과 사람의 관계만 새롭게 연결해 준 것이 아니다. 과거의 통신기기는 사람과 사람 사이에 메시지를 빠르고 편리하게 전달해 주는 운송 도구였지만, 지금 초연결사회의 기기들은 사람과 기계 사이의 소통도 창출해 내고 있다. 가장 대중적으로 흔한 사례로 내비게이션을 들 수 있다. 내비게이션은 사람에게 길을 안내해 주며 소통하는 '기계'이다. 사람이 물어보는 목적지까지의 경로를 내비게이션은 신속하게 답한다. 때로는 음성으로, 때로는 이미지나 문자로 경로를 안내하며, 내비게이션이라는 기계는 사람과 소통한다.

2010년대 중반 무렵 주목을 받았던 '음성인식 기능'은 애플의 '시리', 삼성의 'S보이스 · 빅스비', LG의 'Q보이스', 구글의 '구글 나우 · 구글 어시스턴트' 등으로 명명되어 주요 스마트폰에 내장되었다. 이들 음성인식 프로그램은 인간과 인간의 소통이 아니라, 인간과 기계의 소통을 현실화하고 있다. 이 과정에서 이루어지는 대화는 기존의 인간관계에 대한 성찰을 바탕으로 모델링되었는데, 효율적이고 적극적인 소통을 이끌어 내기 위해서라도 기계나 사물 역시 감성적 교류가 가능한 수준의 프로그래밍이 요구된다. 음성인식 프로그램에서는 인간의 음성을 기계가 정확하게 듣고 인식하는 능력도 기술적 차원에서 중요하지만, 어떠한 표현에 대해 디바이스가 어떤 반응과 피드백을 보여 줄 것인가를 고민하여 프로그래밍하는 단계도 매우 중요하다. 이 과정에 대한 인문학적 성찰은 결국 기계가 표현해야 하는 소통의 방식은 인간관계에 있어 바람직한 소통의 모델이어야 함을 명확히 해야 한다.

〈그림 2〉 왼쪽 이미지를 보자. LG 음성인식 프로그램 'Q보이스'를 이용하여 사용자가 기계와 더불어 '끝말잇기'를 진행하고 있다. 기계와 인간의 소통, 혹은 대화가 가능해진 사례이다. 가운데 이미지는 애플의 음성인식 프로그램 '시리'의 화면이다. 사용자가 '배고파'라는

┃그림 2┃ 스마트폰 음성인식 프로그램의 사례 (Q보이스, 시리, S보이스 : 2013년 테스트 결과)

메시지를 보낸 것에 대해, GPS를 이용한 '위치 정보' 기능과 인터넷 검색 결과를 토대로 주변 음식점을 검색한 결과를 보여 주고 있다.

이러한 프로그램은 아직은 간단한 문장이나 단어 수준이긴 하지만, 인간의 목소리를 인식하여 그 음성의 분절과 문법적 구성을 파악하고 의미를 파악하는 과정까지 수행할 수 있는 고차원의 테크놀로지가 활용된 것이다. 그러나 이 프로그램이 더욱 발전하기 위해서는 단지 테크놀로지의 차원이 아니라 인간의 소통 방식에 대한 인문학적 성찰과 분석이 깊이 요구된다. 〈그림 2〉 오른쪽 이미지를 보자. 사용자가 '피곤해'라는 말을 하자, 기계(삼성 S보이스)는 '저는 괜찮습니다'라는 발언을 계속 반복하고 있다. 이러한 반복은 일반적인 인간들 사이의 대화 상황으로는 적절하지 못한 대응이라고 볼 수 있다. 피곤하다는 말의 축자적 의미를 이해하는 것까지는 자연어 인지 기술의 영역이지만, 그에 대해 어떤 표현으로 대응할 것인가는 창의적인 소통과 창작의 영역, 즉 글쓰기 교육의 영역이라고 할 수 있다.

'피곤하다'라는 말에 대한 대응으로 "잠시 편히 쉬세요"라고 말하는 방법이 있겠고, 스마트폰에 저장된 음악 파일 중 '휴식'에 적합한 음악을 들려주는 방법도 있을 것이다. 혹은 스마트폰에 저장된 사용자의 스케줄을 체크하여 지금 휴식을 취해도 될 것인지를 판단하여 조언하는 방법도 있을 것이다.

음성인식 프로그램에서 사람의 목소리를 정확하게 듣고 '인식'하는 기술은 매우 중요하다. 하지만 고도 기술이 집약된 초연결사회에서 인간과 기계의 소통이 가능하려면, 단지 '인식'의 수준에 그쳐서는 곤란하다. 인간이 기계와의 소통에서 기대하는 것은 빠르고 정확한 연산이나 기억 능력이 결합된 또 하나의 '존재'와의 인간적 소통이라 할 수 있다. 결국 음성인식 프로그램 개발에는 '인간과 인간 사이의 소통 방식'에 대한 면밀한 성찰과 관찰이 필요하다. '배고파'라는 말을 들었을 때 일반적이고 정상적인 인간관계에서의 대화는 어떻게 이어져야 하는가에 대한 성찰이 필요한 것이다. 가까운 음식점을 찾아내어 알려 주는 '정답 제공'의 방식이 필요할 수도 있고, '저도 출출하네요'와 같은 공감과 공유의 표현이 필요할 수도 있다. 세밀한 감정과 생각의 소통에 대한 인문학적 성찰이 음성인식이라는 고도의 기술과 결합해야만 하는 이유이다.

이른바 인공지능 기술과 기계의 자체적 학습 능력을 뜻하는 '딥러닝' 기술은 기본적으로 인간의 연산 능력과 판단력을 흉내 내어 개발된 것이다. 더욱이 최근 급속도로 발전된 메모리 저장 능력과 고속의 정보 처리기술을 바탕으로 '빅데이터'가 활용되기 시작하면서, 엄청난 양의 정보가 네트워크를 통해 저장되거나 전달되고 있다. '시리'와 같은 모바일 프로그램들은 초연결사회와 빅데이터 기술을 이용하여 개인이 요구하는 정보를 실시간으로 제공하거나, 마치 비서처럼 대화하듯 기계-인간 간의 소통을 시도하고 있다. 바야흐로 이른바 '씽즈 사피엔스 Things Sapiens', 즉 지혜를 가진 사물의 등장이 현실화되고 있다.

하지만 그 기반도 역시 '인간'의 사고 능력이기에 '인문학'적 성찰, 그리고 그 결과를 표현하는 능력, 즉 언어를 활용한 '사고와 표현' 능력은 '공학 교육'이 아니라 '인문학적 글쓰기' 교육을 통해 채워져야 한다. 다음은 음성인식 프로그램을 비롯하여 인공지능이 활용된 인간-기계의 소통 기술을 더욱 발전시키기 위해 필요한 글쓰기 교육 방안의 사례를 제시한 것이다.

음성인식 기술을 활용한 소통 프로그램 발전을 위한 글쓰기 교육 방안 사례

> □ 아침부터 저녁까지, 집, 학교, 직장, 시장 등 시간과 공간에 따라 나올
> 수 있는 다양한 상황을 떠올려 보고, 사용자의 한 마디 문장에 음성
> 인식 프로그램이 적절하게 대응할 수 있는 사례를 각 문장별로 다섯
> 가지씩 떠올려 보자. 그리고 각 모둠별로 가장 바람직한 대응을 골
> 라 보고, 그 이유에 대해 논쟁하여 보자.
>
> 예시 - 일어나기 싫어요.   - 배고파.   - 피곤해.
>   - 졸려요.   - 너무 바빠요.   - 외로워요.

전통적인 언어 인식에서 볼 때, '음성언어'와 '문자언어' 중 감성을
전달하기 어려운 것은 '문자언어'였다. 음성언어는 대체로 대면적 상
황의 소통에 쓰이고 억양을 달리하거나 표정을 함께 전달할 수 있기
때문에 자연스럽게 감성과 감정을 전달할 수 있지만, 문자언어 안에
감성과 감정을 담기는 쉽지 않았다[김성규, 2001 : 66-67]. 하지만 전자 네트워
크상에서 발생하는 감성적 의사소통은 감성과 감정을 단순하고 유형
화함으로써 손쉽게 이루어지게 되었다. 예컨대 페이스북의 '좋아요'
버튼은 언어를 통해 전달할 경우 길게 서술해야만 전달할 수 있는 감
성을 단순화함으로써 즉각적인 감정 교류를 이끌어낸다. 인터넷, 스
마트폰 등 보다 폭넓은 온라인 의사소통에 쓰이는 이모티콘의 역할
역시 마찬가지 방식으로 작동한다. 최근 카카오톡과 같은 메신저에
서는 각종 감정에 맞추어진 다양한 이모티콘이나 스티커를 제공함으
로써 복잡하고 긴 언어로 소통하기보다 이미지를 통해 직접적으로
감정을 전달할 수 있게 하였다.

| 그림 3 | 페이스북의 '좋아요'(왼쪽)와 카카오톡의 감정 표현 이모티콘(오른쪽)

그러나 이는 이미지가 언어보다 감정을 손쉽게 전달할 수 있는 것 같은 착각을 줄 뿐, 감정을 지나치게 추상화하고 획일화할 우려가 존재한다. 네트워크로 연결된 소통 상황에서는 이모티콘과 같은 단순한 이미지들뿐만 아니라 언어적 표현 역시 단순화되는 현상이 발생하곤 한다. 요즘 유행하는 '극혐'이나 '노잼' 같은 표현들은 실제의 감정을 단순화할 뿐만 아니라, 자극적으로 극단화시킨 언어적 습관을 만들어 내고 있다. 최근 문제시되는 다양한 영역에서의 '혐오phobia' 감정은 온라인 네트워크의 언어 활용 특성에 더욱 자극되어 유포되고 있다고 볼 수 있다.

SNS의 경우에도, 개인의 감정과 상황은 온라인에 저장된 단순화된 이미지나 문장에 의해서만 공유될 수 있다. 예를 들어 트위터의 리트윗 방식이나 페이스북의 '좋아요'는 타인과 나 사이의 경험적 차이나 감정적 거리를 제거한 채 획일적으로 '동기화'시켜 버림으로써 공감을 확산함과 동시에 역설적인 '소외'를 체험하게 한다.

최근 적극적으로 활용되고 있는 '빅데이터'는 한 명의 인간이나 그 인간의 행위, 발화, 감정 등을 모두 숫자와 빈도로 치환하여 통계적으로 계량화하는 것이다. 그 과정에서 언어의 복잡한 의미론적 가능성,

그리고 화용론적 차별성을 무시하는 경향이 드러난다. 특히 현재의 빅데이터 기법은 대체로 '단어' 수준으로 진행되고 있기 때문에 통사적, 의미론적, 화용론적 차이는 드러나지 못한다. 또 '맥락context'의 차원 역시 휘발되어 버릴 가능성이 높다.

예를 들어 역설, 반어, 풍자 등의 언어가 지니고 있는 비유적 성격은 겉으로 드러난 언어의 축자적literary 의미와는 전혀 다른 의미를 지닐 수 있다. 가령 '각하'와 같은 단어는 대통령에 대한 극존칭의 어휘이지만, 이 단어가 많이 쓰인다고 해서 대통령에 대한 존경심이나 지지도가 높아지는 추세를 확인할 수 있는 것은 아니다. 전혀 반대 의미의 역설이나 반어적 사용이 있을 수 있기 때문이다.

이러한 관점에서 융합 시대의 글쓰기 교육에서는 모든 언어와 기호, 이미지 등을 0과 1로 치환하는 디지털 체계를 역으로 뒤집어서, 하나의 기호가 보다 다양한 의미로 무한히 확장될 수 있음을 인식시켜 주는 학습이 더욱 요구된다. 가령 하나의 단어가 함의할 수 있는 '다양한 의미의 스펙트럼'을 나열하는 식의 교육안이 제시될 수 있겠다.

의미의 확장 가능성을 고찰하는 글쓰기 교육 방안 사례

① 하나의 이모티콘이 담고 있는 감정을 표현하는 단어를 세 개 이상 제시해 보자.
② 위에 제시한 단어의 감정이 가장 절실하게 드러날 수 있는 상황을 가상으로 떠올려 보고 구체적 대화가 오고 가는 짤막한 시나리오를 구성하여 보자.
③ 하나의 단어를 전혀 상반되는 의미로 이해하여 오해가 벌어지는 상황을 가상으로 꾸며보는 짤막한 시나리오를 구성하고, 이를 바탕으로 모둠별 UCC 영상을 제작해 보자.

공감을 위한 소통 교육

이른바 융합 시대를 맞아 융합적 글쓰기 교육에 대한 관심이 높아지고 있다. 하지만 융합 시대를 맞이하게 한 테크놀로지 변화에 대한 성찰 없이 '융합'이라는 단어만 단순하게 응용한 글쓰기 교육은 '그림을 활용한 글쓰기', '영화를 활용한 글쓰기', '과학 다큐멘터리를 활용한 글쓰기'처럼 하나의 글감 소재나 대상 텍스트를 다소 확장한 수준에 머물 수 있다. 융합 시대의 글쓰기 교육은 '글쓰기'에 대한 근본적 인식과 태도가 달라진 시대의 글쓰기 교육이 되어야 하며, 초연결사회를 맞이하는 미래적 전망이 담긴 글쓰기 교육이 되어야 한다.

이 글에서는 융합 시대, 그리고 초연결사회에 대한 개괄적인 이해에 도달해 보고, 이러한 사회에서의 글쓰기 교육이 어떻게 변화해야 하는가라는 담론을 이끌어 내고자 했다. 세부적으로는 허위와 오류가 존재한다는 이유로 인터넷 공간을 배척하거나 폄하할 것이 아니라, 인터넷을 긍정적으로 활용할 수 있는 밑바탕이 되는 글쓰기를 직접 체험하는 글쓰기 교육을 제안하였다. 또 음성인식 기술과 같은 인간-기계의 소통이 활발해질 것을 전망하면서, 기계와 기술의 발전에 부응할 수 있는 인문학적 성찰이 내포된 소통 사례를 개발하는 글쓰기 교육, 의미를 획일화하거나 보편화시키지 않고 개별화함으로써 공감의 깊이를 증폭시키는 글쓰기 교육 방안을 제시하려 하였다.

이 글은 2010년대 들어 스마트폰을 중심으로 본격적으로 활용되기 시작한 카카오톡과 같은 모바일 메신저나 트위터와 페이스북을 비롯한 SNS, 음성인식 기반의 모바일 비서 어플리케이션 등을 폭넓게 사례로 활용했다. 2020년대 들어 최근의 변화는 더욱 새롭고 충격적인 테크놀로지에 도달해 있다. 2022년 말에 등장한 챗ChatGPT를 비롯한 거대언어모델 기반의 인공지능은, 앞에서 다룬 2010년대 중반 무렵의 스마트폰 음성인식 어플리케이션들보다도 현저하게 발전된 인간-기계 사이의 대화를 실현했다. 최근 챗GPT와 관련한 이슈들에서도 발견되듯이, 이제는 인공지능에게 어떤 효과적 질문을 던질 것인가, 그것을 활용해서 어떤 대화적 결과물을 얻어 낼 것인가가 중요한 시대가 되었다(장성민 : 2023). 인간-인간의 소통이 아니라 인간-기계, 기계-기계 사이의 소통에 대해서도 더욱 각별한 주목이 요구되는 시대를 맞이한 것이다.

그러나 결국 기계와 인공지능이 개입하더라도, 그것을 읽고 소통함에 있어 감정적 변화를 일으키는 것은 다름아닌 인간이다. 인공지능은 결과물이나 답변을 다르게 내놓을 수는 있어도, 인공지능에 감정은 존재하지 않으며 감정이 변화할 수도 없다. 우리 인간 소통의 핵심 목적은 결국 감정의 공유와 전달에 있다. 현대인들이 감성의 중요성을 인식하고, 기계에 소외되지 않으며, 초연결사회의 주체로 살아가기 위해서는 개인의 감정을 더욱 주목해야 하며, 그것의 소중함을 인식해야만 한다(우찬제 외 : 2016). 그리고 서로의 감정에 공감할 수 있어야 한다. 빅데이터는 주체와 존재를 하나의 데이터로 인식하면서 보편화하려 한다. 하지만 개별 주체와 존재는 개성의 유지와 정체성의 유지를 목표로 여전히 개별화를 시도할 것이며, 또한 그래야만 한다. 데이터에 수렴되지 않는 인간 존재의 가치는 개별화된 '감성'에 있고, 그 감성을 포착하는 것이 바로 인문학의 역할일 것이다.

참고문헌

김성규, 〈음성 언어 층위와 문자 언어 층위의 위상에 관한 연구〉,《언어학》30, 한국
    언어학회, 2001, 65~88쪽.
김지선·장문석·류인태, 〈공유와 협업의 글쓰기 플랫폼, 위키〉,《한국학연구》60,
    인하대학교 한국학연구소, 2021, 371~419쪽.
대학도서관연합회,《2015 대학도서관연감》, 2016.
맥루한, 마샬,《미디어의 이해 : 인간 기능의 확장》, 이한우·김성기 옮김, 민음사,
    1964/2002.
미래창조과학부,《미래 대한민국 정보화비전 : 인간중심의 초연결 창조사회 실현》,
    2014.
신선경, 〈지식 융합 시대의 대학 글쓰기 교육의 방향〉,《사고와표현》5(2), 한국사고
    와표현학회, 2012, 41~65쪽.
심원식 외, 〈학술논문에서의 위키피디아 인용에 관한 연구〉,《한국문헌정보학회지》
    47(2), 한국문헌정보학회, 2013, 247~264쪽.
안호영·송현주, 〈교양 교육과 융합하는 글쓰기〉,《한국교양교육학회 학술대회 자
    료집》, 한국교양교육학회, 2012, 155~171쪽.
우찬제 외,《초연결사회의 소통 상황에 대한 인문학적 성찰과 감성 교육 방안 연구》,
    경제인문사회연구회, 2016.
이혜민·김승민, 〈음성인식 기반의 모바일 지능형 개인비서 서비스 사용성 비교〉,
    《디지털디자인학연구》14(1), 한국디지털디자인협의회, 2016, 231~240쪽.
장성민, 〈챗GPT가 바꾸어 놓은 작문교육의 미래〉,《작문교육》56, 2023, 7~34쪽.
차두원 외,《초연결시대, 공유경제와 사물인터넷의 미래》, 한스미디어, 2015.
최선희, 〈대학생 글쓰기 동인 활성화를 위한 글쓰기 교수법 연구: 글쓰기 과정 학습
    의 실천을 중심으로〉,《대학작문》11, 대학작문학회, 2015, 189~233쪽.

기사
김준환, 〈코로나19 유행 장기화…대학생 전자자료 이용 47% 증가〉,《한국대학신문》
    2023년 2월 1일자.

문예성, 〈애플 시리, 독일서 황당한 오류 논란〉, 《뉴시스》 2015년 9월 30일자.

백진엽, 〈위메프, 티몬 고소 "위키 설명글 조작"〉, 《뉴스1》 2013년 2월 22일자.

최병호, 〈개인 정보 유출 등잔밑이 어둡다〉, 《디지털타임즈》 2006년 8월 9일자.

정상증후군, 병리인가 현실인가?
: 초연결사회에 대한 크리스토퍼 볼라스의 시선

| 정락 길 |

이 글은 2023년 3월 한국국제문화교류학회의 《문화교류와 다문화교육》(vol.12, no.2, 통권 46호)에 실린 〈정상증후군과 초연결사회 : 크리스토퍼 볼라스의 논의를 중심으로〉를 수정 보완한 것이다.

접촉에의 열망

핸드폰이 손안에 존재하지 않던 시기, 가족이나 연인·친구 그리고 업무상 관련된 회사의 전화번호는 우리의 뇌 안에 존재했었다. 많은 사람들이 네비게이션의 도움 없이 구식 지도를 보고 공간을 추론하거나, 혹은 기억의 도움을 받아 가고자 하는 목적지까지 도착하였다. 하지만 이러한 진술은 다 지난 이야기이다. 카페에서, 지하철에서, 안방 침대에서 현대인들은 누구나 핸드폰·노트북·사물인터넷 등의 여러 장치에 밀착되어 존재하고 있으며, 인간 고유의 신체와 기계 혹은 인공지능 사이의 관계는 반세기 전에는 상상할 수 없는 실존적 지평의 변화를 야기하고 있다. 기술적 체계(장치)가 신체와 연장되어 결합된 사이보그cyborg라고 인간을 규정한 케서린 헤일스Katherine Hayles의 주장은 이제 명확한 사실이 되었다. 많은 전자기기 장치에 둘러싸인 현대인에게 현실은 물리적 차원에 존재하는 것이 아니라는 점은 이제 자명한 사실이 되었다. 그리고 팬데믹의 세계를 그래도 무사히 통과할 수 있었던 것은 기술문명의 성과에 힘입은 바가 크다는 사실을 부인할 사람은 없을 것이다.

인간과 기계(장치) 혹은 사용자와 소프트웨어 사이에는 사용의 다양한 방식을 통해 인터페이스가 형성되며, 여기에는 단순하지 않은 복잡한 영향 관계가 존재한다. 그런데 핸드폰의 다양한 앱이 보여 주듯이, 그 앱에 장착된 프로그램의 기능은 점점 더 자동화되어 가고 있다. 이러한 자동주의는 생산성을 높이기 위한 테일러주의taylorisme와 역설적으로 닮아 있다고 할 수 있다. 20세기 초반 산업생산성을 높이

기 위해 고안된 테일러주의 원칙은 규율에 기반하고 있으며 규율을
따르는 신체, 그리고 규율장치라는 개념과 관련하여 탄생한 바 있다.
현대의 프로그램 생산자들은 축적된 광범한 산업 노하우를 바탕으로
소비자 욕망을 분석하고, 이를 반영해 프로그램을 생산해 낸다. 소비
자본주의 사회에서 이 자동화의 가속페달은 유혹 코드로 장착되어
있다고 할 수 있다. 하지만 테크놀로지 자체를 유혹 코드로 본다는 것
은 위험성이 존재한다. 유혹이 가진 부정적 정서, 즉 유혹이 지닌 헛
된 감정으로 무시하려는 경향이 있기 때문이다. 유혹된다는 것은 정
신분석학적으로 말한다면 그 대상에 그리운 대상이 존재한다는 의미
이기도 하다. 셰리 터클Sherry Turkle은 다음과 같이 말한다.

> 우리가 테크놀로지를 만들면, 그 다음에는 테크놀로지가 우리를 만든
> 다. 그러므로 모든 테크놀로지에 대해 우리는 질문해야만 한다.… 어느
> 세대에서나 테크놀로지는 우리의 가치와 방향에 대해 곰곰이 생각할 기
> 회를 준다(셰리 터클, 47쪽).

그녀의 말처럼, 초연결사회에서 인간은 수많은 장치에 접속되어
있다. 자동차의 발명이 생활의 편의만이 아니라 자동차 사고를 탄
생시켰듯이, 테크놀로지에 의한 새로운 세계의 발견은 항상 새로운
문제를 동반하고 있다. 이 글은 수많은 장치에 접촉contant되어 있음
에도 불구하고 여전히 접촉에 목말라 하는 현대인의 정신소외에 관
해 한 정신분석자의 이야기를 주로 전할 것이다. 그의 이름은 크리
스토퍼 볼라스Christopher Bollas이다. 그는 저서《의미와 멜랑콜리아

Meaning and Melancholia: Life in the Age of Bewilderment》에서 병리와 정상의 경계 사이에 놓여 있는 정상증후군normopathy이라는 개념을 통해 현대의 모습을 그려 내고 있다. 그의 논의를 검토하면서 쟁점과 문제점을 제시할 것이다.

20세기 병리학 지도

현대 미국 정신분석의 대표적 인물로 알려진 볼라스는 역사, 정신분석, 인류학, 영문학을 전공했으며, 1980년대 중반 매사추세츠앰허스트대학University of Massachusetts Amherst 영문학 교수로 재직하기도 했다. 《의미와 멜랑콜리아》는 그가 문학, 문화 전반에 관한 관심을 토대로 하여 현대 인간 정신의 풍경을 탐구하는 저작이다. 그는 자신의 저작을 지금 여기라는 시대 속에서 문화의 정신역동을 분석하는 '정치적 심리학political psychology'에 대한 시도라고 말한다(Meaning and Melancholia, p. 13). 책의 제목이 암시하듯이 그의 문화의 정신역동 분석을 추동하는 핵심 증상은 우울이다. 그가 주목하는 미국의 지금 여기까지의 현실은 종교적·정치적 우상들의 실추를 목격한 시대이고, 이 과정은 서양의 19세기 이후 서서히 진행되기 시작한 시대상이라고 할 수 있다. 그가 특히 주목하는 사람들은 예술가이다. 예술가의 우울증은 깊은 상실의 고통과 의미의 생성 사이에 놓여 있는, 즉 창조의 행위 속에 병리의 고통이 긴밀한 투쟁 관계 속에 놓여 있는 이상한 시대병과의 관계라고도 할 수 있다. 이러한 예술작품들이 표현하는 우울의 증상들, 즉 가상에 대한 지독한 의심과 부정이 존재하는 그들의 내적 투쟁에서 역설적으로 그는 치유의 가능성으로서 의미에 대한 모색을 탐지하고자 한다.

볼라스는 이 저작에서 우선 19세기 이전부터 21세기까지 인간 성격의 변화를 정신분석 병리학의 관점에서 기술하고 있다. 익히 알려져 있듯이, 지그문트 프로이트Sigmund Freud의 정신분석학은 여성 히스테리의 무의식적 억압을 연구하면서 탄생하였다. 19세기에는 성적 억압이 바람직하고 도덕적인 것으로 생각되었으나 여성의 성생활이 개방되면서 히스테리 증상은 줄어들었고 다른 증상들이 그 자리를 대신하게 된다. 인간의 마음을 둘러싼 병리는 이러한 의미에서 시대적이고 문화적인 맥락과 함께한다고 할 수 있다. 볼라스는 병리학의 변화를 설명하는 주요한 텍스트로 구스타브 르 봉Gustave Le Bon의《군중심리》, 에드워드 모건 포스터Edward Morgan Forster의《하워즈 엔드》그리고 알베르 카뮈Albert Camus의《이방인》등의 저작을 독해하고 있다. 그는 르 봉의《군중심리》를 해석하면서, 독일로부터 시작된 20세기 초의 시대정신을 조증manic의 시대로 기술한다. 산업혁명 때문에 세계의 도시는 일종의 흥분 상태로 변해 간다. 또한 제국주의적 팽창에 열광하는 국가주의는 제국주의 시민들을 하인즈 코헛Heinz Kohut의 자기 심리학self psychology에서 빌려 온 개념인 과대 자기grandiose self로 호명한다. 그래서 독일을 광기로 몰고 간 파시즘의 군중심리에는 조증이 넘쳐나며, 이러한 증상은 결국 양차 세계대전의 참상으로부터 몰락에 길로 들어가게 된다. 이 시대는 국가 · 서양 · 진보라는 이념의 허상이 난무하는 시대이고, 20세기를 돌아보면 우리도 이런 이름으로 호명된 바 있기도 하다.

볼라스는 《하워즈 엔드》에서 옛 귀족 집안 출신의 여주인공 매기 슐레겔과 부상하는 신흥 자본주의 사업가인 남주인공 헨리 윌콕스가 결혼 후 겪는 갈등에 주목한다. 자본가를 대표하는 윌콕스에게 세계는 돈이라는 추상적이자 전능한 기호에 따라 움직이는 냉혹한 질서일 뿐이다. 그는 어떠한 반성적 사유도 존재하지 않는 인물로 그려지고 있다. 그녀의 부인 매기 슐레겔은 윌콕스와 결혼한 뒤 남편과 어떤 정서적 대화도 불가능하다는 것을 알고 괴로워한다. 이 여인이 남편과 겪는 말의 실패와 불통의 관계, 이것이 바로 볼라스에 따르면 그가 상담에서 마주한 정상증후군과의 대화이다. 윌콕스는 정상증후군의 소설적 전형이기도 하다.

또 다른 소설 《이방인》은 익히 알려져 있듯이, 카뮈의 작품으로 실존주의 소설의 대표작이다. 《이방인》에는 어머니의 죽음에 대해 어떤 인간적인 감정도 표현하지 않는 뫼르소가 등장한다. 소설에서 뫼르소는 만화경처럼 나타나는 세계를 바라보지만, 그 세계는 뫼르소의 죽은 자기와 전혀 공명되지 않는 풍경일 뿐이다. 시각적인 일종의 생리학적 자기와 무수용적이고 무감한 죽은 자기의 분열 속에서 살아가는 뫼르소의 자기를 볼라스는 경계선장애borderline[1]의 세계로 기술한다.

---

1 신경증과 정신병 사이에 있는 정신병리학적 질환으로 특히 신경증적인 증상을 보이는 잠재적 정신분열증을 가리키기 위해 사용되는 용어이다. 로버트 나이트Robert Knight에 의해 처음으로 'borderline'이란 용어가 등장했다. 멜라니 클라인Melanie Klein 이후 영미 대상관계학파들, 특히 오토 컨버그Otto Kernberg는 제2차 세계대전 이후 경계선장애라는 병리를 인정하고 있다. 프랑스의 자크 라캉Jac ques Lacan 학파의 경우에는 경계선장애를 도착증의 일종으로 분류하고 있다(장 라플랑슈 · 장 베르

20세기 초반부터 21세기 초반까지의 병리학적 자기를 기술하면서 볼라스는 미국을 포함한 서양 몰락의 과정을 인간의 성격이 변해 가고 있다는 버지니아 울프Virginia Woolf의 주장을 따라 살펴보고 있다. 인간의 성격이 변해 가고 있다는 울프의 어두운 진단 후, 자기가 죽었다는 카뮈의 주장이 문학작품을 통해 등장하며, 그리고 10년 후 정신의학은 프로이트의 신경증·정신병·도착증 등의 고전적인 정신적 질병학의 분류와 어긋나는 새로운 정신의 증상들과 만나게 된다. 세상을 이상화하는 자기와 그것을 증오하는 자기, 단순하게 말한다면 긍정적인 자기와 부정적인 자기가 극단적으로 분열splitting되는 경계선 장애가 등장한 것이다. 이러한 인간 마음 지도의 변화 속에서, 볼라스에 따르면 정상증후군이라는 새로운 현상이 나타난다.

정상증후군에 대해 말한 정신분석가들

사실 정상증후군은 볼라스가 처음 제기한 개념은 아니다. 정상증후군은 프랑스 정신분석가 조이스 맥두걸Joyce McDougall이 《어떤 비정상성에 대한 변론Plaidoyer pour une certaine anormalité》에서 처음으로 제시했던 신조어이다. 여기서 정상증후군은 명확한 병리적 현상으로 설명되기보다는 도널드 위니컷Donald Winnicott의 거짓자기faux self에 가까운 개념으로 정의되고 있다. 위니컷의 거짓자기는 일종의 가면

트랑 퐁탈리스, 48쪽).

이라고 할 수 있으며, 참자기true self의 보호 아래 존재하는 사회적 페르소나에 가까운 것으로 인간 정체성의 중요한 요소이기도 하다[2].

위니컷은 너무 객관적인 현실에 집착하기 때문에 주관적 세계와의 만남이 끊어져 버린 사람들이 있음을 주목한 바 있다. 그들은 현실에 대한 어떤 창조적인 접근도 불가능한 상태에 빠지게 되며, 이러한 의미에서 그들은 병이 난 사람들이라고 말하기도 한다. 이러한 사람들이 급속이 증가하고 있는 서양의 현실을 그는 사망 1년 전에 정신분석 상황을 이야기하며 언급하였다.

위니컷의 사유를 이어 받은 맥두걸은 정상과 비정상의 경계를 정신분석에서 논의할 수 있는가 하는 근원적인 질문에서 시작한다. 그리고 70년대 이후 본격화되는 매우 독특한 부정적 전이 양상의 한 예로서 정상증후군을 논의한다. 맥두걸은 모든 주관적 감정으로부터 자신을 보호하기 위해 엄격한 방어 시스템, 일종의 정신적 갑옷을 형성하는 '비정상적인 정상'의 개인을 정상증후군으로 조심스럽게 정의하고 있다. 이러한 개인들은 기존의 사상이나 일반적인 사회적 규범에 어떠한 의문도 제기하지 않는다. 지배적인 사회문화적 규범을 절대적으로 내면화하는 추종자로서, 이를 통해 어떠한 불안으로부터 자신을 철벽 치며 불안 자체가 정신으로부터 나오는 것 자체를 차단

---

2   도널드 위니컷은 참자기를 '주관적인 현상에 존재하는 것으로, 개인적individual이고 사적인private 내적 세계inner world와 연관된 조용한 비밀silent secret의 관계 속에서' 발견되는 것으로 정의하며 자발적이고 풍요롭지만 소통 불가능한 어떤 것 incommunicable something이고 고독solitude 속에서 끊임없이 다듬어야 할 어떤 것으로 설명한 바 있다(Winnicott, p. 109).

하는 존재들이다. 맥두걸은 다음과 같이 말한다.

정상증후군자는 내면과 외면, 욕망과 그 욕망의 실현을 절대 혼동하지 않는 좋은 상식의 자아적 특징을 지니는데, 그래서 그들에게는 상상의 세계는 외면되고 오로지 외부 현실에의 집중만이 존재한다. 하지만 사실적 세계에 대한 그러한 집착은 상징적 기능을 훼손하는 지경까지 갈 수 있으며, 따라서 신체soma 자체에서 상상계의 폭발이 일어나는 위험한 상태로 돌입할 수 있다."[3]

볼라스의 정상증후군에 대한 생각은 이러한 맥두걸의 논의와 연관된다. 그리고 그는 정상증후군의 현상을 개인적 상담의 차원만이 아닌 사회문화적 맥락까지 확대한다.

크리스토퍼 볼라스가 본 정상증후군

볼라스는 1970~80년대 캘리포니아 남서부 지역에서 신경쇠약을 앓는 많은 환자를 상담하면서 정상증후군을 이론화하였는데, 정상증후군자는 안정적인 세계 속에서, 자신에 대해 확신하고 있으며, 사회적 관계에서 매우 외향적인 개인이기도 하다고 설명한다. 그 자신이

---

3 맥두걸이 사용한 상상계의 폭발이란 정상증후군자들에게 일어나는 살인 혹은 자살과 같은 행동화acting out 증상을 의미한다.

사물이 되는 것을 의미하더라도, 물질만능의 세상에서 큰 걱정도, 큰 결점도, 그리고 문제도 없이 행복하다는 느낌을 지닌 채 살아가는 충만의 존재들이다. 하지만 그에 따르면, 그들은 무엇인가 결여되어 있음에도 사유하지 않으며, 최첨단 물건이나 새로운 장치의 축적으로 보상받으면서 충분히 행복한 삶을 살아간다. 인간의 가치에 대한 그들의 평가는 연봉, 은행 계좌 또는 최신 기술의 습득 여부로 측정된다. 그들은 마음의 상태에 무관심(무지)하며, 다른 사람들의 정동이 수반된 언어에 반응하지 않으며 살아간다. 그들은 성찰을 경멸하는 행동의 인간이다. 만약 심리적 해결책이 요구된다면 그들은 '긍정적 사고' 비법이나 개인 심리 코치가 제안하는 얄팍한 행동주의적 기법에 따라 즉각적인 위안과 기분 전환을 통해 금세 망각하고 살아간다(Christopher Bollas, Meaning and Melancholia. pp. 42-44). 볼라스가 기술하는 정상증후군의 특징은 주관적 능력의 부재, 알파 기능alpha function의 결핍, 양육자와의 관계, 그리고 분열의 특수한 방식이라는 네 가지 관점으로 정리할 수 있다. .

첫 번째 주관적 능력의 부재에 대해 살펴보자. 예를 들어 정상증후군자가 영화를 본다면 그것은 남들이 관심을 가지기 때문에 보는 것이다. 그에게는 내적 공간, 즉 주관적 경험의 공간이 부족하여 그 경험을 인터넷 일반의 감상평을 자신의 경험으로 대체해 버린다. 남들의 평가, 즉 사실fact 혹은 상식에 대한 집착이 여기서 유래한다. 그는 사실들을 그저 축적하는 것에 관심이 있다. 문화나 예술이 건네주는 정서의 세계가 주관적 공간에서 그의 생각과 만나 해석되고 소화되어야 하는데, 그에게는 이러한 과정이 중요하지 않다. 그에게는 이드,

자아, 초자아 사이에서 활동해야 하는 프로이트적 의미의 비판적 심급critical agency이 막혀 있다. 그에게 정서적 경험은 매우 당황스러운 것이고 심지어는 고통스러운 것이며, 그래서 그는 이것을 상식 혹은 팩트로 급하게 대치하는 루틴을 가진다. 이러한 반복되는 루틴은 주관적 능력의 쇠퇴를 이끈다.

두 번째 알파 기능의 결핍에 대해서 살펴보자. 알파 기능은 예를 들면 어머니의 안아 주기를 통해 고통스럽고 힘든 무의식적 내적 감각들, 이름 없는 내적 감각들이 일종의 이름 있는 내적 정서로 전환되고 이를 통해 아이의 경험 영역이 확장되는 기능으로 이해할 수 있다. 알파 기능을 통해 길 잃은 이상한 대상들bizarre objects인 베타 요소beta elements가 정서화되고, 이 경험의 축적으로 아이의 상징화 능력이 발달하게 된다.[4] 볼라스는 정상증후군자를 양육자의 개입에 의해 알파 기능이 공격당한 자, 양육자에게 관찰되는 주요 증상은 위생학적 강박 같은 것으로 표현하고 있다. 예컨대 아버지가 실직한 경우 가족 구성원 중 누구도 아버지의 고통에 깊이 관여하지 않으며, 대신에 어머니는 집을 아주 깨끗이 청소한다. 이러한 어머니의 행위는, 자식이 가족 안에서 어떤 걱정과 불안의 징표를 보고 있을 때, 그러한 생각 자체를 취소하고 지금 어머니가 하는 행위 자체(집을 깨끗이 청소하는 행위)의 관찰로 대치하라는 명령이라고 할 수 있다. 아이는 아버지가 어떤 '이름 없는 고통들'(베타 요소들에 해당한다)을 겪고 있음을 무의식

---

4   베타 요소, 알파 요소, 알파 기능에 대한 윌프레드 비온Wilfred Bion의 개념에 대해서는 다음의 글에 좀더 자세히 설명되고 있다(정락길, 267-271쪽).

적으로 감지하지만, 그것을 정서화하는 활동은 금지당한다. 어머니의 청소는 이 고통을 아이가 받아들일 수 있는 알파 요소로 전환하는 것이 아니라, 이 전환 자체를 중지하는 행위이다. 만약 아버지가 직장을 되찾는다면 가족은 다시 행복의 상태로 돌아갈 것이고, 그렇지 않다면 그들이 원하는 정상의 삶은 파괴될 것이다(Christopher Bollas, The shadow of the object, p. 95). 여기에는 정상의 삶을 영위하려는 절대적인 명령이 존재하고 어떤 의미에서는 비정상적 정상의 훈육 과정이 존재한다. 정상성의 강박 과정을 통해 아이에게는 내사introjection되지 않은, 즉 소화되지 않은 아버지의 고통의 사실만이 남게 된다.

세 번째, 양육자와의 관계에 대해 살펴보자. 위에서 서술했듯이, 정상증후군자의 가족에는 성채화된 가족의 '비정상적 정상성'이 작동하고 있다. 부모는 투사적 동일시projective identification를 통해 거부되거나 파괴적인 무의식을 자식에게 전염시켜 자녀를 혼란스럽게 하며, 파괴적인 정동의 먹이가 되게 한다. 부모의 거짓자기는 아이들에게 무의식적으로 전염되며, 이는 만족스러운 환경과 보상 체계를 통한 왜곡된 사랑의 형태로 이루어진다. 자크 라캉Jacques Lacan은 거울 단계에서 거울에 비치는 자신의 모습을 보고 아이가 환호하면서 상상적 자아가 탄생한다고 이야기한다. 그런데 아이가 거울에 비친 자신의 모습에서 이상적 자아를 발견하는 것은 어머니의 반영을 통해서이다. 위니컷은 반영mirroring은 전능성을 가능하게 하는 것인 동시에 아이의 창조성의 토대가 되는 것이라고 주목한 바 있다. 그런데 양육자의 반영이 적절하지 못할 때 아이의 내면은 길을 잃게 된다. 또한 양육자가 아이가 이상하거나 자신의 기준에 어긋난 행동을 자유롭게 할 때 침범impingement하게 되면 아이의 주관적 세계는 차단되어 버린다[도널드 위니컷의 환상과 환멸의 의미에 대해서는 다음의 글을 참조할 것. 도널드 위니캇, 《놀이와 현실》, 28-33쪽]. 볼라스는 정상증후군의 부모가 자신이 가진 기준과 규칙을 강요하여 아이의 세계를 침범한다는 사실에 주목한다. 일종의 주입식 교육을 통해 아이가 스스로 만들어 나가야 하는 변형적 대상을 왜곡시킨다는 것이다. 즉, 부모가 아이의 주관적 세계의 발견을 자신의 기준에 따라 왜곡시키거나, 손쉬운 기성 프로그램(TV나 게임 프로그램)으로 대체해 버린다는 것이다. 부모는 아이 자신의 주관적 성장이 아닌 기존 사회적 가치를 주입하고 불만이 있으면 물질적 보상을 통해 아이의 불만을 누를 뿐이다[Christopher Bollas,The shadow of the object, pp. 92-94].

마지막으로 분열의 특수한 방식에 대해 살펴보자. 볼라스는 정상증후군에 매우 특이한 분열dissociation이 있다는 점에 주목한다. 정신분열증에서 분열증자가 현실과 격리된 어떤 다른 세계 속에서 산다면, 정상증후군자는 자기가 하나의 사물처럼 다른 곳에 있다는 것이다. 정상증후군 가정에서 아이와 부모는 어떤 인간 정신성mentality의 폐제forclusion를 달성한다. 프로이트는 죽음충동을 설명하면서 비유기체적 상태로 되돌아가는 충동에 대해 말하고 있다. 정상증후군자에게는 일종의 마음의 평정이 있는데, 이것은 일종의 어떤 정념으로부터 벗어난 평정이다. 그것은 스스로를 순수한 대상으로 만드는 것으로, 예컨대 정상증후군자에게는 깨달음 없는 부처와 같은 상태, 즉 사유의 고통이 존재하는 무심이 아니라 과정 없이 추월된 무심이 존재하며, 이는 일종의 타인이 일으키는 정념과의 관계에서 무관심에 가깝다. 여행을 할 때 여행의 설렘과 긴장은 부재하고 일종의 사진 촬영이 유일한 목적이 되며, 오페라의 경험이 중요한 것이 아니라 오페라 회원이 되는 것이 중요한 것과 비슷하다. 여기에는 위니컷의 참자기와 거짓자기의 이상한 관계가 형성된다. 앞서 양육자의 반영 경험의 불규칙성에 대해 살펴본 바 있다. 반영 경험의 불규칙성과 부모의 개입으로 인해 정상증후군자는 자신이 전혀 정서적으로 동의하지 못한 부모가 창조한 규칙의 체계로 삽입된다.[5] 따라서 참자기와 거짓자기는 분열된다. 좀 더 정확히 말한다면, 주관적 세계의 토대를 이루는 참자기는 존재하지 않으며 오직 거짓자기만이 존재한다. 위니컷에게 거짓자기는 부정적인 것이 아니라 참자기와의 관계에서 존재하는 창조적 형식이기도 하다. 또한 거짓자기는 참자기를 보호하기 위해 존재하는 것이기도 하다. 그런데 정상증후군자의 거짓자기는 참자기와 조응하지 못하는 상태에서 존재할 뿐이다. 이러한 분열 때문에 타인과의 관계는 피상적이 되며, 문제가 있어 행하는 상담에서도 정상증후군자는 고개만 끄덕이거나 단순한 감탄사만을 연발한다. 빈곤한 언어의 파티만 존재하는 이상한 부정적 전이가 발생함을 볼라스는 주목하고 있다.

---

5 볼라스는 부모의 양육 환경이 비슷한데도 어떤 아이는 정상증후군자가 되고 어떤 아이는 주관적인 자신의 세계를 만들어 내기도 하고 어떤 아이들은 반항아가 되기도 하는 이유에 대해서 정확히 설명할 수 없으나, 주관적 세계를 창출하는 아이는 부모 대신에 자신을 진정으로 반영해 주는 대상을 창조한 것에 있다고 설명한다.

초연결시대와 정상증후군
: 억압된 자의 귀환the return of the oppressed

볼라스는 축구 경기에서 실수했다고 자살을 시도한 톰이라는 아이의 임상보고서를 제시하고 있다. 이 아이는 매우 허약한 자기애적 주체라고 할 수 있다. 자신을 힘들게 하고 불편하게 만드는 어떤 것, 자신의 규범에 대한 어떤 회의와 의문도 제기하지 않는 이 주체는 온실 속에 존재한다. 그 아이에게 공을 더듬는 실수와 자살은 같은 현상학적 평면에 존재한다. 프레드릭 제임슨Fredric Jameson의 포스트모던사회 비판을 연상시키는 방식으로(임경규, 141-165쪽), 볼라스는 정상증후군자는 상대적 가치의 척도를 운용하는 수직적 사유는 부재하고 수평적 사유horizontal thinking만이 존재한다고 주목한다. 기계적인 사유의 프로그램에 따라 행동하는 정상증후군자에게 어떤 외부의 신호가 주어졌을 때 개인적인 경험의 과거 · 현재 · 미래의 통합적 맥락에서 해석되기보다는, 그 신호가 일종의 소리로 받아들여지고 내부 세계를 탐색하고 무의식적 갈등을 해결하기 위한 성찰적 사고의 과정은 매우 미약하기 때문이다. 또한 톰이 살았던 70년대 주거 형태 (볼라스는 이 아이가 사는 주거지를 미국 서남부의 중상류 계급이 살고 있던 케이프 코드 빌리지Cape Code Village라고 보고하고 있다)가 중산층 이상의 삶에서 점차 확대되고 있는데, 그 주거 형태가 외부에 대한 무관심과 배제에 기반한 폐쇄적인 형태라는 데 볼라스는 주목하고 있다.

정상증후군의 특징 설명에서 확인되듯이, 정상증후군자에게는 폐쇄적인 가족의 문제가 있다. 특히 제2차 세계대전 이후 고전적 정신분석에는 등장하지 않았던 경계선장애와 볼라스가 주목하는 정상증후군의 경우는 개인상담으로 해결 불가능한 문제를 제기하고 있다. 두 경우에서 공통적으로 나타나는 심각한 부정적 전이는 사회문화적 차원의 성찰을 요구하는 문제이기도 하다. 여기에는 무엇보다 접촉의 병리학이 존재한다. 디디에 앙지외Didier Angieu는 특히 피부의 중요성을 언급하면서 피부자아moi-peau의 파괴 혹은 와해로부터 나타나는 경계선장애의 문제를 다음과 같이 언급하고 있다.

경계선장애 환자(를) 심리적 자아와 신체적 자아, 현실의 자아와 이상적 자아, 자기에게 소속된 것과 타인에게 소속된 것 사이의 경계들을 확신하지 못하고, 이러한 경계들이 심한 우울증과 함께 갑작스럽게 변동되는 것처럼" 느끼는 존재들로 주목한 바 있다(디디에 앙지외, 29쪽).[6]

접촉의 병리학이라 할 수 있는 이러한 병리들을 현대사회의 깊은 내적 상실에 기인하는 것이라고 진단하면서 볼라스는 이러한 다양한 병리들을 복합증후군compound syndrome이라 부르고, 그들에게 세계는 의미의 가능성이 상실된 세계로 나타난다고 강조한다(Christopher Bollas, Meaning and Melancholia. p. 47).

---

6 앙지외는 이 저작에서 피부자아를 신체적 자아와 정신적 자아의 결합의 형태이자, 아이가 어머니로부터 분리의 경험을 성공적으로 완성했을 때 형성하는 정신적인 형상으로 정의하고 있다. 신체적인 차원에서의 외부의 자극과 내적인 고통을 수용하고 담아 주는 형상인 동시에 자극적인 접촉과 의미 있는 접촉을 가능하게 해 주는 피부표면의 환상이 바로 피부자아라고 할 수 있다.

상품이라는 물신이 무한히 교환되는 소비자본주의 시대의 현대사회에서 인간은 하나의 기능으로 축소된 소외 속에 살아가고 있다. 볼라스는 복합증후군의 원인을 사회문화적 차원으로 조금은 단순한 방식으로 전개하고 있다고 볼 수도 있다. 예를 들면 제2차 세계대전 이후의 냉전의 세계질서와 경계선장애를 연결시키는 방식은 개인병리와 집단병리의 관계를 단순화하는 위험성이 존재한다. 여하튼 그에 따르면, 복합증후군은 현대의 이드자본주의와 만나 더욱 심각하게 변해 가고 있다. 가족 외 타자에 대한 이해와 배려가 배제된 자기애적 향유, 혹은 자본의 경쟁에서 패배한 낙오자들에 대한 방기라는 양극화 현상이 초연결사회의 변화와 마주하게 되기 때문이다. 사회학자 엘리엇Anthony Elliott과 어리John Urry의 저작《Mobile Lives》(2008)의 '글로벌'과 '로컬' 개념을 빌려 세계화와 자기의 관계에 대한 논의를 확장하는 그는 초연결의 환경은 우선 자기가 수많은 대상의 세계로 유영하는 가능성을 연다고 주목한다. 현대의 매체 환경에서 나는 일종의 다수multitude이며 수많은 가상적 관계로 들어가 수많은 윈도(창)를 통해 존재하는 반사적 자기들의 집합이다. 이 사적인 자기들은 전화, 아이패드iPad, 노트북과 같은 다양한 소셜미디어 장치를 통해 도처로 전송되는 전달 자기transmissive self이기도 하다. 도나 해러웨이 Donna Haraway의 사이보그 선언과 같이 인간은 장치의 확장이며 장치가 업그레이드되면 우리 자신도 업그레이드된다. 이 새로운 세계에서 현대인은 더 넓은 네트워크에서 역할을 맡아 사물이나 부분 대상과 동일시되며 '전달 자기'와 '전달 대상transmissive object' 사이에는 충돌 없는 매끈한 만남이 전개된다.

그런데 볼라스는 초연결된 세계를 사유가 마비된 세계로 바라보고 그 메커니즘을 긍정과 부정이 편집적으로 양극화되는 경계선장애, 거짓자기와 참자기가 격리되어 있는 정상증후군의 공통적 특징인 분열dissociation이라는 원리에서 찾고 있다. 복합증후군은 이제 전달 자기와 다양한 방식으로 결합되는 이상한 정동들의 놀이터로 전락한다. 가상과 현실, 현실에 거주하는 실체적 자기와 스크린에 포획된 가상적 자기, 감각과 사유, 몸과 정신은 분열된다. 보지만 보지 않는 시각애호가sightophlia들의 세계, 시각sight이 통찰력insight을 대체하는 이 세계에서 의미는 제거되고 오직 시각적 충동만이 넘쳐난다. 이 세계는 이드자본주의 산업이 삶의 세계를 식민화하는 세계이고 자기는 기꺼이 대상object으로 합류되며 자율성과 주체성이 상실된 주체살해subjecticide의 과정이기도 하다. 이러한 세계에서 사유는 파편화되면서 어떠한 반성도 요구되지 않는다.

그런데 볼라스가 여기서 주목하는 것이 초자아 기능의 변화이다. 프로이트는 억압된 것의 귀환return of the repressed이라는 표현을 통해 초자아는 욕망의 억압을 주도하지만, 무의식에서 억압된 요소들은 완전히 없어지는 게 아니라 왜곡된 형태로 끊임없이 의식에 나타난다고 주목한 바 있다. 볼라스에 따르면 현대사회에서 초자아의 주요한 기능은 성적 혹은 공격성과 연관된 내적 자기검열에 기반해 있지 않다. 프란즈 파농Franz Fanon의 억압된 자의 귀환return of the oppressed이라는 표현을 빌려 새롭게 나타난 새로운 초자아는 자기가 존재할 수 있는 것 자체를 억압한다. 프란즈 파농은 식민지배자, 혹은 흑인, 루저 등에게 가해지는 초자아의 억압은 자기검열의 억압과는 다른,

더 많은 강도를 통해 독특한 증상을 축적하면서 행해지는 과정이라고 보았다. 그들에게는 말로 형성되지 않은 실패한 에포트effort, 반쯤 말해지고 반은 감추어진 비명과 같은 언어가 있다. 볼라스는 이러한 억압받은 자의 정신분석 연구들을 참조하면서, 이를 20세기 이후 집단병리의 변화들에 응용하고 있다. 그래서 정신적 고통의 회피와 사유에 대한 방어로부터 구식의 자기를 추방하고 반성이 말소된 새로운 자기, 이것은 이중적 콤플렉스에서 결과하는 비인간적 자기이다. 볼라스의 억압된 자의 귀환이라는 표현은 지젝Slavoj Žižek의 외설적 초자아와는 미세하게 다르다는 점에서 해석의 흥미로움이 있다.[7] 이것을 볼라스는 위에서 기술한 어머니의 강박적 청소를 바라보는 아이와 같이, 자기검열에 기반하는 초자아의 활동이 아닌 타자의 억압oppression에 의해 야기된 과잉결정된 자기의 형성으로서 나타난다고 본다. 이 자기는 미완성된 애도의 누적적인 스핀오프의 축적물이다. 그것은 억압을 받았던 자들이 조금의 권력을 가진 자들이 되고, 이들은 다시 자신도 모르는 콤플렉스 가득한 선의(?)에 의해 억압하는 자가 된다. 즉, 바깥으로부터 과잉결정되는 이 수동과 능동의 순환에서 그는 선의에 의해 아이를 침범한다. 위니컷에 따르면, 아이가 원치 않는 양육자의 침범의 사건은 아이를 트라우마로부터 해리시키며, 충격의 외상으로부터 아이의 자발성과 창조성을 마비시킨다고 주목한 바 있으며, 볼라스는 이러한 위니컷의 침범 개념을 다르게 적용하고

---

7 볼라스가 지젝의 사유를 언급하고 있다는 점에서 이러한 표현은 지젝의 외설적 초자아의 개념과 연관되는 부분이 있다. 하지만 지젝이 향유와 실재의 관점에서 논의한다는 점에서 볼라스의 논의는 조금은 다른 맥락에서 설명되고 있다고 할 수 있다.

있다고 할 수 있다. 프로이트의 초자아에 대하여 프란즈 파농이 재해석한 이 초자아는 무의식적으로 침입된 사건이며, 그때 침입받은 아이를 파농은 다음과 같이 기술하고 있다.

나는 사물의 의미를 찾고자 하는 의지와 세상의 근원에 도달하려는 열망으로 가득 찬 마음으로 세상에 들어왔다, 그런데 그다음 나는 다른 대상들 가운데서 하나의 대상이 되었음을 발견하게 되었다.⋯ 그 압도적인 물체에 봉인된 나는 애원하며 다른 대상들로 향하게 된다(Christopher Bollas, Meaning and Melancholia. p. 35).

볼라스는 정상증후군과 초연결의 현대사회에서 《하워즈 엔드》의 매기 슐레겔의 어떤 고통을 주목한다. 이 작품에서 메기는 '연결해야 해only connect'라고 말하는데, 이는 정동과 표상의 분리, 즉 언어의 붕괴이자 정동과 의미의 연결 불가능 상태이기도 하다. 20세기 후반 이후 누적된 '억압된 자들의 귀환'으로부터 나타난 초연결사회의 증상은 접촉contact이 와해된 병리학으로, 그 결과는 악성 댓글, 유언비어 유포, 욕설, 저주, 협박, 사이버 성폭력 등의 편집적 폭력, 그리고 사유는 마비된 채 사이버 공간을 유영하는 중독 현상이다. 해결 방법은 무엇일까? 이러한 상황에서 분석가의 도전은 자기의 관심을 회복하는 주체의 재정립과 연관된다고 할 수 있다. 요컨대 이제 치료 목표는 자기self가 정상증후군자의 억압적인 '사고' 패턴을 해소하고 새로운 의미의 가능성을 주체로부터 생성하는 과정이지만, 이 과정은 개인의

작업을 넘어서는 과제임을 볼라스는 명확히 한다.[8]

애도의 실패

볼라스의 저작은 프로이트의 〈슬픔과 우울증〉과 〈문명과 불만〉을 연상시키는 방식으로 마지막을 구성하고 있다. 성적인 불능, 관계의 파괴, 정신의 공허 속에 시달렸던 버지니아 울프·에드워드 모건 포스터·에른스트 헤밍웨이 그리고 알베르 카뮈를 다시 언급하면서 서양의 어떤 상실, 그들이 믿었던 어떤 상상적 대상의 상실(진보, 번영, 해방, 인류애 등)을 볼라스는 이야기하고 있다. 그리고 이에 대한 대안으로 자기의 회복을 제시한다. 그는 정상증후군자가 내면 세계를 탐구하려는 소망이나 "영적인 것"의 지원 아래 발견하는 더 커다란 살아 있는 경험을 포기함으로써 상실과 애도로부터 도피해 피난처를 찾는다고 이야기한다. 그리고 물질적 안락함을 추구하면서 그 대안을 마련한다고 비판한다.

프로이트는 〈슬픔과 우울증〉에서 애도가 가능한 우울증과, 그가 멜랑콜리아라고 부르는 자기애적 병리로서의 우울증을 나눈 바 있

---

8 볼라스의 자기self는 우리의 존재being 속에서 우리가 감성화하고 대상화하고 생각하게 하는 일종의 객체와 같은 나me라고 할 수 있다. 볼라스는 자기를 라캉의 실재처럼 우리가 포착할 수 없는 무엇이자 동시에 우리가 경험하는 대타자를 통해 바라보는 의미체significance로 정의하고 있다(Christopher Bollas, The shadow of the object, pp. 18-19 (Introduction)).

다. 프로이트의 이 우울자는 무의식적 상실 속에서 홀로 존재한다. 그의 멜랑콜리는 대상에 대한 투자가 막혀진 존재이며, 이러한 중증의 우울자를 자기도 모르는 어떤 상실을 겪고 있는 존재로 프로이트는 정의한 바 있다. 프로이트 이후 대상관계는 이것을 분리의 고통으로 표현한 바 있다. 정신분석가 마리아 토록Maria Torok은 니콜라 아브라함Nicolas Abraham과의 공저에서 '함입incorporation' 개념을 제안하고 있다. 상실된 대상을 삼키지 않으려고 하는 것으로서, 프로이트의 원시적인 식인적 동일화와는 다른 것으로 설명한다. 함입의 환상이 존재하는데, 그 혹은 그녀는 대상(타인 혹은 외부 세계)과 관계 맺기를 하기 위한 내사introjection의 과정으로 나아가야 함에도 상실을 거부함으로써 애도의 과정을 거부하고 어떤 공백의 상태 속에 자기를 가둔다는 것이다(Abraham · Torok, p. 261). 아이의 울음과 외침은 어머니를 요청하는 신호이다. 이러한 외침으로부터 아이는 자신의 소리를 지각하고 이때부터 독특한 자기만의 소리를 통해 대상을 요청한다. 어머니의 '가슴을 물고 있는 입'으로부터 '말들로 채워진 입'으로의 과정에는 필연적으로 텅 빈 입이라는 상실의 과정이 존재해야 한다. 그리고 이 아이의 외침과 울음은 언어의 기원이기도 하다. 비트겐슈타인이 언어는 설명이 아니라 훈육이라고 주목하듯이, 언어는 내 욕망의 무엇인가를 타자의 요구에 맞추어야 한다는, 삶의 여정 속에서 벌어지는 상실의 경험이자 훈육의 과정이다. 아이는 언어의 사용법을 배우기 시작해야 하며 동시에 언어는 이 텅 빈 입을 채우는 것이기도 하다. 아이의 외침은 그저 목소리이며, 이 목소리는 언어와 만나지 못하는 충동에 가까운 정동이다. 아이와 어머니의 어떤 대화가 이루어진다면 이 대화는 분리된 존재 사이의 문법에 따라 혹은 논리적인 절차에 따라 이루어지는 과정이 아니라, 분리된 존재인 아이가 인정 acknowledgement 받지 못하는 두려움 속에서 자신을 기투하는 행위라고 할 수 있다. 이 대화가 가능할 때 아이와 어머니는 만나고 아이의 불안은 유예된다. 아이의 울음이 어머니의 언어로 받아들여지고 훈육되는 이 과정을 자크 라캉은 상징계로 정의했고, 이 상징계 자체가 붕괴된 것이 바로 현대의 현실이라는 사실이다.

볼라스는 정상증후군의 탄생을 미국 사회의 70년대 초반과 연관시키고 있다. 특히 베트남전쟁은 미국의 이상이 결정적으로 무너진 사건이고, 이 전쟁의 트라우마를 미국 사회는 그냥 매장해 버렸다는 것이다. 상처를 가지고 돌아온 자와 그 참상을 거리를 두고 바라본 자는 서로의 방식으로 그 트라우마를 연기deferral해 버렸다. 이 연기된 트라우마는 변형되거나 왜곡된 흔적을 남기며, 동시에 억압된 생각은 생각을 다시 재주조하면서 의식으로 돌아온다. 그런데 이 억압된 생각은 트라우마를 조금이라도 연상시키는 어떤 지각, 정동, 혹은 말들을 차단하는 방식으로 전개된다. 여기서 실패한 에포트란 바로 애도를 통해 생각으로 전환되어야 할 내용을 타협적인 흔적으로만 남겨둔다는 것이고, 정동과 생각은 분리된 방식으로 남아 있게 된다.[9]

볼라스는 정상증후군에서 억압된 자의 귀환을 말하고 있다. 이 억압된 자는 거짓자기로 길들여진 자인데, 억압된 자는 자신의 언어로

---

9   영화 〈람보〉(Fist Blood, 1982)에서 주인공 람보와 마을 사람, 그리고 그를 쫓는 경찰 사이의 이야기는 이러한 미국의 베트남전 트라우마에 놓인 미국적 무의식의 문제를 잘 보여 주는 예일 것이다. 람보는 말 그대로 '억압된 자의 귀환'이라고 할 수 있다.

또다시 불통의 자기를 현대가 제공하는 편의의 물품들로 보상하고 있으며, 억압된 자의 삶의 형식은 또다시 아이에게로 전승된다. 정상 증후군이라는 병리에까지 이르게 된 지금까지의 역사에서 조증, 경계선장애, 정상증후군 등의 증상들이 얽혀 있는 현대인의 세계는, 볼라스에 따르면 심각한 외상의 자기들fractured selves의 세상이다. 볼라스의 논의는 트럼프의 집권이 야기한 미국 사회의 광기에 대한 해답 찾기의 형식을 띠고 있다. 그는 전자적 영성체, 피난처, 도피처, 원시적 · 투사적 동일시의 장소가 되어 버린 초연결사회의 모습을 핵의 발견이 경악으로 변해 버린 과거의 경험과 연결시켜 트럼프의 등장을 이러한 경악으로 바라본다. 물론 개인적 병리와 집단적 병리의 관계를 추적하는 작업에는 항상 난점이 존재하며, 볼라스의 작업에는 이러한 점에서 논리적 비약과 미처 설명되지 않은 점들이 존재한다. 하지만, 그는 서양의 몰락 과정을 '애도의 실패'의 누적적 증상의 결과로 보고 있다는 점에서 흥미롭다. 그가 정상증후군을 문제화하는 것은, 그것의 자기가 더 이상 고통받지 않는 정동 없는 자기를 공고히 하는데 몰두하고 있다는 사실에 있다. 생각을 둔하게 하고 물질적 안락을 추구하면서 도처에 넘쳐나는 뉴에이지 요법들을 보면서 인간은 이제 마음을 삭제하려 한다는 것이다.

정상증후군과 초연결사회

프로이트에게 인간의 성은 다형적이다. 그리고 프로이트에게 성은 일종의 미스터리로 존재한다. 정상적인 성관계는 어떤 의미에서 존재하지 않으며, 오히려 인간의 성은 재생산의 자연적 원리와 어긋나 있다는 점에서 도착적이며, 역설적으로 도착적인 성이 정상적인 성이기도 하다. 프로이트의 핵심은 성적 기준이 지속적으로 변화되며, 그래서 고대 시대에는 정상이었던 것이 현대 시대에는 비정상이 되고, 그 역도 사실이라는 점이다. 다만, 인간이라는 종의 종적 특성이 있다면 남녀 모두에게서 거세불안은 변화되지 않는다는 사실이다. 만약 프로이트에게서 정상성을 찾는다면, 우리는 신경증이라는 병리 자체를 앓고 있는 사람에게서 정상성의 범주를 찾을 수 있을 것이다. 프로이트에게 인간은 자신의 증상을 치유하고자 하는 노력 속에 존재한다. 모든 인간이 어떤 고통 속에 있다는 것, 그리고 인간은 항상 초자아가 부과하는 규준과 끊임없이 갈등하고 있다는 것이 그의 인간관이라고 할 수 있다.

프로이트의 도착성에 대한 이해로부터 자신의 정신분석 사유를 깊이 파고든 조이스 맥두걸에게는, 그래서 정상성이란 쉽게 용인되기 힘든 개념이기도 하다. 그녀는 정상증후군을 정의하는 논문에서, 정신분석적 체계에서 정상성이라는 개념은 애초부터 존재할 수 없다고 명확히 이야기한다. 다만, 조이스 맥두걸은 정상성이 하나의 이상으로 추앙받을 때 그것은 하나의 증상으로 이해될 수 있다고 주장한다. 그녀의 저작에서 비정상성 개념은 제거되어야 할 어떤 개념이 아니라, 정신분석이 흥미롭게 살펴보아야 할 개념인 동시에 정신분석이라는 학문의 존재 이유이기도 하다(Joyce McDougall). 그래서 병리로서 나타나는 정상증후군자에게는 자신의 울타리를 넘어서는 어떤 것도 즉각적으로 가로막는 장벽이 있으며, 이러한 정상성의 강박에는 스크린으로 가려진 어떤 비정상성이 있고, 불안이 초래하는 고통에 대한 이중 삼중의 해체되기 힘든 장막이 존재한다는 것에 그녀는 주목한다. 정상증후군 개념을 최초로 제안한 맥두걸, 이 개념을 확장하고 있는 볼라스 모두 강조하고 있는 점은 정상증후군에 대한 해법이 개인 상담을 통해 가능하지 않다는 것이다. 그들은 이 증상의 원인이 사회적 차원에 있다는 것을 명확히 한다.

볼라스가 '억압된 자의 귀환'이라는 프란츠 파농의 용어를 사용하는 이유는, 정상증후군이 가족이기주의 형태와 연관되어 있다는 데에 있다. 볼라스는 가족의 형태와 의미를 부여하는 상징계로서 정의할 수 있는 공동체 사이의 깊은 단절의 역사가 20세기 이후 더욱 가속화된다는 점에 주목한다. 근대 자본주의로부터 볼라스의 이드자본주의로의 변천 과정에서 가족이라는 개념은 이기적인 개인주의에 기반해 있다. 사실 볼라스가 주목하는 정상증후군의 가족들은 현대적인 용어로 말한다면 쿨cool한 가족의 형태일 수도 있다. 사람들 사이의 깊은 관계 속에서 발생하는 소모적인 정서를 회피하려 한다는 점에서, 그리고 그 경계의 침범에 민감하게 반응하고 차단하려 한다는 점에서, 정상증후군의 가족은 현대 프라이버시 존중 문화의 일반적 형태이기도 하다. 볼라스가 초연결사회의 메커니즘을 분리dissociation의 메커니즘으로 분석하는 것은, 사람들과 함께하고자 하는 관계적 자기와 사적 자기의 분리가 언제든지 용이하기 때문이다. 왜냐하면, 인터넷상에 다양한 방식으로 존재하는 네트워크 커뮤니티는 한편으로는 전통적인 의미의 공공적 공간의 쇠퇴와 연결되어 있고, 또 다른 한편으로는 언제든지 사적 자기가 침범받을 때 쉽게 빠져나올 수 있는 익명성 혹은 언제든지 변신 가능한 아바타의 기능을 그 특징으로 하기 때문이다. 자기 심리학자 하인즈 코헛은, 자기애적 인간이 타자나 세계를 자기 내면 상태에 조화시키는 존재로서, 내가 조작 가능한 사물이라고 여기는 상상적 자기대상self-object을 가진다고 보았다. 자기애적 인간은 상상적 자기대상이 자기 마음대로 안 될 때 그 대상을 파괴하거나 그 대상과의 관계를 단절시키거나 도피한다. 문제는 타자나 공동체가 항상 내 마음대로 안 되는 외재성과 초월성을 지닌다는 점이다. 초연결사회가 제안하는 새로운 세계가 조작 가능한 자기대상으로만 머무를지 타자와 공동체의 가능성을 열지는 알 수 없다. 다만 내 마음대로 주무르는 상상적 자기대상의 기능을 담당할 위험성이 존재함은 부인할 수 없다.

하지만 초연결사회를 바라보는 볼라스의 진단은 극단적인 점이 존재한다. SNS를 편집증적 정치 어젠다로 만들어 미국 사회를 극단적인 대립으로 양분시킨 트럼프의 등장에 충격을 받아 볼라스가 초연결사회를 대단히 부정적으로 바라보고 있다는 점은 부인할 수 없다. 팬데믹의 세계가 보여 주었듯이 물리적 세계와 디지털 세계는 복잡하게 얽히고 이제 그 경계는 더욱 흐릿해질 것이다. 실제로 디지털 네이티브라고 불리는 현대의 청년세대들이 사유할 수 있는 능력이 쇠퇴했는지도 의문이며, 그들이 기성세대와는 다른 새로운 테크놀로지를 자유자재로 다루는 초능력을 지니고 있는지도 의문이다. 또한, 선정적 언론 보도처럼 새로운 성범죄, 사이버 불링, 인터넷 중독, 집중력 퇴행, 문해력 감소, 무분별한 공유 등에 따른 문제들이 심각한지에 대해서도 좀 더 세세한 고찰과 판단이 필요하다. 대나 보이드Danah Boyd가 지적하듯이 새로운 세대들은 초연결 세계의 공중公衆publics을 원하고 있으며, 전통적인 공중과 달리 이들은 네크워크화된 테크놀로지와 밀접히 연관되어 있고 새로운 방식으로 의미 있는 공동체를 만들어 나가기를 원하고 있다는 점에 동의할 필요가 있다고 생각된다(Danah Boyd, p. 201).

하지만 볼라스의 성찰이 분명 초연결시대라는 인류사적 변화의 시기에 깊이 검토해야 할 부분을 포함하고 있다는 것도 부인할 수 없다. 터클은《외로워지는 사람들》에서 간병로봇 '파로'를 요양원에 계신 어머니에게 가져가고 싶어하는 51세의 그레이스라는 여인의 심리에 대해 이야기하고 있다. 그레이스는 딸 첼시를 자기 어머니의 문병에 데려가는 것을 꺼려한다. 그녀는 아이를 할머니의 문병에 동행하고 나면 죄책감이 든다고 여기며, 차라리 아이가 할머니에 대해 갖고 있는 좋은 기억을 지켜 주는 편이 낫다고 생각하고 간병로봇 파로가 어머니에게 더 좋은 존재라고 본다. 터클이 담담한 방식으로 기술하고 있는 이 이야기에는 애도의 고통에 대한 회피와 자기 아이에 대한 사랑을 지키려는 이기주의가 존재한다(셰리 터클, 535쪽).[10] 터클은 이 책에서 현대 테크놀로지 기술이 어떻게 정동의 경제학을 생산적으로 산출하고 있는지를 메타버스의 기원이라 할 수 있는 '세컨드 라이프'의 분석,

---

10 터클은 그레이스에게 어머니의 불멸은 그녀가 이제 더는 기억해야 할 사람이 아니라고 선언하는 것에 달려 있다고 적고 있다. 애도의 고통은 사랑하는 대상의 상실이라는 의식의 현실과 기억 속에 남아 있는 사랑하는 대상 사이의 간극에서 발생하는데 그레이스는 이 고통 자체를 연기延期하고 있다고 할 수 있다.

SNS의 소통 방식, 애견로봇이나 간호로봇의 세세한 정신분석학적 해석을 통해 보여 주고 있다. 여기에는 상실을 회피하고 부재와 공백을 견디지 못하는 정상중후군의 병리가 존재한다. 볼라스의 정상중후군에 대한 성찰에는 필립 아리에스Philippe Ariès의 '금지된 죽음la mort interdite'의 현대적 태도와 유사점이 존재한다. 아리에스에 따르면 전통사회의 죽음과 달리 현대의 죽음은 터부와 배제의 대상이 되며, 죽음이 금기시되면서 사람들은 더 이상 죽음에 대해 말하는 것을 꺼려하고, 환자는 중환자실에 고독한 죽음을 맞게 된다(차용구, 153쪽).[11]

아리에스의 현대 개인 분석은 전통적 사회성으로부터 사생활의 영역으로 숨어들어 간 가족 의식에 대한 비판에 근거한다. 아리에스가 또 다른 축으로 분석하는 '아동의 탄생'은 가족을 중심으로 하는 이 소유적 개인주의가 타자들의 공동체와 맺는 극단적인 모순 관계를 극명하게 보여 준다(이윤미, 144쪽). 볼라스가 바라보는 현대의 초연결사회와 아리에스의 성찰 사이에는 이 글에서 전부 논의할 수 없는 많은 공백이 존재한다. 다만, 반쯤 행해지는 정상중후군자의 애도 방식에는 부재와 공백을 즉시 추방하거나 감추고자 하는 증상이 존재한다. 이 부재와 공백은 부모가 어떤 물질로 급히 막아야 할 대상이 아니라, 아이 스스로 자기 마음대로 조종되지 않는 타자들의 세계에서 의미를 창출해 나가는 과정이라고 할 수 있다. 자기충족성의 원리에 기반한 가족 혹은 사적 개인주의와 '나와 다른 타자들이 존재하는 공동체' 사이

---

11 '금지된 죽음'은 중세의 길들여진 죽음과 대비된다는 점에서 '전도된 죽음la mort inversé'이기도 하다.

에는 너무 깊은 골이 파여 있다는 것이 볼라스의 생각이며, 그는 자기에 대한 성찰과 확장으로 그 해답을 찾고자 한다고 할 수 있다.

참고문헌

귀스타브 르 봉,《군중심리》, 강주헌 옮김, 현대지성, 2021.

로베르트 무질,《특성 없는 남자 1-5》, 신지영 옮김, 나남, 2022.

셰리 터클,《외로워지는 사람들》, 이은주 옮김, 청림출판, 2012.

알베르 카뮈,《이방인》, 김화영 옮김, 민음사, 2019.

에드워드 모건 포스터,《하워즈 엔드》, 고정아 옮김, 열린책들, 2010.

이윤미, 〈필립 아리에스의 아동가족사 연구에 대한 고찰〉,《한국교육사학》 vol 31, no.2. 2009, 135~162쪽.

임경규, 〈프레드릭 제임슨의《포스트모더니즘》의 현재적 가치〉,《영어권문화연구》 14(1), 2021, 141~165쪽.

장 라플랑슈 · 장 베르트랑 퐁탈리스,《정신분석 사전》, 임진수 옮김, 열린책들, 2005.

정락길, 〈영화활용 인문예술치료〉,《인문예술치료의 이해》, 한국문화사, 2020.

차용구, 〈필립 아리에스의 죽음관에 대한 연구〉,《서양중세사연구》 제23호, 2009.

캐서린 헤일스,《우리는 어떻게 포스트휴먼이 되었는가》, 허진 옮김, 플리닛, 2013.

Abraham, Torok, *L'écorce et le noyau*, Flammarion, 2001.

Christopher Bollas, *Meaning and Melancholia: Life in the Age of Bewilderment*, Routledge, London and New York, 2018.

_____, *The shadow of the object*, Routledge, 2018,

Danah Boyd, *It's Complicated: The Social Life of Networked Teens*. New Haven, CT, Yale University Press, 2014.

Donald Winnicott, *Human Nature*, Free Association Books, London, 1988.

Joyce McDougall, *Plaidoyer Pour Une Certaine Anormalité*, Gallimard, 1978.

Sigmund Freud (1930). Strachey.J.(Tr.), "Civilization And Its Discontents", in *S..E. 21*, The Hogarth Press, 1961.

스토리 연결의 치유서사학적 접근

|이민용|

이 글은 《인문과학연구》(2023년 3월)에 수록된 〈스토리텔링 치료를 위한 치유서 사학적 접근〉을 수정 · 보완한 것이다.

(초)연결된 삶의 내러티브와 스토리텔링 치료

우리는 지금 SNS로 서로 연결되고 AI(인공지능)와도 연결되어 지내
는 '초연결사회hyper-connected society'에 살고 있다. 초연결사회는 "인
간과 인간, 인간과 사물, 사물과 사물 등으로 연결 포인트가 급증하고
연결 범위가 초광대역화되면서 시공간이 더욱 압축된 생활을 영위할
수 있으며 새로운 성장 기회와 무한한 가치 창출이 가능한 사회를 말
한다"(유영성 외 2014, 9). 이런 초연결사회의 핵심은 '연결'이다(성유진 2018, 31).

그런데 우리는 스스로 삶의 주인공으로서 다른 인물들과 구체적인
시간적·공간적 배경 속에서 관계를 맺고 상호작용하면서 사건을 만
들고 경험하며 살고 있다. 내러티브의[1] 핵심 구성 요소인 인물, 시간
적 배경, 공간적 배경, 인물 관계와 상황 및 사건들은 내러티브를 내
러티브 아닌 것들과 구분해 주는 결정적인 기준이다.[2] 이런 면에서
나의 삶은 나를 주인공으로 하는 내러티브라고 할 수 있다. 내러티브

---

[1] '내러티브narrative'는 우리말의 '이야기'나 '서사敍事'로 번역되어 쓰이고 있다. 그런
데 우리말의'이야기'는 크게 세 가지 의미가 있다. ①엄마가 대학생 아들에게 "나랑 잠
깐 이야기 좀 하자" 할 때처럼 '이야기'가 '대화', '말', '말함'을 의미하기도 하지만 ②
'이야기'가 민담, 전설, 동화, 소설 등의 허구적 이야기를 의미하기도 하고 ③인생 이
야기, 경험 이야기와 같이 현실의 실제 이야기를 의미하기도 한다. 이에 비해 '내러티
브'는 좁은 의미의 '이야기', 즉 위의 ②와 ③의 의미를 포함해서 언어 매체가 아닌 영
화나 컴퓨터게임, 인간의 마음을 통해서도 소통되는 서사(좁은 의미의 이야기)의 의
미로 사용되고 있다. 이런 점에서 이 글에서는, 서사学narratology 용어로 다루기도 편
하여 내러티브라는 용어를 주로 사용하기로 한다. 이 글에서 가끔 쓰이는 '이야기'도
넓은 의미가 아닌 좁은 의미로 사용된 것이다.

[2] 이런 면에서 내러티브는 단순 정보나 데이터베이스, 설명·묘사·논증 등의 언술과
는 구별된다. 인물, 사건, 시간, 공간, 관점의 내러티브 기준 요소를 모두 갖춘 것들이
아니기 때문이다.

는 삶이고, 삶은 내러티브이다. 그래서 연결 속의 삶을 내러티브 연결을 통해 접근해 볼 수도 있다. 이 글에서는 이런 내러티브 연결의 관점에서 접근하려 한다.

한편 말과 글, 만화, 영상, 컴퓨터 등의 다양한 매체를 통한 내러티브 소통까지 포괄하는 것을 스토리텔링이라고 한다.[3] 내러티브 혹은 스토리텔링에는 치유의 힘이 있다.[4] 따라서 다양한 매체를 통한 내러티브의 치유적 힘을 활용하는 이론과 실천으로서 스토리텔링 치료가 가능하며, 스토리텔링 치료의 이론이 필요하고 중요하다.

스토리텔링 치료는 정신이나 마음의 문제를 해결하는 치료도 있지만, 그런 문제를 예방하고 인생 발달단계에서 닥치는 문제들을 잘 극복하는 능력을 길러 주는 예방적 · 발달적 치료도 중요하다. 이 글은 전 세계 수많은 독자들의 마음에 연결되었던 스토리텔링 작품인 파울로 코엘료Paulo Coelho의 소설 《연금술사The Alchemist》[5]를 중심으로 스토리텔링 치료 이론의 관점에서 접근할 것이다. 초연결시대에는 특히 '연결'의 문제가 중요하고, 초연결사회의 문제에 대처하는 마음

---

3   스토리텔링의 개념과 핵심에 대한 자세한 내용은 이민용, 《스토리텔링 치료》, 학지사, 2017, 13~27쪽 참고.

4   우리는 이야기(좁은 의미 + 넓은 의미)를 통해 위로하고 위안을 느끼며, 공감하며 통찰할 수 있다. 또 이야기를 통해 잘못된 생각을 바꿀 수 있으며 건강하지 못한 정서를 치유할 수 있다(스토리텔링의 치유적 힘에 관한 보다 자세한 내용은 이민용, 《스토리텔링 치료》, 29~48쪽 참고).

5   "전 세계 168개국 73개 언어로 번역되어 1억 3,500만 부가 넘는 판매를 기록한" 작가 코엘료는 2009년 이 책으로 기네스북에 "한 권의 책이 가장 많은 언어로 번역된 작가"로 기록되었다고 한다(《연금술사》, 최정수 옮김, 문학동네, 2001, 280쪽).

의 근육을 강화하는 것도 중요하기 때문이다.[6]

　《연금술사》에 대한 선행 연구를 살펴보면 의외로 연구가 많지는 않다. 이 작품에 대한 연구 중에서 본 연구의 키워드인 치유와 스토리텔링과 관련된 연구는 2편뿐이었고, 관광 치유와 스토리텔링 문화 콘텐츠 관점에서 접근한 것이어서(박인정·이영관 2016, 21~33; 한명희 2013, 273~293) 본 연구와 직접적인 관련은 없다. 본 연구는 스토리텔링 치료의 이론을 고안하고 '연결'의 문제, 특히 스토리 연결을 중심으로 《연금술사》에 새롭게 접근한다는 점에서 의미를 둘 수 있다.

스토리텔링 치료의 내러티브 이론과 삶의 내러티브 연결

스토리텔링 치료 내러티브 이론 고안

스토리텔링 치료는 스토리텔링을 치유적으로 활용하는 활동이므로, 스토리텔링에 관한 이론과 치유에 관한 이론이 필요하고 중요하다. 스토리텔링은 말 그대로 '스토리'를 '텔링'하는 것이다. 이때 스토리는 일상적으로 말하는 보통의 내러티브, 혹은 서사학에서 말하는 내러티브의 줄거리를 의미한다(Chatman 1978, 22). 그리고 텔링은 현대적 여러 매체를 통한 '이야기하기'를 의미한다. 원어 'tell'에는 언어뿐만 아니라

6　필자가 대학에서 〈스토리텔링과 치유〉 과목을 몇 학기 동안 강의하면서 다룬 여러 작품 중에서 《연금술사》의 효과가 제일 컸다.

몸짓, 노래, 영상 등의 매체를 통한 스토리 전달의 의미가 있다.[7] 이런 면에서 스토리텔링을 뒷받침하는 이론은 전통적인 이야기에 관한 이론인 시학poetics뿐만 아니라 영화나 TV, 컴퓨터 등의 매체를 통해 소통되는 내러티브 이론인 서사학narratology(내러티브 이론)이 필요하다.

한편 치유에 관한 이론 역시 심리학과 상담학, 인지과학 분야에서 많이 등장하였다. 스토리텔링 치료는 이러한 서사학 이론과 치유 이론을 바탕으로 발전할 수 있다. 하지만 서사학 이론과 치유 이론을 별다른 연결 없이 따로따로 가져와서는 스토리텔링 치료 이론을 만들 수 없다. 그래서 스토리텔링 치료에는 서사학 이론과 치유 이론이 잘 연결될 수 있는 이론을 개발하는 것이 중요하다. 필자는 이러한 관점에서 다음의 몇 가지 서사학 이론과 치유 이론을 연결시켜 스토리텔링 치료 내러티브 이론을 고안해 보고자 한다.

스토리텔링 치료의 이론이 될 수 있는 내러티브 관련 이론으로는 철학 분야의 서사해석학과 문학예술학의 서사학, 확장 은유 이론, 그리고 상담치료의 내러티브 테라피 이론이 있다. 이와 관련하여 폴 리쾨르Paul Ricoeur의 서사해석학, 패트릭 오닐Patrick O'Neill의 포스트고전서사학, 마이클 화이트Michael White 등의 내러티브 테라피 이론이 중요하다. 물론 이 이론들이 그 자체로 스토리텔링 치료 이론은 아니다. 리쾨르는 내러티브에 관해 철학적으로 깊이 연구하였지만 정신치유 이론가가 아닌 철학자이며, 패트릭 오닐 역시 치료에 대해 별 관

---

7 《에센스 영한사전》(민중서림, 제11판) 'speak' 항목 설명; 이민용, 《스토리텔링 치료》, 22쪽 참고.

심을 보이지 않는 서사학자이다. 반면 화이트는 내러티브 테라피를 주장하지만 내담자의 내러티브를 넘어서 서사학이나 스토리텔링에 대해서는 언급하지 않는 사회복지사social worker 출신이다. 그래서 이런 이론들을 스토리텔링 치료 이론으로 정립하려면 서로 '연결'시켜 새롭게 융합해야 한다.

폴 리쾨르의 서사해석학에서 보면, 인간의 정체성은 내러티브로 형성되는 정체성이다. 이때의 내러티브에는 문학과 같은 상상의 예술적 내러티브도 있고, 역사 현실과 같은 삶의 내러티브도 있다[Ricoeur (1988)[1985], 181]. 그리고 내러티브는 전형상화-형상화-재형상화로 이루어진 3중의 미메시스를 통해 형상화되고 수용된다. 다시 말해 현실 내러티브는 전형상화를 통해 파악되고, 이것은 형상화 단계를 거쳐 문학(예술)으로 형상화되며, 이것은 다시 재형상화를 통해 독자에게 수용되고 해석된다[김한식 2019, 269~274].

한편 서사학에서는 내러티브를 여러 층위와 구성 요소로 이루어져 있는 것으로 본다. 오닐은 내러티브를 스토리story와 담화discourse의 두 층위로 구성된 것으로 보기도 하고, 스토리와 서술narration · 텍스트text · 텍스트성textuality의 네 층위로 구성된 것이라고 주장하기도 한다[O'Neill 1994[1996], 108~123]. 그리고 많은 서사학자들이 인정하듯, 스토리는 다시 인물과 사건 · 시간 · 공간 · 모티프 등의 세부 구성 요소로 이루어지며, 담화(서술)에는 입장(태도), 관점 및 시점, 심리적 서술 거리 등의 구성 요소들이 있어서[김민수 2002, 20~45쪽] 서로 상호작용한다.

정신치료 혹은 마음치료 이론 중에서 내러티브와 연관이 있는 이론으로는 정신분석학, 분석심리학, 교류분석TA 이론, NLP 이론, 게슈탈트 이론 및 내러티브 테라피 등이 있다. 그중에서 소설《연금술사》와 관련한 예방적·발달적 치료 방향의 스토리텔링 치료 이론으로 가능성이 있는 이론은 내러티브 테라피 이론이다. 화이트 등의 내러티브 치료 이론에서는 내러티브를 주로 실제 인간 내면의 것으로 상정하고 내면의 스토리가 풍성하고 건강한 것을 중요하게 생각하며, 따라서 내면을 지배하는 스토리를 건강하게 하는 것에 초점을 맞춘다(Payne 2004, 1~32).

한편 은유 이론 중에는 은유를 문학적인 수사학 기법의 하나로 여기는 것을 넘어서 개념적 은유, 삶의 은유로 보는 이론도 있다. 이 이론에서는 은유를 단지 언어만의 문제가 아니라 사고의 패러다임 자체가 은유적이라고 확장해서 이해하며(레이코프·존슨 2008), 그중에서 내러티브를 중요한 은유로 본다(김욱동 1999, 152). 이것은 리쾨르도 마찬가지이다. 그는《살아 있는 은유La métaphore vive》등의 저술에서 은유를 넓은 개념으로 받아들이면서 살아 있는 은유의 창조적 역량을 강조한다. 그래서 은유는 이제 단어 차원을 넘어 문장·담론·작품 차원의 확장 은유로서(심스 2009, 125) 내러티브를 포함한다.

은유는 관념과 경험을 연결시키는 방식으로 추상을 구상과 연결시키는 데에 효과적이다. 예컨대 인생에 대해 말할 때 추상적인 말로 설명하기보다는 '인생은 여행이다', '인생은 연극이다', '인생은 마라톤이다'와 같이 은유적으로 표현하는 것이 인생을 구체적으로 쉽게 설명할 수 있기 때문이다. 그래서 문학적인 내러티브 은유를 활용하면 현실의 내러티브에 어떤 영향력을 행사할 수 있다.

이와 같은 내러티브·치유 관련 이론들은 그 자체로는 치유적 성격이 없거나 스토리텔링을 다루는 이론이 아니어서 스토리텔링 치료 이론이 아직 아니다. 서사해석학이나 서사학 이론은 치유 이론이 아니고, 내러티브 테라피에는 서사학이 없으며 창의적·예술적 내러티브를 포괄하는 스토리텔링을 내포하고 있지 않다. 그래서 이런 이론들을 스토리텔링 치료 이론으로 만들기 위해서는 서로 융합적으로 잘 '연결'시켜 새로운 치유 이론을 만들어야 한다. 우선 리쾨르의 서사해석학 이론에서 강조하는 개인의 정체성이 내러티브로써 형성된다는 내러티브 정체성 개념을 화이트 등의 내러티브 테라피에서 강조하는 내담자의 자기스토리I-story 이론에 연결시켜, 내담자의 정체성을 내러티브로써 변화시켜 주는 것이 곧 스토리텔링 치료가 되는 것으로 이론화할 수 있다.

또한 내러티브 테라피에서 강조하는 내담자의 자기스토리 개념을 문학예술 내러티브와 역사(현실) 내러티브에 모두 적용하는 리쾨르의 내러티브 개념을 통해 문학예술 내러티브로까지 확장시킬 수 있다. 이로써 이것을 현실(실제) 내러티브뿐만 아니라 문학예술 내러티브를 포함하여 설명하는 스토리텔링 치료 이론으로 전환되도록 융합할 수 있다.

그리고 문학예술 내러티브를 대상으로 하는 서사학을 스토리텔링 치료 이론으로 발전시키기 위해서는 서사학의 층위 이론과 구성 요소 이론, 상호텍스트 이론 등을 서사해석학과 융합하여 현실의 내러티브로까지 확장할 필요가 있고, 내러티브 테라피와 융합해서는 우리 내면의 자기스토리I-story나 자기내러티브self-narrative, 건강한 지배적 스토리, 풍성한 두터운 스토리 개념 등과 연결하여 새로운 치유 이론을 고안할 필요가 있다.

스토리텔링 치료 서사 이론으로 본 자아정체성 변화와
두터운 지배적 스토리

스토리텔링 치료는 내러티브 이론들을 바탕으로 여러 매체 속의 내러티브를 치유적으로 활용하는 것인데, 여기에서는 인간도 스토리를 품고 소통하는 매체로 간주된다. 스토리텔링 치료의 방향은 정신의 문제를 해결하는 방향, 자아ego나 자기self를 지지하고 강화하는 방향, 실존적 문제를 다루는 방향, 이렇게 셋으로 나뉠 수 있다. 그중 두 번째의 자아나 자기를 지지하고 강화하는 방향은 예방적·발달적 치료 방향이라고도 할 수 있는데, 이 글에서는 이런 방향에 초점을 맞추고 있다.

우리의 삶은 경험의 연속이다. 우리는 삶에서 시간의 흐름에 따라 수많은 경험을 함으로써 나는 누구인지, 어떤 사람인지, 무엇을 하는 사람인지 등에 관해 사고하고 정서를 느끼고 행동하며, 이를 바탕으로 자신의 정체성을 형성한다. 이러한 경험이 곧 내러티브다. 경험에는 경험하는 주체로서의 인물이 있고 경험하는 시간적 배경과 공간이 있으며 경험하는 사건이 있는데, 이것들이 곧 내러티브의 구성 요소를 이룬다. 그래서 우리가 경험을 통해 자아정체성을 형성한다는 것은, 우리가 삶의 내러티브를 통해 자신의 정체성을 형성한다는 의미가 된다.

스토리텔링 치료의 입장에서 보면 사람들은 모두 내면에 자기스토리를 가지고 산다. 그것은 삶의 실제 경험적 이야기일 수도 있고 상상과 예술 속 이야기를 통해 경험되어 형성된 스토리일 수도 있다. 또한 그것들은 마음속에 마련된 삶의 각본life script이나 삶의 시나리오life scenario처럼 작용할 수도 있다. 내러티브를 통해 세계관 및 인생관이 형성되고 개인의 정체성이 마련되기 때문이다. 서사해석학으로 유명한 리쾨르에 따르면, 인간은 자신의 정체성을 형성할 때 주로 내러티브에 힘입어 그렇게 한다. 우리는 시간 속에서 체험하는 사건들을 이야기를 통해 자신의 경험으로 삼고 그 속에서 자기이해를 심화시키면서 자기정체성을 확보하게 되는데, 이를 리쾨르는 내러티브 정체성identité narrative; narrative identity이라고 한다. 그는 다음과 같이 말한다.

> 자기 이름으로 지칭된 행동의 주체를, 출생에서 죽음에 이르기까지 늘 이어 있는 삶 전체에 걸쳐 동일한 사람이라고 간주할 수 있는 근거는 무엇인가? 대답은 내러티브일 수밖에 없다. '누가?'라는 물음에 답한다는 것은, … 삶의 스토리를 이야기하는 것이다. 이야기된 스토리는 행동의 누구를 말해 준다. '누구'의 정체성은 따라서 내러티브 정체성이다. 이야기하는 행위의 도움 없이는 인격적 정체성의 문제는 사실상 해결책 없는 이율배반에 빠지고 만다[Ricoeur (1988)[1985, 246].

이는 초연결시대의 삶을 사는 현대인도 마찬가지이다. 현대인은 자신의 삶에서 경험하는 내러티브들을 통해 자신의 정체성을 형성한다. 이때 우리의 정체성을 결정하는 것은 우리가 경험하는 삶의 내러티브가 어떤 것인지, 그 내러티브의 스토리들이 내면에서 어떻게 연결되는지 등이다. 앞에서 살펴본 대로, 내러티브를 스토리와 담화discourse 등의 여러 층위로 나누고 각각의 층위를 세부 구성 요소로 나누어 생각하는 서사학 이론을 치유적으로 활용하는 것도 필요하다.

스토리의 구성 요소는 인물, 사건, 시공간 배경, 사건의 모티프 등이다. 그래서 우리가 내러티브를 경험하고 내면에서 스토리를 연결시킬 때 어떤 사람들과 관계를 맺고 어떻게 상호작용하며, 어떤 사건을 어떤 시공간에서 만들고 경험하는지 등이 중요하다. 아울러 서술(표현) 입장과 태도, 서술 시점과 관점, 서술의 심리적 거리, 어조(어투, 정조) 등의 담화 구성 요소들을 어떻게 변화시키고 조절하느냐 역시 중요한 요소이다.

내러티브 테라피에서는 우리가 지닌 내면의 스토리들이 풍성하면 두터운 스토리thick story, 그렇지 못하면 빈약한 스토리thin story라고 한다(Morgen/Barati 2018, 11~16). 내면의 스토리를 풍성하게 하려면 많은 내러티브를 경험해야 하는데, 이때의 내러티브는 현실의 것이어도 좋지만 문학예술의 내러티브여도 가능하다. 내러티브에는 인물·사건·시공간 배경이 있는데, 이는 현실의 내러티브는 물론 문학예술의 내러티브와 내 마음속의 스토리I-story에도 있기 때문에 이를 통해 상호 공명할 수 있다. 이렇게 함으로써 많이 연결된 내러티브를 통해 내면의 스토리가 풍성해질 수 있다. 우리가 직간접적으로 경험하는 사람들과 시공간·사건 등이 많아지고 잘 연결되면 내면의 스토리가 풍성해지고, 이렇게 풍성해진 내면의 스토리는 사고·감성·지혜의 풍부성, 문제 해결력의 증강 등으로 나타날 수 있다.

내러티브 테라피에서는 우리 내면의 스토리들을 지배하는 스토리를 지배적 스토리dominant story라고 하며, 그 지배적 스토리가 튼튼하고 건강해야 정신이 건강하다고 본다(White 2007, 61~62). 이때 내면의 지배적 스토리가 튼튼하고 건강해지기 위해서는 삶에서 경험하는 튼튼한 스토리를 받아들여 내면의 스토리에 연결해야 한다.

스토리텔링 치료의 내러티브 이론에서 본
《연금술사》의 내러티브

주인공의 내러티브에서 본 내러티브 정체성과 두터운 스토리

파울로 코엘료의 《연금술사》[8]는 주인공 산티아고가 신학생 생활을 그만둔 뒤 스페인 남부의 안달루시아 지역에서 양치기 생활을 하다가 보물을 찾아 이집트의 피라미드로 가면서 모험을 겪은 후 다시 고향으로 돌아오는 이야기이다. 전통적인 영웅 서사, 여행자 서사의 구조를 지니고 있다.

원래 신학생이었던 산티아고는 좁은 신학교에서의 경험이 단조롭다고 느껴 더 넓은 세상을 경험하고 싶은 욕망에 신학생을 그만두고 아버지에게 간청해서 양 60마리를 사서 양치기 생활을 한다. 그러면서 세상을 두루 경험한 그의 내면의 스토리는 신학생이었을 때보다 더 풍성해진다. 그는 양들과 함께 다니며 경험한 세상 사건의 스토리들과 내면의 스토리들을 연결해 확장해 간다. 이러한 내러티브를 경험함으로써 산티아고는 신학생으로서의 정체성에서 양치기로서의 정체성으로 옮겨 가게 된다. 앞 장에서 언급한 서사학의 스토리 개념, 내러티브 테라피의 자기스토리 개념, 서사해석학의 내러티브 정체성 개념을 이 작품의 주인공 산티아고에게 적용함으로써 이와 같이 설명할 수 있다.

---

8 이 책은 포르투갈어로 쓰여진 후 코엘료 자신에 의해 (물론 다른 사람의 도움도 받아) 브라질에서 1988년 영어본으로 출간되어 세계적인 베스트셀러가 되었다.

그런데 양치기로서 만족하며 살아가던 산티아고는 자신을 다시 변화시키는 내러티브를 접하게 된다. 그것은 반복해서 두 번 꾼 같은 내용의 꿈, 보물에 관한 꿈이었다. 같은 내러티브가 반복될 때, 그리고 내러티브의 내용이 매혹적일 때, 그 내러티브는 더 강력한 힘을 가진다. 그런 내러티브는 서사해석학이나 일반 서사학에서처럼 현실의 내러티브가 아니어도 좋다. 상상의 내러티브도 강한 영향력과 연결력을 지닐 수 있다. 산티아고가 반복해서 꾼 두 번의 꿈 내러티브가 바로 그것이다.

똑같은 꿈을 연달아 두 번 꾸었습니다. … 꿈에 양들과 함께 초원에 있었는데, 어린아이 하나가 나타나서 양들과 놀기 시작했어요. … 그러더니 갑자기 그 아이가 제 두 손을 잡더니 이집트의 피라미드로 데려가는 거예요. … 그 아이는 제게 말했어요. "만일 당신이 이곳에 오게 된다면 숨겨진 보물을 찾게 될 거예요." 그런 후에 그 아이는 정확한 지점을 제게 보여 주려고 했죠. 그런데 바로 그때 꿈이 깼어요. 두 번이나요.[9]

이러한 꿈 내러티브를 통해 산티아고는 양치기 소년에서 보물을 찾는 모험가로 정체성을 변화시키게 된다. 처음에 꿈을 꾼 뒤 그는 해몽하는 노파를 만나 그 꿈이 실제 내러티브로 실현 가능할지 타진하지만, 그녀의 해몽 내러티브를 자신의 스토리에 연결시키지는 않는

---

9 Paulo Coellho, *The Alchemist*, New York: HarperCollins, 1993[1998], p. 13. (이하 'Alchem. 쪽수' 형식으로 본문에 표기함)

다. 그녀의 이야기에 신뢰가 가지 않기 때문이다. 하지만 그는 이어서 만난 살렘의 왕이라고 하는 멜기세덱의 이야기에 귀를 기울여 자신의 스토리에 잘 접속시킨다. 그래서 그는 그 연결된 내면의 스토리를 연장해서 꿈속의 보물을 찾아 스페인 남부 지역을 떠나 아프리카 대륙으로 건너간다.

이것을 앞에서 살펴보았던 오닐의 내러티브 4층위론(스토리-텍스트-서술-텍스트성)을 근거로 설명하면, 산티아고는 꿈속에서 반복해서 만난 보물과 관련된 꿈 텍스트를 접하고, 여기서 스토리를 추출하여 내면으로 서술한 보물 스토리를 간직하게 된다. 그리고 멜기세덱을 만나 자신이 지니고 있는 삶의 텍스트와 꿈 텍스트를 텍스트성의 차원에서 상호연결시켜 그 스토리들을 상호서술함으로써 상호텍스트를 만들었고, 이것이 그의 꿈 텍스트를 강화시켜 주는 텍스트가 되었다. 산티아고는 이 상호텍스트에서 추출한 스토리를 내면으로 서술하여 기존의 자기스토리와 연결시킴으로써 새로운 행동의 추진력을 얻게 되었다.

한편 산티아고는 아프리카로 공간 이동을 함으로써 낯선 문화를 접하게 된다. 그는 종교도 다르고 언어도 다른 낯선 인종의 사람들 속에서 새로운 삶의 내러티브 연결을 경험한다. 산티아고의 공간 이동은 안달루시아, 타리파, 탕헤르, 파이윰, 피라미드의 순으로 이어진다. 내러티브에서 장소는 중요한 구성 요소이다. 장소의 이동은 내러티브의 배경을 바꾸는 것이어서 그 속의 인물, 사건도 함께 변하는 효과가 있다. 산티아고 역시 유럽에서 아프리카로 시공간 배경을 옮김으로써 만나는 인물과 사건이 많이 바뀌게 된다.

산티아고는 가진 돈을 모두 사기당하고 크리스탈 가게 점원으로 일하면서 돈을 모으면 고향으로 다시 돌아가 양치기를 할 생각이었으나, 무슬림 가게 주인의 깊은 종교적 신심의 내러티브에 자극받아 자신의 원래 스토리, 즉 보물 추구 스토리를 계속 이어 나가기로 결심한다. 그는 꿈에서 보았던 보물이 있다는 이집트의 피라미드로 가는 모험을 계속하고, 이 새로운 연결의 과정에서 영국인을 만나며 그를 통해 연금술사도 만난다. 그는 새로운 인물들과의 연결을 통해 자기 내면의 스토리를 풍성하게 한다. 그리고 이제 풍성해진 내면의 스토리로 바람과 대화하며 세상의 표지omen, sign를 읽어 낼 줄 알게 되며, 사막에서 도적떼를 만나 목숨이 위태로운 상황을 극복하고 금화를 벌기까지 한다.

새로운 스토리의 연결, 여기에서 비롯된 내면의 스토리의 풍성화는 오아시스에서 운명의 여인 파티마를 만나 사랑을 이루며 자기스토리의 연금술로 최고의 행복을 만들어 낸다. 우리에게 스토리는 자신의 정체성을 표현하는 마음의 테피스트리tapestry를 짜는 씨줄과 날줄의 끈과 같다. 끈은 끊어지지 않게 연결시키는 것이기도 하고, 끄는 것이기도 하다. 그래서 짜임새 있는 연결체인 스토리에 우리는 연결되고 끌리는 힘을 느낀다. 이야기가 다른 사람들을 끌어당기는 설득의 힘을 갖고 있는 것도 이 때문이다.[10]

산티아고의 내면의 성장과 발전은 스토리 층위에서의 발전뿐만 아

---

10 끈으로서의 스토리가 세상의 기본이라는 것은 물리학에서 말하는, 진동하는 아주 미세한 끈으로 미시 세계가 이루어져 있다는 초끈이론super-string theory에 대한 은유로 생각할 수 있겠다.

니라 (서사 2층위론의) 서사담화 층위, 혹은 (서사 3층위론의) 서술 층위에서의 발전에 기인한 것이기도 하다. 서사담화의 요소로는 서술 입장과 태도 · 서술 시점과 관점 · 심리적 서술 거리 · 서술 어조(어투, 정조) 등이 있는데, 이때의 담화나 서술은 문학 내러티브의 경우에 해당되는 말이고, 삶의 내러티브에서는 표현이나 실천의 의미를 지닌다. 그래서 산티아고가 자기 삶의 내러티브를 담화, 즉 실천해 가면서 태도를 바꾸고 시점과 관점을 달리하고 심리적 거리 조절 능력 등을 발전시킬 수 있게 된다. 산티아고가 자기 삶의 텍스트를 다른 주요 인물들(멜기세덱, 크리스탈 가게의 주인, 영국인, 연금술사, 군인 장교)의 삶의 텍스트에 연결하여 상호작용함으로써 상호텍스트를 새롭게 쓰는 경험을 하는데, 이러한 경험을 통해 그의 내러티브 담화(서술, 실천)의 태도 · 관점, 심리적 거리 조절 능력이 성장하게 된다.

그는 세상의 표지를 읽어 내는 능력, 심리적 거리 조절 능력을 발전시키기 위해 부지런히 세상과 삶을 배운 결과로, 사막과 바람의 언어를 이해하고 강풍이 불어올 것을 예측하는 능력을 획득함으로써 목숨이 위태로운 상황에서 자신을 구한다. 이러한 내러티브 담화 능력, 혹은 서술 능력, 실천 능력을 획득함으로써 산티아고는 피라미드 앞에서 장교가 말한 언술 텍스트에서 스토리를 추출하여 자기 내면에 서술하여 내면에 간직된 보물 스토리에 연결시키고 새로운 창발적 스토리를 만들어 낸다.

스토리 연결과 '개인 전설Personal Legend'의 완성

주인공 산티아고는 새로운 연결을 추구하는 과정에서 새로운 내러티 브를 계속 접하게 된다. 그리고 그 속에서 스토리를 추출하여 내면에 서술함으로써 내면의 스토리를 풍성하게 하고, 내면의 스토리와 연 결시킴으로써 정체성을 변화시킨다. 내러티브 정체성의 변화를 이룬 것이다. 이러한 산티아고의 정체성은 보물을 찾는 모험가 스토리를 내면에 지배적으로 갖게 됨으로써 가능한 것이었다. 그의 지배적 스 토리는 연관되는 스토리들을 연결하여 자신의 원래 스토리를 강화시 키는 방향으로 작용한다. 이렇게 그가 다양한 스토리들을 연결해 가 는 과정에서 그의 '개인 전설Personal Legend'(내면의 자기스토리)(Alchem, 21 28)은 성장해 간다. 이것은 연금술사가 연금술을 통해 납이나 철을 금으로 변화시키고, 영생과 건강을 보장하는 생명의 돌이나 지혜를 제공하는 철학자의 돌을 만들어 내는 것으로 은유적으로 표현된다. 그의 내면의 스토리가 납이나 철의 상태에서 점차 금으로 변해 간다 고 할 수 있다. 이러한 과정은 그가 지속적으로 세상 텍스트에서 스토 리를 추출하여 내면으로 서술하여 자기스토리에 연결시키고 자신의 스토리를 강화함으로써 가능해졌다.

산티아고에게 납을 금으로 변하게 하는 연금술의 결정적인 변화는 스토리 연결로써 가능해진다. 그는 피라미드 앞에서 보물을 찾기 위 해 땅을 파다가 군인들에게 발각되어 구타당해 죽음 일보 직전까지 가게 된다. 겨우 정신을 차리고 "난 보물을 찾고 있었어요!"라고 외치 고 사정 얘기를 하자 그 얘기를 듣고 있던 군인 장교가 그에게 다음과 같이 말한다.

네가 그렇게 멍청하게 살아서는 안 된다는 것을 알게 해 주겠다. 바로 이 자리에서 나 역시 2년 전 같은 꿈을 반복해서 꾼 적이 있지. 꿈속에서 스페인의 어떤 들판을 찾아갔다가 거기서 허물어진 교회를 하나 발견했다. 근처 양치기들이 양떼를 몰고 와서 종종 잠을 자던 곳이었지. 그곳 폐허가 된 성구聖具 보관소 밖에는 플라타너스sycamore 한 그루가 서 있었다. 나무 아래를 파 보면 숨겨진 보물을 발견할 수 있다는 소리가 들렸지. 하지만 나는 어떤 꿈을 되풀이해서 꾸었다고 해서 사막을 온통 가로질러 갈 정도로 그렇게 멍청하지는 않다(Alchem. 163).

군인들이 사라진 후 산티아고는 가슴 벅찬 기쁨의 웃음을 터뜨린다. 그는 자신이 그렇게 많은 어려움을 뚫고 찾아온 피라미드 밑에 보물이 없다는 사실을 알게 되었지만, 또 죽도록 구타당했지만 좌절하기는커녕 기뻐한다. "이제 그는 자신의 보물이 어디에 있는지 알았기 때문이다"(Alchem. 163). 그리고 그는 자신이 떠나온 스페인의 그 허물어진 교회 옆 플라타너스 나무 밑에서 보물을 찾게 된다. 그런데 그는 자신의 보물이 거기에 있는지 어떻게 알 수 있었는가? 같은 꿈을 꾸고도 그 장교는 보물을 얻지 못하고 산티아고만 보물을 찾은 것은 어디에서 차이가 있었기 때문인가? 그것은 산티아고가 보물을 추구해온 자기 내면의 스토리에 그 병사 우두머리가 해 준 이야기의 스토리를 연결했기 때문이다. 그리고 그 스토리를 디스코스discourse(현실적 행동담화 즉, 실천)할 수 있는 의지와 능력을 지니고 있었기 때문이다.

산티아고는 보물 내러티브를 마음속에 간직하고 세상의 스토리와 타인의 스토리를 자기스토리에 연결시켰다. 세상의 표지(Alchem, 29 - 35)

로 나타나는 세상의 스토리를 읽어 들여 자기스토리에 연결함으로써 자기스토리를 풍성하고 두텁게 할 수 있었다. 그리고 그는 이로써 자신의 지배적 스토리를 튼튼하게 하였다. 자기 내면의 스토리를 계속 업그레이드시킴으로써 결국 보물을 찾게 되는 '개인 전설'을 완성한 것이다. 이때의 보물은 자기 내면 혹은 무의식 속에 있는 지혜의 상징이기도 하고 융Carl G. Jung이 말한 자기실현, 즉 개성화Individuation라고도 할 수 있다.

은유로서의《연금술사》내러티브와 삶의 내러티브

우리가 어떤 것을 이해하려고 할 때 그 본질을 직접적으로 알기 어려운 경우도 많다. 눈에 안 보이고 손에 안 잡히는 추상적인 것은 더욱 그렇다. 그래서 세상에 대해 이해할 때 간접 매개를 통하면 더 편하고 효과적일 때도 있다. 이런 점에서 "간접표현의 대표 격이라고 할 수 있는 은유"(박영순 2000, 3)를 잘 활용하면 세상과 삶을 풍부하고 효과적으로 설명할 수도 있다.

최근 은유를 단순한 문학의 수사법 중 하나로 간주하던 과거의 인식에서 벗어나 더 넓은 의미로 이해하는 이론들이 등장하였다. 이런 이론에서는 내러티브도 하나의 은유로 간주된다. 이런 관점에서《연금술사》내러티브를 삶의 내러티브에 대한 은유적 표현으로 간주하고 활용할 수 있다. 앞에서 살펴본《연금술사》내러티브에 나타난 것들도 삶의 내러티브에 비슷하게 적용될 수 있고 설명될 수 있다.

은유에서 치유적 성질을 확인하고 치유적으로 접근하려는 연구들이 자크 라캉Jacques Lacan, 밀튼 에릭슨Milton H. Erickson 등의 정신의학자, 심리학자, 상담학자들에 의해 부분적으로 시도되었다[이민용 2010, 293]. 그러나 이는 문학 바깥에서 시도된 것이다. 그런데 은유는 원래 문학의 한 비유법에서 시작한 것이어서 스토리텔링 치료에도 활용될 수 있는 가능성이 있다. 이런 관점에서《연금술사》에 접근해 보자.

은유의 영어 단어 'metaphor'는 그리스어 'μεταφορά'에서 비롯되었다. 어원으로 보면 'meta'('너머로', '위로')와 'pherein'('옮기다', '나르다') 혹은 'phora'('옮김', '전이')의 합성어로서 이는 '의미론적 전이', 즉 한 말에서 다른 말로 그 뜻을 실어 옮기는 것을 뜻하며[이민용 2010, 294; 아리스토텔레스,《시학》1457b 5~15 참고], 본 관념을 좀 더 잘 이해하게 하고 설명해 주며 빛나게 해 주는 역할을 한다. 은유는 'to speak about Y in terams of X', 즉 'X를 통해서 Y를 설명하는 것'이다[레이코프·존슨 2008, 24]. 이렇게 보면 X가《연금술사》의 내러티브라고 할 때 Y는 삶의 내러티브가 될 것이다. 조금 더 구체적으로 보면, X가 작품의 주인공 산티아고가 자신이 꿈꾼 보물을 찾아가서 획득하는 과정의 내러티브, Y는 세상의 독자들이 스스로 주인공이 되어 자신이 꿈꾼 보물을 찾아내서 획득하는 내러티브가 될 것이다.

한편, X와 Y의 관계는 인생에서 자기가 꿈꾸는 보물을 얻으려면 어떻게 해야하는지를 은유적으로 알려주는 것이라고도 할 수 있다. 산티아고는 보물을 얻으려고 우선 그 꿈을 꾸었다. 그리고 군인 장교와는 다르게 그 꿈을 버리지 않았다. 산티아고는 꿈을 실현하기 위해 노력했고 아무리 힘들어도 포기하지 않았다. 원한다고 다 되는 것은 아니기 때문에 최선을 다해서 노력했고, 무작정 노력한 것이 아니라 세상의 표지를 읽어 내는 능력을 길렀다. 그리고 자신의 스토리만 고집하는 것이 아니라 다른 사람의 이야기를 받아들여 자신의 스토리에 연결시켰다. 그래서 새로운 스토리를 창출하고 그 스토리를 실천했다. 이것이 작품 속 내러티브 X에 해당한다면, Y는 현실의 내러티브를 사는 독자들에게 은유적으로 전달되는 방법들이다. 이러한 은유적 방법을 통해 이 작품이 스토리텔링 치료에 활용될 수 있을 것이다. 이때의 스토리텔링 치료의 방향은 마음의 문제 해결 방향이라기보다는 내담자나 참여자의 내면을 강화하고, 은유적으로 표현해서 마음의 근육을 강화하고, 마음의 면역력을 강화하는 예방적·발달적 스토리텔링 치료 방향이 될 것이다. 이런 점들 때문에 이것들은 허구적 이야기 속에 있는 가짜가 아닌 진실로서 현실의 우리 내면의 스토리에 울림을 줄 수 있다.

초연결사회 치유 콘텐츠 활용 가능성

지금까지 스토리텔링 치료의 관점에서 관련 내러티브 치유 이론들을 구상하고, 이에 근거하여 파울로 코엘료의 소설 《연금술사》를 중심으로 치유서사학적 연구를 수행하였다. 본 연구에서는 스토리텔링 치료에서 중요한 내러티브 이론 중에서 《연금술사》에 적용될 수 있는 것으로서 폴 리쾨르의 서사해석학과 패트릭 오닐의 포스트고전서사학,

그리고 마이클 화이트 등의 이야기 치료 이론 및 조지 레이코프George Lakoff와 마크 존슨Mark Johnson 등의 은유 이론을 활용하여《연금술사》에 치유서사학적으로 접근하였다. 이런 이론들을 바탕으로 코엘료의《연금술사》를 분석하고 그 치유적 활용 가능성을 살펴보았다.

우선 리쾨르의 서사해석학 이론에 근거하여 주인공 산티아고의 정체성 변화를 그가 경험하는 내러티브 변화를 통해 추적하고, 내러티브 연결을 통해 인식이 확장되고 창발적 사고로까지 나아가는 것을 확인하였다. 그리고 꿈과 소망 등 내면의 내러티브가 현실 내러티브와 연결되고 소통하여 치유적으로 활용될 수 있는 근거를 살펴보았다.

오닐의 포스트고전서사학 이론을 치유적으로 전용해서는 작품의 내러티브 층위를 스토리 층위와 서사담화 층위로 구분하여 살펴보았으며, 서사담화의 구성 요소 중에서 입장과 태도, 시점과 관점, 심리적 서술 거리 조절 등을 통해 산티아고가 현실 텍스트에서 스토리를 새롭게 추출하여 자신의 내면에 받아들여 스스로 성장하고 발전하는 것을 확인하였다. 작품에서 계속 강조되는 '개인 전설의 완성'에 대해서는 서사담화의 구성 요소들을 치유적으로 발전시킴으로써 서사담화 역량을 강화하고 이를 통해 내면에 자아실현의 스토리를 완성하는 것으로 해석하였다.

화이트 등의 내러티브 테라피 이론에 근거해서는 주인공 산티아고가 처음에는 신학생으로서 단순하고 빈약한 스토리를 지녔지만 세상에 나와 다른 스토리들을 접하면서 점차 두터운 스토리들을 풍성하게 보유하게 되었고, 이로써 그의 내면을 지배하는 스토리가 더욱 자아 성장에 힘이 되는 스토리로 발전하는 면을 밝혔다.

레이코프와 존슨의 은유 이론 등에 근거해서는《연금술사》의 내러티브가 현실에서 치유적으로 작용할 수 있는 가능성을 살펴보았다. 이를 통해 내러티브도 넓은 의미의 은유로서 어떤 것을 효과적으로 설명하는 기능을 할 수 있고, 이런 점에서 이 작품도 하나의 내러티브로서 현실의 우리가 내면의 성장을 이루는 방법이나 원리 등을 설명하는 은유적 역할을 할 수 있음을 강조하였다. 또한 이를 활용하여 이 작품이 스토리텔링 치료의 치유 콘텐츠(재료)로 활용될 수 있음을 확인했다.

참고문헌

김민수,《이야기. 가장 인간적인 소통의 형식. 소설의 이해》, 거름, 2002.

김한식,《해석의 에움길: 폴 리쾨르의 해석학과 문학》, 문학과지성사, 2019.

레이코프, G. & 존슨, M.,《삶으로서의 은유》, 노양진·나익주옮김, 박이정, 2006.

모건, 엘리스,《이야기치료란 무엇인가?》, 고미영 옮김, 청목출판사, 2013.

박영순,《한국어 은유 연구》, 고려대학교출판부, 2000.

박인정·이영관, 〈여행치료와 자기실현. 융의 분석심리학을 중심으로〉,《관광연구
저널》제30권 제6호, 2016, 21~33쪽.

이민용,《스토리텔링 치료》, 학지사, 2017.

이민용, 〈인문치료의 관점에서 본 은유의 치유적 기능과 활용〉,《카프카 연구》제32
집, 2010, 291~311쪽.

침머, 하인리히,《인도의 신화와 예술》, 이숙종 옮김, 대원사, 1995.

한명희, 〈문화관광콘텐츠로서의 '길'과 스토리텔링〉,《국제언어문학》제28호, 2013,
273~293쪽.

Chatman, Seymour, *Story and Discourse, Narrative Structure in Fiction and Film.*
Ithaca: Cornell University Press, 1978. (채트먼, 시모어, 《이야기와 담론》, 한용환 옮
김,푸른사상, 2003.)

Coellho, Paulo, *The Alchemist.* New York: HarperCollins, 1993[1998]. (《연금술사》,
최정수 옮김, 문학동네, 2001.)

Morgan, Alice · Barati, Tahereh, *What Is Narrative Therapy?: An Easy-to-read
Introduction.* Createspace Independent Pub, 2018.

O'Neill, Patrick, *Fictions of Discourse. Reading Narrative Theory.* Toronto Buffalo
London: University of Toronto Press Incorporated, 1994. (Reprinted in
paperback 1996] (《담화의 허구: 서사이론 읽기》, 이호 옮김, 예림기획, 2004.)

Payne, Martin, *Narrative Therapy. An Introduction for Counsellors.* London: SAGE
Publications Ltd, 2006.

Ricoeur, Paul, *The rule of metaphor*, Toronto; Buffalo: University of Toronto

Press, 1977.

Ricoeur, Paul, *Time and Narrative*, Volume 1, translated by Kathleen Blamey and David Pellauer, Chicago and London: University of Chicago Press, 1984[1983].

Ricoeur, Paul, *Time and Narrative*, Volume 3, translated by Kathleen Blamey and David Pellauer, Chicago and London: University of Chicago Press, (1988) [1985].

White, Michael, *Narrative Means to Therapeutic Ends*. Adelaide: Dulwich Centre Publications, 2004.

White, Michael, *Maps of Narrative Practice*, New York, London: W.W. Norton Publication, 2007.

공멸 불안과 프레카리아트의 상상력
: 듀나의 〈죽은 고래에서 온 사람들〉의 경우

|우찬제|

이 글은 《문학과환경》 22권 2호(문학과환경학회, 2023.6.)에 발표된 〈생태 안정성에 대한 기억과 프레카리아트의 상상력—듀나의 「죽은 고래에서 온 사람들」에 대한 의료–환경 인문학적 접근〉을 수정 보완한 것이다.

불타는 행성, 공멸의 불안

코로나19 팬데믹을 경험한 지구 행성은 지금 몹시 불안하다. 그레타 툰베리 같은 젊은 세대일수록 그 불안은 더욱 자심하다. 미래라는 시간, 지구라는 공간은 엄청난 불안 신호다. 인류세의 위기와 관련해 여섯 번째 대멸종 담론이 넘쳐나는 것도, 그런 불안의 파토스를 환기하는 지표라 하겠다. 인간이 지구 행성을 장악한 이후 벌인 여러 생태 과업으로 인해 부메랑처럼 인간이 멸종될 수도 있다는 공멸의 위기감과 불안, 공포 등은 인간의 몸과 마음을 아프게 한다. 병들게 한다. 기존의 임상의학으로는 치유하기 어려운 새로운 과업이 도래한 셈이다. 인간중심적인 로고스로는 풀기 어려운 과제이다. 인류세의 과격한 전개 과정에서 배제되었던 것들을 소환하고, 저간에 불가능한 듯 보였던 공생의 가능성을 새롭게 지피기 위해서 치유 인문학은 지금, 여기서 무엇을 어떻게 해야 할까? 공멸의 불안에 대응하는 치유 인문학의 방법적 지혜를 의료-환경 인문학Medical-Environmental Humanities 이라는 넓고 깊게 스미고 짜인 학제적 연구 채널과 대화하면서 모색해 보려 한다. 먼저 공멸의 불안을 극적으로 호소하고 있는 〈9·21 기후위기비상행동 선언문〉의 한 대목을 보자.

우리 공동의 집이 불타고 있습니다. 지금은 비상 상황입니다.… 남은 온도는 0.5도. 지금처럼 화석연료를 사용한다면 남은 시간은 10년에 불과합니다. 폭염과 혹한, 산불과 태풍, 생태계 붕괴와 식량 위기. 기후재난은 이미 시작되었습니다.… 우리는 모두 연결되어 있습니다. 빙하 위

북극곰과 아스팔트 위 노동자는, 기후 위기 앞에 서로 다르지 않습니다. 뜨거워지는 지구에서 수많은 생물들이 사라지고 있습니다. 바닷물이 차오르는 섬나라 주민들은 난민이 되어 고향을 떠납니다. 하지만 우리 모두가 멸종위기종이고 난민입니다. 뜨거워지는 온도 속으로 지구라는 섬이 잠길 때, 이곳을 떠나 우리가 도망칠 곳은 없기 때문입니다.[1]

공멸의 가능성이 임박했음을 알리는 이런 선언을 뒷받침하는 여러 연구 결과들이 많이 축적된 것도 사실이다. 가령 "지금처럼 온실가스를 계속 배출하면, 50년 이내 전 세계 인구의 3분의 1은 평균기온 29도가 넘는 곳에서 살게 될 수도 있다"는 연구 결과도 제출되었다. 네덜란드 바헤닝언대학 생태학과의 마틴 쇼퍼 교수 연구팀이 2020년 5월《미국국립과학원회보PNAS: Proceedings of the National Academy of Sciences》에 발표한 논문 〈미래의 인류 거주 기후대〉에서 밝힌 결론이다. 현재 사하라사막의 가장 뜨거운 지역 일부가 연평균 29도 정도이고, 그런 지역은 지구 육지 면적의 0.8퍼센트에 불과하다. 대개 인류는 11~15도 지역에 살고 있는데, 2070년 즈음에는 전체 육지 면적의 19퍼센트, 전 세계 인구의 30퍼센트 수준인 약 35억 명이 사는 지역이 사하라사막처럼 뜨거워질 수 있다는 암울한 예측이다. 탄소 배출로 인한 온난화 피해 수준이 매우 심각할 것으로 전망된다. "지난 6,000년간의 기온 상승보다 앞으로 50년간의 기온 상승이 더 클 것"이라고

---

1 우리 모두의 일Notre Affaire à Tous, 《기후정의선언: 우리는 실패할 권리가 없습니다》, 이세진 옮김, 마농지, 2020, 85~86쪽.

우려하는 연구진은, 평균 1도 오를 때마다 10만 명이 피해를 입을 것으로 내다봤다.[2] 비관적 시나리오는 매우 많다. 다음 기사도 그렇다.

앞으로 25~30년 사이 지구는 더 따뜻해지고 날씨는 더 극한으로 치달을 것이다. 산호초 같은 지구 생명체들의 주요 서식지는 이미 죽어 간다. 과학자들은 기후변화가 이대로 방치될 경우 지구 역사상 여섯 번째 대규모 동식물 멸종이 촉진될 것으로 본다. 식량난이 일어나고 난민이 대규모로 발생한다. 정치는 불안정해지고 종국엔 극지방의 만년설이 녹아 세계 대부분의 해안 도시가 물에 잠긴다. 현재 생존 인류는 손자녀 세대를 보지 못할 거라는 끔찍한 예언도 있다. 문제는 이런 변화에 따른 피해를 부자들보다 가난한 이들이 먼저 겪는다는 것이다. 부자들이 더 많은 온실가스를 배출했는 데도 말이다.[3]

이렇게 기후변화 상황이 매우 엄중함을 환기하는 기사나 방송 프로그램이 많이 늘어났다. 관련하여 지구상의 숲이나 강, 바다 등 자연환경의 과거와 현재, 미래를 조명하는 경우도 더 많아졌다. 《나무의 긴 숨결: 나무와 기후 변화 그리고 우리》에서 페터 볼레벤Peter Wohlleben은 기후변화 문제의 현실화 양상의 일환으로 세계 도처에

---

2   김정연, 〈탄소배출 이대로라면…인류 1/3이 사하라사막 더위에서 산다〉,《중앙일보》2020년 5월 5일자. https://news.joins.com/article/23768968(검색일: 2023.1.11.)

3   박기용, 〈기후변화 · 지구온난화 · 기후위기…무엇이 맞을까〉,《한겨레》2020년 1월 8일자. http://www.hani.co.kr/arti/opinion/column/977990.html?_fr=mt2#csidx11ca727c21e42f6a521db6fd319b438(검색일: 2023.1.11.)

서 숲이 위기에 처했다고 보고한다. "지형 전체가 건조해지고, 산불이 늘어나고 있다. 수년 동안 지속되는 가뭄을 견디지 못해 수백 년 된 나무들이 갑자기 죽어 간다. 뜨겁고 건조한 공기가 민감한 식물의 조직을 손상시킨다. 동물은 열기, 물 부족 그리고 영양분 부족으로 고통을 당하고 있다."[4] 공멸의 불안 신호는 너무나 많고 또 위협적이다. UN 산하 기후변화 정부 간 협의체IPCC: Intergovernmental Panel on Climate Change가 최근 승인한 6차 기후 위기 보고서를 보면 더 불안하다. 더이상 선택지가 없으며 앞으로 10년 안에 지구의 존폐가 달렸다고, 다시 말해 기후 위기를 극복할 수 있는 골든타임이 향후 10년밖에 남지 않았다고 강조했다. 지구 재앙을 막을 마지노선으로 IPCC가 제시한 지구 온도는 산업화 이전 대비 1.5도로, 2도 미만을 제시했던 5차 보고서보다 한층 강화되었다. 지금 당장 위기이니 "즉각적인 감축" 같은 조치들을 긴급하게urgent 취하지 않으면 안 된다는 것이다.[5]

기후변화, 환경전염병, 인류세 공포

'생태학 시대의 어머니'로 불리는 레이첼 카슨Rachel Carson이 《침묵의 봄》을 출간한 것이 1962년의 일이었다. 20세기 후반기에 가장 영

---

4   페터 볼레벤, 《나무의 긴 숨결: 나무와 기후 변화 그리고 우리》, 이미옥 옮김, 에코리브르, 2022, 280쪽.
5   김민경, 〈"기후위기 골든타임 10년"…"선택지 없다" 강력 경고〉, 《KBS뉴스》 2023년 3월 21일. (https://n.news.naver.com/mnews/article/056/0011449500)

향력 있는 책의 하나였던 이 책은 어느덧 생태학의 고전이 되었다. 이 책을 펴내며 저자는 "인간은 미래를 예견하고 그 미래를 제어할 수 있는 능력을 상실했다. 지구를 파괴함으로써 그 자신도 멸망할 것이다"라고 말한 알베르트 슈바이처를 기린다고 했다.[6] 이어 "호수의 풀들은 시들어 가고 새의 울음소리는 들리지 않네"라고 했던 키츠 John Keats의 시구를 환기하고, "나는 인간이라는 종種에 관해 비관적인 견해를 갖고 있다. 인간은 자신의 이익을 위해 너무나도 교묘하게 행동한다. 인간은 자연을 투쟁의 대상이자 굴복시켜야 할 상대로 인식한다. 인간이 이 지구를 무시하고 마구잡이로 대하는 대신 지구에 순응하고 감사하게 생각한다면 우리의 생존 가능성은 조금 더 높아질 것이다"라는 E. B. 화이트E. B. White의 메시지를 인용하는 것으로 《침묵의 봄》을 시작한다.[7] "1958년, 뭇 생명이 사라져 버린 작은 세계에 관한 아픈 경험을 담은 허킨스의 편지를 읽고"[8] 오래 고민한 환경문제에 대한 심층적 성찰이 필요하다는 결심을 하고 썼다는 것이다. 수질·토양·공기오염 등을 두루 다루면서 얼마나 많은 생명이 위협받고 있는지 상세하게 밝혔다. 그 원인은 인간의 무차별적인 파괴 행위였다. 꼭 필요하지 않거나 불필요한 경우에도 인간은 자연을 함부로 다루고 파헤쳤다. 그 결과 키츠의 시구처럼, 새는 더 이상 노래하지 않고, 지구의 녹색 외투가 위험하게 되었다. 그에 따라 발생한 여

---

6 레이첼 카슨, 《침묵의 봄》, 김은령 옮김, 에코리브르, 2011, 4쪽.
7 레이첼 카슨, 《침묵의 봄》, 5쪽.
8 레이첼 카슨, 《침묵의 봄》, 7쪽.

러 환경적 비상사태가 부메랑이 되어 인간에게 혹독한 대가를 치르게 할 것이라고 했다. 슈바이처의 메시지도 그렇거니와 카슨의 입장은 기본적으로 지구환경의 건강과 인간의 건강이 긴밀하게 연결되어 있으며, 인간의 부정적 행위로 인해 그 삶의 터전인 지구가 건강하지 않은 생태불안정 상태로 전락하는데도, 인간만이 건강할 수는 없다는 인식을 분명히 하고 있는 것처럼 보인다. 생명의 그물망은 서로 긴밀하게 짜여 있고 그 기운은 유기적으로 스며 있다.

《침묵의 봄》으로부터 57년이 지난 2019년 시작된 코로나19는 전지구적으로 인간이 혹독한 대가를 치루고 있음을 인식하게 한 일종의 환경전염병이었다. 이런 팬데믹 상황에서 열린 '2022 서울 국제작가축제'(2022년 9월 23~30일)에 9개국 35명의 작가들이 참여했는데, 이 축제의 '이상한 날씨와 북극곰과 나' 세션에서 기후 위기 상황에 대한 대응 담론이 진지하게 제기되었다. 작가 임철우는 〈섭씨 47도의 기록적 폭염―"지금 대응 안 하면 집단자살" 경고〉라는 "이번 여름 유럽의 살인적 폭염에 관한 한 뉴스 제목"을 내세우면서, 기후 위기라는 최대 현안을 놓고 미적거리기만 하는 세계를 향해 "이제 우리는 공동대응 또는 집단자살 중 하나를 선택할 수밖에 없다"라고 한 유엔 사무총장의 다급한 발언을 인용하였다. 또한 그럼에도 많은 세계인은 여전히 지금은, 여기는, 나는 아니겠지, 하는 생각으로 위기 상황을 회피하는 경향이 있다며 안타까워하였다. "기후 위기와 생태계 파괴는 명명백백한 현실"임에도 "팬데믹의 완전한 종식"이 거의 불가능하고, "운명의 시계는 지구가 마침내 생존 불가능한 상태에 이르게 된다는 2050년에 맞춰져 있"음에도 불구하고, 여전히 "온실가스 배출 주범인 선진국들은 정작 자기 잇속 계산에만 몰두해 있고, 그 와중에도 강대국은 약소국을 침략해 무자비한 전쟁을 벌이고, 다른 어디선가는 약자에 대한 테러와 차별과 착취가 변함없이 계속되고 있을 뿐"인 현실이 무척 암담하다는 것이다. 그의 비관은 기형 물고기의 형상을 통해 상징적으로 웅변된다.

중금속으로 오염된 강에 서식하는 기형 물고기의 사진을 본 적이 있다. 둥글게 휜 등뼈에 낙타처럼 혹이 달린 물고기. 눈알이 튀어나오고 지느러미가 문드러진 물고기.

"도대체 이런 모습을 하고 어떻게 살아남을까? 이 정도로 부패한 물속에서도 호흡이 가능할까?"

그 참혹한 모습이 차마 믿기지 않았다. 그들은 애당초 오염된 물에서 태어났고, 오염의 진행과 함께 기형의 등뼈와 눈알과 지느러미를 얻었을 것이다. 앞으로도 그들은 썩은 강에서 알을 낳고, 그 병든 새끼들은 자라서 또 다른 기형의 알들을 낳으며 어떻게든 살아남으려 몸부림칠 터이다. 최소한 강물의 부패가 완성되는 그 최후의 순간까지는.

혹여 지나치게 절망적이고 과장된 비유로 들리는가. 그렇지만 이젠 더 늦기 전에 입을 모아 말할 때가 아닌가. 누구라도 이 폭주 기관차를 멈춰 세우거나, 속도를 늦추게 만들어야 한다고.

지금, 문학이 그 일을 할 수 있을까. 저 오염된 언어의 끔찍한 화염 속을 뚫고 들어가 마침내 사람들에게 가 닿을 수 있겠는가. 모래알처럼 흩어져, 작은 상자 안에 제각기 홀로 갇힌 채 고립되어 있는 사람들. 그들의 내면에 아주 미미한 파동이나마 은밀히 전할 수 있겠는가, 문학은?[9]

　임철우의 비관적 보고와 전망은 몇 가지 성찰을 요청한다. 첫째, 건강성과 안정성의 생태적 네트워크에 대한 인식이다. 중금속으로 오염된 강물을 마시고 자란 기형 물고기의 형상을 통해 강과 물고기가 공동으로 생태불안정성에 처했음을 지적한다. 왜 강물이 오염되었나? 두말할 필요도 없이 인간이 문명을 건설하면서 함부로 배출하고 소비한 석유화학 제품의 영향 탓이다. 물만 오염시켰을 리 없다. 이미 레이첼 카슨이 보고했듯이 땅과 공기도 오염되었다. 그 결과가 어찌 물고기에만 미치겠는가. 인간 또한 그 영향권에서 자유롭지 않은 것이 분명하기에 생태불안정성의 원인에서 결과에 이르기까지 모든 과정을 인간이 성찰하고 감당하지 않으면 안 된다는 것이다. 둘째, 생존 불가능한 비극적 시간을 향해 달리는 '폭주 기관차'를 멈춰 세우거나 속도를 늦추자는 제안도 주목에 값한다. 같은 세션에서 실천적 환경운동가이자 작가인 최성각도 "여섯 번째 멸종으로 치달려 가고 있다는 예측이" "호모 사피엔스'의 특성인 제어 불능의 욕망과 무책임 때문에 가속화되고 있"다면서 이전과는 전혀 다른 길을 강조한 바 있다. "이제 우리에게는 파국을 재촉할 것인가, 파국을 지연할 것인가의 선택이 남았다. 어쩌면 인류는 지금껏 한 번도 가 보지 않은 길을

9　임철우, 〈문학의 언어, 당신의 목소리〉, 《2022 서울국제작가축제 에세이집 – 월담: 이야기 너머》, 한국문학번역원, 2022, 124~125쪽.

선택해야 할 것이다. 지금은 '다른 이야기'를 써야 할 때다."¹⁰ 최성각이 강조한 "생태 감수성"을 바탕으로 현재의 지구환경 '폭주 기관차'를 멈추거나 늦추자는 윤리적 결단의 강조는 참여 작가들이 보인 공통된 감각이었다. 셋째, 지구환경과 인간이 생태불안정성을 넘어 함께 생태안정성을 확보하기 위해 문학은 무엇을 어떻게 해야 할 것인가, 하는 문제와 관련한 자의식이다. 이제는 문학이 개인적 감성이나 욕망을 넘고, 사회적 문제에 대한 다각적이고 비판적인 탐문을 넘어서 보다 심층적으로 환경과 생명 문제에 대한 인식과 상상력을 다른 방식으로 전개하고 다른 글을 써야 한다는 문학 의식으로 해석된다.

　요컨대 '이상한 날씨와 북극곰과 나' 세션에 참가한 작가들의 목소리는 기후변화 시대에 대응하는 시적 정의에 바탕을 두어 더불어 건강한 생명을 지속할 수 있는 가능성을 고민하는 풍경들을 짐작하게 한다. 무엇보다 지구환경이 탈 나면 거기에 살아가는 인간은 물론 다른 생물들도 온전할 수 없기에, 그 생태불안정성에 대한 복합적 성찰을 요청한다. 이미 코로나19 체험을 통해서 인류는 혹독한 생태불안정성을 경험하지 않았던가. 마크 제롬 월터스Mark Jerome Walters는 새로운 여러 질병들의 생태학적 기원을 강조하면서, 생태 변화와 긴밀하게 연관된 새로운 전염병들을 Ecodemic, 즉 생태병 혹은 환경전염병으로 부를 것을 제안한 바 있다.¹¹ 또 인류세 과학자들의 견해와 비

10　최성각, 〈나무의 욕망, 사람의 욕망〉, 《2022 서울국제작가축제 에세이집 – 월담: 이야기 너머》, 178~179쪽.
11　마크 제롬 월터스, 《에코데믹, 끝나지 않는 전염병》, 이한음 옮김, 책세상, 2020, 15~16쪽.

숫하게 에드먼드 윌슨Edmund Wilson 역시 멸종 위기와 그에 미치는 가공할 만한 인류의 부정적 역할에 대해 언급한다. "모든 가용 증거들은 동일한 두 가지 결론을 가리키고 있다. 첫째는 여섯 번째 대량멸종이 진행되고 있다는 것이고, 둘째는 인간 활동이 그 원흉이라는 것이다."[12] 환경전염병 문제와 함께 기후변화는 지구의 붕괴와 인류의 절멸에 대한 구체적 불안 신호요 공포의 대상이 아닐 수 없다.

글로벌 환경 위기는 인류의 선택의 위기이기도 하다. '인류세'라는 별칭에도 불구하고, 유사 지질학적psedo-geological 세력으로서 인류의 출현은 인간 선택권의 발현이 아니다. 지구 시스템에서 의도하지 않은 결과의 영역, 그러니까 인류가 이상하게 비인격화되고 개개인이나 국가의 계획이나 목표와 유리된 행동의 전체 효과를 생각하게 한다.[13] 티머시 클라크Timothy Clark는 생태적 비애ecological grief와 인류세 공포Anthropocene horror 사이의 차이를 논의한다. 생태적 비애가 특정한 풍경, 장소 또는 종species의 상실에 대한 반응이라면, 인류세 공포는 슬픔이 일상생활에 만연한 상태가 되는 것을 의미한다. 상대적으로 생태적 비애가 상실 감각이 덜한 편이라면, 인류세 공포는 환경폭력의 맥락에 갇힌 채 출구를 알 수 없기에 더 강력한 상실감을 보이고 공포에 처하게 된다는 것이다.[14] 바로 이런 생태불안정성 상황의 긴급한 요구에 부응하려는 인문학적 모색의 일환이 '의료-환경 인문

---

12 에드먼드 윌슨, 《지구의 절반 – 생명의 터전을 지키기 위한 제안》, 이한음 옮김, 사이언스북스, 2017, 86쪽.

13 T. Clark, "Ecological Grief and Anthropocene Horror," *American Imago*, 77(1), 2020, p. 70.

14 Ibid, pp. 61~62.

학'이다. 그 개략적인 내용을 살펴보자.

생태불안정성과 의료-환경 인문학의 모색

물질적 선회와 공동 생성

코로나19 팬데믹을 겪으면서 지구상의 많은 이들은 미증유의 혹독한 경험을 하지 않을 수 없었다. 바이러스에 속절없이 죽어 간 많은 생명을 애도하는 와중에 아이러니컬한 경험도 했다. 팬데믹으로 인해 세계의 공장들이 멈추거나 가동을 줄이고 비행기를 비롯한 탈것들도 그럴 수밖에 없음에 따라 적어도 일시적으로는 인류의 탄소발자국을 줄임으로써 지구를 치유("healing the earth")하고 있는 것 같은 느낌을 받았다는 사실이다. 실제로 한국에서는 코로나19가 한창이던 2020년, 2021년 봄에 그전 같은 황사와 미세먼지를 경험하지 않은 날들이 많았다. 2023년 봄의 한국 날씨는 거의 코로나19 예전으로 돌아갔거나 그보다 더한 느낌이다. 전 세계적 기후 위기는 인간과 지구의 건강에 대한 병행 분석의 필요성을 강력하게 환기한다. 그 요청에 대한 응답의 한 사례로 스콧 슬로빅 등Scott Slovic · Swarnalatha Rangarajan & Vidya Sarveswaran이 편집한《의료-환경 인문학을 향한 블룸스버리 핸드북The Bloomsbury Handbook to the Medical-Environmental Humanities》(이하《핸드북》)을 주목할 수 있다.

이 책의 공동 편자는 주디스 버틀러Judith Butler 등의 초기 연구를 바탕으로 프라모드 K. 나야르Pramod K. Nayar가 지은《보팔의 생태

고딕: 재난, 불안정성과 생물정치적 기괴함》(2017),《생태불안정성 Ecoprecarity: 문학과 문화에 나타난 취약한 삶》(2019)의 논의로 문제를 제기한다. 나야르는 1984년 12월 3일 인도 보팔 소재 유니언카바이드사 공장의 독성 가스 유출 사고로 수천 명의 인도인이 처참하게 목숨을 잃었던 가스 참사 사고와 그 영향에 집중한다.[15] 이 화학 사고는 일어난 후 30년 이상 이 지역사회는 물론 세계를 괴롭히고 있다. 보팔 사람들을 위험에 빠뜨리고 참사로부터 속수무책이게 했던 산업사회의 위험성과 다국적기업의 문제에 대해 많은 것을 성찰하게 하는 사건이었다. 안전과 환경 비용 등을 외부화하여 경제외적 비용으로 취급하여 소홀히 했던 것이다. 나야르는 1984년 재난의 여파에 대한 미학적·심리적 차원을 모두 포함하여 논의를 전개한다. 그리고

---

15 인도의 보팔시에서 미국계 다국적 기업인 유니언카바이드사가 소유한 살충제 공장의 독성 가스 유출 사고로 하룻밤에 수천 명이 사망하였다. 시안화가스와 제1차 세계대전 때 쓰였던 가장 치명적인 독가스인 포스겐이 뒤섞인 약 39톤의 맹독 가스 메틸이소시아네이트가 한밤중에 도시의 대기로 흘러나온 것이다. 사망자 수의 최종 집계는 저마다 다르지만, 역사상 최악의 산업 사고로 기록될 이 사고로 약 3만 명이 사망한 것으로 추산된다. 15만여 명이 불구가 되었으며, 50만 명이 가스 중독으로 인한 피해를 입었다. 상수도가 오염되면서 암과 호흡 곤란, 기형아 출산율이 치솟았다. 유니언 카바이드사는 비용이 더 든다는 이유로 공장을 도시 외곽에 건설하기를 거부했다고 알려졌다. 1980년대 들어 살충제 수요가 감소하면서 이 공장은 필사적으로 비용 절감 중이었고, 이 때문에 보수 및 안전 기준이 대폭 저하되었다는 것이다. 유니언카바이드사는 피해 보상을 회피하기 위해 기나긴 법정 투쟁을 벌였으며 1989년에야 겨우 합의에 도달했다. 가장 인명 피해가 큰 가족이 한 가구당 2,200달러의 보상금을 받았을 뿐이고, 불구가 된 이들은 거의 한 푼도 받지 못하다시피 했다. 1992년 보팔 법원은 사고 당시 유니언카바이드사의 최고경영자였던 워런 앤더슨에 대해 고살故殺 혐의로 체포 영장을 발부했지만, 미국은 신병 인도를 거부했다. 그러나 이 사건은 저개발 국가에서 서양 다국적 기업의 행위에 대한 심각한 문제를 제기하였다.”(피터 퍼타도(책임편집),《죽기 전에 꼭 알아야 할 세계 역사 1001 Days》, 김희진·박누리 옮김, 마로니에북스, 2009, 875쪽.)

이를 통해 환경 인문학에서 인간과 환경의 건강과 취약성 사이의 불가분의 관계를 조망하는 광범위한 의료-환경 분석 패러다임medical-environmental analytical paradigm의 틀을 제시했다고 소개한다. 스콧 슬로빅을 비롯한 공동 편자들은, 나야르가 특정 지역의 산업 활동 맥락에서 진행 중인 생태 및 생물정치적 위협에 대한 대중적 인식을 제고할 수 있는 가능성을 보여 주었듯, 인문학 기반의 의료-환경 연구는 인간과 자연 공동체가 처한 불안정한 상황을 설명할 뿐만 아니라 이러한 위협을 해결하거나 최소한 완화하기 위한 처방도 제시한다고 말한다. 나야르가 최근 저서에서 핵심적으로 논의한 '프레카리아트precariat'[16]에 인간뿐 아니라 비인간 존재도 포함되어 있다는 점은 매우 자연스럽다. 또한 이들은 영화에서 소설에 이르기까지 문학적·문화적 텍스트가 생태적 문제와 관심사에 관여하는 방식을 설명하기 위해 2005년 로렌스 뷰얼Lawrence Buell이 사용한 용어인 "다양한 생태불안정성ecoprecarity에 따르는 생태적 재난ecological disaster과 생태종말eco-apocalypse론이 현대 환경성의 중심이라고 주장한다. 에코프레카리티, 즉 생태불안정성은 지구의 불확정적이고 우발적인 특성을 강조하며, 그것이야말로 우리가 살고 있는 지구의 아름다움·취약성·특이점이라는 것이 나야르의 견해이다. 그러면서 그는 유일한 보금자리를 돌보지 않으면 잃게 될 것이라고 경고했다. 지구상에서 인간과 비인간 존재 공히 처해 있는 생태적 불안정성을 탐구하는 나

16　불안정성을 경험하는 사람들. 불안정한precarious과 프롤레타리아트proletariat를 합성한 조어이다.

야르의 작업을 토대로 출발하는 《핸드북》에서 공동 편자들은 생태비평과 의료 인문학 사이의 교차점을 추적한다. 그들의 관심은 이렇게 요약된다. 물리적 환경의 맥락에서 문학과 문화가 인간의 정신과 신체에 대한 이해를 다루는 방식은 어떠한가, 다양한 문화권의 질병·장애·치료·회복·건강에 대한 이론은 어떤 동향을 보이고 있는가, 의료 인문학 및 환경 인문학의 교차점에 대한 다양한 잠재적 접근 방법은 어떤 동향을 보이고 있는가 등.[17]

이들이 시도하는 의료-환경 인문학은 아직은 모색 단계로 보이는데, 어쩌면 늘 새롭게 생성하고 융합하는 성격을 지닐 것이다. 규범적인 체계보다 기술적인discriptive 생성becoming이 더 중시된다. 그런데 주목할 것은 이 작업들은 적어도 분명한 인식론적 전환에 기초하고 있다는 사실이다. 가령 "우리는 새로운 관념이 필요할 것이다. 새로운 신화, 새로운 스토리, 실재에 관한 새로운 관념적 이해, 탄소에 기반을 둔 자본주의 상업화와 동화를 통하여 손상된 다언어적多言語的인 심오한 인간 문화의 전통과의 새로운 관계가 필요할 것이다. 자본주의에 맞서고 넘어선 우리는 공동의 존재에 관한 새로운 사고방식이 필요할 것이다. 우리는 도대체 우리가 '누구인지' 새롭게 바라보는 태도가 필요할 것이다"[18]라고 주장하는 스크랜턴Roy Scranton의 입장 같

---

17 Scott Slovic, Swarnalatha Rangarajan & Vidya Sarveswaran, "Introduction: Toward a Medical-Environmental Humanities. Why Now?", Scott Slovic, Swarnalatha Rangarajan & Vidya Sarveswaran ed., *The Bloomsbury Handbook to the Medical-Environmental Humanities*, London: Bloomsbury Academic, 2022, p. 2.

18 R. Scranton, *Learning to Die in the Anthropocene: Reflections on the End of Civilization*, New York: City Lights, 2015, p. 19. 여기서는 김욱동, 《환경인문학과 인류의 미래》, 나남

은 것이 새로운 방향의 요체를 명확히 하고 있다. 그리고 그 기저에는 저간의 인간, 이성중심적 사고를 비롯한 일련의 '중심'적 사고를 해체하고 존재론과 인식론의 혁신을 요청하는 신유물론적 사고가 자리 잡고 있는 것처럼 보인다.

김욱동은 '물질적 선회'로 불리기도 하는 신유물론에서 자주 사용되는 "'인간을 넘어서는 세계more-than-human world', '동반생성becoming-with' 또는 '공동생성co-becoming', '생기적 물질vital matter', '대상지향적 존재론object-oriented ontology', '존재-인식론적 유물론onto-epistemic materialism'"[19] 등과 같은 용어들을 주목하면서 일원론적 존재론, 관계적 물질성, 비인간의 작인作因agency 등의 특징을 정리한 바 있다. 데카르트 이후 서구의 근대 담론을 이끈 이원론적 존재론을 넘어서는 것, 그러니까 주체와 객체, 인간과 자연, 정신과 물질, 문화와 환경, 동일자와 타자와 같은 양항대립의 세계를 넘어서 모든 존재들이 물질성의 연속체 안에서 존재 근거를 확보할 수 있을 것으로 본다. 도나 해러웨이Donna Haraway가 《종들이 만날 때》(2007)에서 선보인 신조어 '자연문화naturecultures', 하이픈(-)도 없이 한 단어로 통합된 이 단어가 자연과 문화의 일원론적 공동생성의 가능성을 보여 주었다는 것이다. 신유물론자들이 보기에 물질적 존재는 고정불변한 실체라기보다는, 다른 존재나 물질들과 유기적 관계 속에서 유동적으로 생성된다. 또 신유물론은 인간중심주의를 넘어서 비인간 존재들에게도 사회성을 형

출판, 2021, 164쪽에서 재인용.
19   김욱동, 《환경인문학과 인류의 미래》, 183쪽.

성하고 재현하는 능력으로서의 작인이 있다고 파악함으로써 생물평등주의를 지향한다. "물질적 자연세계를 정적이고 비활성적이고 수동적으로 보지 않고 오히려 끊임없이 운동하고 변화하는 역동적인 것으로 파악"[20]하는 신유물론의 특성을 제인 베넷Jane Bennett의《진동하는 물질》(2010)이나 캐런 버라드Karen Barad의 '작인적 실재론agentic realism' 등을 통해 소개한다. 버라드에 따르면 실재란 "물질과 담론 과정의 체계적인 연루"이고 "진행 중인 물질화 과정의 현상"이다. "물질은 생산되면서 동시에 생산하고, 생성되면서 동시에 생성한다. 물질은 작인적일 뿐 고정된 사물의 본질이거나 특성이 아니다." 아울러 "우리는 세계 밖에 서서 지식을 습득하지 않는다. '우리'는 세계에 속해 있기 때문에 지식을 얻는다. 우리는 우리와 다르게 생성하는 세계의 일부다."[21]

얽힌 생명과 뫼비우스의 띠

존재하는 많은 것들이 연루되어 있고 얽히고설켜 있다는 사실에 대한 강조는 여러 논의에서 얼마든지 더 산견된다. 가령 제인 베넷은《진동하는 물질》에서 인간의 인체에 깃든 비인간 존재와 물질들의 역동적 기능에 대해 이렇게 설명한다. "팔꿈치에 서식하는 박테리아 군체를 보면 인간 주체가 그 자체로 얼마나 인간이 아니고 이질적인 데다 외부적인 역동적 물질인지 잘 알 수 있다. 인간의 면역 체계가 제대로 작

---

20 김욱동,《환경인문학과 인류의 미래》, 186쪽.

21 K. Barad, *Meeting the Universe Halfway: Quantum Physics and the Entanglement of matter and Meaning*, Durham: Duke UP., 2007, pp. 137-151. 김욱동,《환경인문학과 인류의 미래》, 187쪽에서 재인용.

동하려면 장내腸內 기생충에 의존한다. 사이보그화(인조인간화)의 다른 실례를 보면 인간 작인이 얼마나 항상 미생물, 동물, 식물, 금속, 화학물질, 말소리 등의 집합체인가 하는 사실도 잘 알 수 있다."[22]

《핸드북》에서 마리아 화이트먼Maria Whiteman은 곰팡이를 통해 유기체의 근본적 역할에 대한 생태학적 인식을 터득했다고 보고한다. 인간과 지구의 건강을 생각하려면 시간의 흐름에 따라 인간과 비인간 존재가 상호작용하는 역동적인 생명의 생산에 대한 비판적 환경 분석이 필요하다는 입장에서, 그녀는 철학적·의학적·생태학적·문화적 상호연결성의 고리로 곰팡이를 초점화한다.[23] 균류에 관심이 많았던 그녀는 노스웨스트 캐스케이즈Cascades로 여행을 떠났고, 균류학자 쉰들러Ja Schindler 등과 함께 '사람들을 위한 균류FFTP: Fungi for the Peaple'란 단체에서 활동한 경험을 바탕으로 균류의 유기적 얽힘과 생성력을 보고한다. "암석을 먹고, 토양을 만들고, 오염물질을 소화하고, 식물에 영양을 공급하고 때로 죽이고, 우주에서 생존하고, 시각을 유도하고, 식량을 생산하고, 약을 만들고, 동물 행동을 조작하고, 지구 대기 구성에 영향을 미치는"[24] 곰팡이에 대한 셸드레이크 Merlin Sheldrake의 《얽힌 생명》의 설명을 원용하고 자신의 논의를 전개하면서 이런 문제의식을 보인다.

---

22 J. Bennett, *Vibrant Matter: A Political Ecology of Things*, Durham: Duke UP., 2010, p. 121. 김옥동, 《환경인문학과 인류의 미래》, 188쪽에서 재인용.

23 Maria Whiteman, "Fungi Umwelt", Scott Slovic, Swarnalatha Rangarajan & Vidya Sarveswaran ed., *The Bloomsbury Handbook to the Medical-Environmental Humanities*, p. 51.

24 M. Sheldrake, *Entangled Life: How Fungi Make our Worlds, Change our Minds and Shape our Future*, New York, 2020, p. 3. Maria Whiteman, "Fungi Umwelt", p. 57에서 재인용.

지구를 다른 생물과 공유하는 것은 우리 모두가 생태계의 건강을 위해 어떤 역할을 하는지 이해하는 한 단계에 불과하다는 점을 말하고 싶다. '건강', '우리의 건강' 또는 '웰빙'이라는 용어를 사용할 때 우리는 무엇을 말하는 것일까? 우리가 다른 유기체와 공유하는 세상에서 이러한 용어를 어떻게 맥락에 맞출 수 있을까? 우리 자신과 생태계 사이에 뫼비우스의 띠가 있다고 상상해 볼 수 있을까? 타이밍이 가장 중요하다. 인류가 재생산하고 있는 탄소발자국은 인류세 타임라인에서 아주 가까운 곳에 있다.[25]

그러니까 우리의 관심은 우리 몸과 생태계 사이의 뫼비우스의 띠를 상상하는 '환경적 신체environmental bodies'다. 아니 더 당겨 말하면 우리가 '몸'을 말할 때는 이미 '환경적 신체'를 언급하는 것이라는 사실을 염두에 두어야 한다. 《핸드북》의 공동 편자들은 "사실 '자연세계natural world'는 존재하지 않는다. 이는 좋지 않은 인위적 표현일 뿐이다. 오직 '세계world'만 존재할 따름이다"(p. 9)[26]라는 데이비드 쾀멘David Quammen의 전언을 인용하면서, 충격적인 코로나19 팬데믹의 경험을 통해서 '인간의 건강human health'과 '환경의 건강environmental health'이 따로 존재하지 않는다는 사실을 알게 되었다고 말한다. 오로지 건강한지 health 건강하지 않은지absence of health만 존재할 뿐이라는 얘기다.

25   Maria Whiteman, "Fungi Umwelt", p. 57.

26   David Quammen, *Spillover: Animal Infections and the Next Human Pandemic*, New York: Norton, 2011, p. 518.

건강 회복을 위한 행동과 '자연문화' 서사

에린 제임스Erin James는 "문학과 물리적 환경 사이의 관계를 연구하는 데 관심을 두면서, 서사를 통해 물리적 환경의 표현을 전달하는 데 사용하는 문학적 구조와 장치에 예민하게 집중"[27]하는 서사 작업을 강조한 바 있다.

시민 과학citizen science 참여자들은 서사 의학narrative medicine의 경우처럼 생태서사학의 작업에서도 인문주의의 선조로부터 물려받은 인식과 해석 그리고 행동으로 옮기는 과정을 면밀하게 살핀다. 시민 과학의 경험을 통해 인간을 넘어 물질과 생명에 대한 더 큰 관심을 향한 서사적 전달을 장려하고 성찰한다.[28] 생태서사학이나 환경수사학의 관심도 그렇거니와 기후 위기와 관련한 다양한 이야기-길을 열어 수용자들의 마음을 움직이게 하고 행동하게 하는 것이 '건강' 문제에 도움이 된다고 생각한다. 《기후변화, 이제는 감정적으로 이야기할 때》를 쓴 리베카 헌틀리Rebecca Huntley도 그런 생각을 지닌 전문가다. 오스트레일리아에서 가장 오래된 사회 동향 연구소인 **Mind & Mood Report** 이사로 활동하며 기후변화나 음식을 둘러싼 사회정치적 의미와 심리를 연구했고, 앨 고어Al Gore가 만든 국제 NGO 기후 프로젝트의 일원이기도 한 헌틀리는 노르웨이 심리학자이자 경제학자인 페르

---

27 Erin James, *The Storyword Accoed: Econarraatology amd Postcolonial Narratives*, Lincoln: University of Nebraska Press, 2015, p. 23.

28 Eric Morel, "Narrative Knowing and Narrative Practice: Opportunities for Reciprocal Learning across Science-Facing Humanities", Scott Slovic, Swarnalatha Rangarajan & Vidya Sarveswaran ed., *The Bloomsbury Handbook of the Medical-Environmental Humanities*, pp. 15-16.

에스펜 스토크네스Per Espen Stoknes의 입장을 비교적 친절하게 소개한다.《우리가 지구온난화를 생각하고 싶지 않을 때 생각하는 것》에서 스토크네스가 강조한 이야기의 중요성에 주목한다.

스토크네스에 따르면 우리는 삶의 의미를 만들어 내고 개인이나 집단의 정체성을 형성하기 위해 스토리텔링에 크게 의존한다. 그런데 기후와 관련한 지배적 이야기는 거의 요한계시록급 '기후 지옥 종말론'으로, 약간의 물을 얻기 위해 서로 살육을 마다하지 않는, 영화 〈매드맥스〉에나 나올 법한 사회를 묘사한다.

이런 이야기가 두려움, 죄책감, 분노, 절망, 무력감을 불러일으키기 때문에 기후변화 부정론자들이 환경운동가들을 '종말 임박'이라는 광고판을 두른 채 길모퉁이에 서 있는 비상식적인 사람들로 취급하게 되는 것이라고 스토크네스는 말한다. 그런 암울한 미래를 상상해 본 적 없는 사람들은 이런 방식을 끄고 입을 다물어 버리기 십상이다. 그러나 스토크네스는 이산화탄소가 만들어 내는 이 지옥도가 우리가 그릴 수 있는 하나의 미래상에 지나지 않는다고 지적한다.[29]

"내 생각에 사람들이 문제의 시급함을 이해하고 행동하게 하려고 들려줄 수 있는 '단 하나'의 이야기 유형은 없다. 그보다는 다양한 이야기가 필요하다. 각각의 이야기는 서로 다른 집단 사람들에게 각각

---

29 리베카 헌틀리, 《기후변화, 이제는 감정적으로 이야기할 때》, 이민희 옮김, 양철북, 2022, 22쪽.

의 의미를 주고, 참여를 이끌어 낸다"[30]라고 말하는 스토크네스는 사회와 야생, 생태계의 재건을 묘사하고 상상하는 데 도움을 주는 이야기뿐만 아니라 어떤 해법이 효과적일지에 관한 이야기, 신념과 인내의 이야기가 필요하다고 논의한다. 비전과 결의, 기쁨을 바탕으로 관여하고 행동하는 사람들의 이야기 같은 것 말이다. 이런 스토크네스의 입장에서 리베카 헌틀리는《기후변화, 이제는 감정적으로 이야기할 때》에서 '우리 일상을 바꾸려면 기후변화를 어떻게 말해야 할까' 고민하면서 "기후 위기의 시대"인 지금 "우리에겐 더 많은 논리가 아니라 마음을 움직이는 이야기가 필요하다"고 주장한다. "인간의 활동으로 기후가 변하고 있다는 과학적 증거가 아무리 쏟아져도, 세계 곳곳에서 재난이 벌어져도 여전히 많은 사람들이 기후 문제에 무관심하다. 기존의 기후 과학은 사람들을 설득해 내지 못한다는 측면에서는 완전히 실패했다. 논리적인 이 접근법은 설득 대상이 인간이라는 점을 간과하고 있다. 때론 비이성적이며 변덕스럽고 자기 집단을 무엇보다 우선하는 이기적인 존재. 이 책은 우리가 기후 메시지를 어떻게 받아들이고 있는지를 이해하게 해 주고, 일상에서 행동을 유도해 내는 기술을 알려 주는 기후 위기 시대의 새로운 자기계발 가이드다."[31]

"기후 위기는 문화의 위기이고, 따라서 상상력의 위기이기도 하

---

30 Per Espen Stoknes, *What We Think About When We Try Not to Think About Global Warming: Toward a new psychology of climate action, White River Junction*, Vermont: Chelsea Green Publishing, 2015, p. 133. 리베카 헌틀리,《기후변화, 이제는 감정적으로 이야기할 때》, 23쪽에서 재인용.

31 리베카 헌틀리,《기후변화, 이제는 감정적으로 이야기할 때》뒤표지글(머리말의 내용을 일목요연하게 요약한 글임).

다"[32]라고 주장하는 아미타브 고시Amitav Ghosh는 문학이 자기 시대와 현실을 제대로 인식하지 못하고 낡은 형식에 의존해 새로운 문제적 현안을 은폐한다면, 이런 시대는 나중에 '대혼란Great Derangement'의 시대로 알려지게 될 가능성이 높다고 우려한다. 기후재앙은 기존의 상식적이거나 상상적인 감각을 초과하는 경우가 많아 자신이 겪은 1978년 3월 17일 인도 델리 북부 지역을 강타한 토네이도 사건 같은 기후재앙의 경험을 재현하면 서사적으로 "전혀 있을 법하지 않은"[33] 이야기라고 독자에게 의심을 받을 수도 있겠기에 무척 고민할 수밖에 없었다고 말한다. 그런 고민을 넘어서 아미타브 고시는 지구와 인간이 함께 건강을 회복할 수 있는 새로운 서사 문화 혹은 서사적 플롯의 창안의 중요성을 강조한다.

듀나의 〈죽은 고래에서 온 사람들〉에 나타난 프레카리아트의 상상력

기후변화로 인한 생태 취약성

듀나의 〈죽은 고래에서 온 사람들〉은 코로나19 팬데믹 상황을 복합적으로 성찰하면서 쓴 소설이다. 《팬데믹: 여섯 개의 세계》, 《혼자서는 무섭지만》, 《쓰지 않을 이야기》, 《코비드19의 봄》 등 코로나19에

---

32 아미타브 고시, 《대혼란의 시대》, 김홍옥 옮김, 에코리브르, 2021, 19쪽.
33 아미타브 고시, 《대혼란의 시대》, 28쪽.

대응한 합동소설집들 중 의료-환경 인문학적 맥락에서 상대적으로 더 주목되는 작품이어서 여기서 그 사례로 다룬다. 이 소설에서 작가는 인류세의 종말 이후를 불안하게 상상하면서 인간과 바이러스의 관계를 전복한다. "멀리서 보면 인류는 바이러스와 크게 다르지 않다"라고 '작가 노트'에서 밝히고 있거니와, 인간-바이러스 모티프를 통해 감염 경로에 대한 복합적인 성찰을 수행하면서 의료-환경 인문학적 상상력의 지평을 열어 가고 있다. 정세랑의 〈리셋〉처럼 인류세의 종말에 관한 구체적 서사는 없지만, 지구 행성은 더 이상 거주 불가능한 공간으로 간주된다. 더는 살 수 없게 되어 우주선을 타고 지구를 탈출하여 '바다의 행성'에 머물게 된 최후의 인류는 그곳에서 생태적으로 매우 취약한 프레카리아트로 겨우 존재한다. "대륙이 없는 건 아니었"지만 "조석 고정되어 낮과 밤만 있는 두 대륙은" 생태적으로 거주 가능한 공간이 아니었다. "낮 대륙은 모래사막이었고 밤 대륙은 얼음 사막"이었기에 "생명체가 살 수 있는 것은 두 대륙 사이에 있는 여명 지대의 바다뿐이었"기 때문이다. "대륙 어딘가엔 우리가 문명을 세우는 데에 필요한 금속 같은 재료가 있겠지만 우리에겐 그림의 떡이었다. 우리는 3천 년 동안 문명을 건설할 수 있는 섬을 찾았지만 허사였다. 여명 지대는 텅 비어 있었다."[34]

---

[34] 듀나, 〈죽은 고래에서 온 사람들〉, 이혜원·우찬제 편, 《#생태_소설》, 문학과지성사, 2021, 157~158쪽. 이 소설은 김초엽, 듀나 등 6인 공동소설집 《팬데믹: 여섯 개의 세계》(문학과지성사, 2020)에 처음 발표된 것인데, 여기서는 《#생태_소설》 수록분에서 인용한다. 앞으로 작품 인용 시 본문에 그 쪽수만 표기한다. 그리고 이 소설선에 필자가 쓴 해설 중 173~174쪽 부분의 일부 내용이 수정되어 여기에 포함되었음을 밝힌다.

이렇게 생태적으로 불안정한 상태에 처해 있는 프레카리아트들은 이전에 생태적으로 안정적이었던 역사적 기억을 때때로 소환한다. 우주선을 타고 지구를 떠나기 훨씬 전이었을 지구 조상들의 기억, 그리고 그들이 문명을 구축했을 때 필수 요소의 하나였던 금속에 대한 기억을 되살리며 그것을 탐사하려 하지만, 극도로 불안정한 현재의 생태 환경에서는 거의 불가능에 가깝다. 그러니까 과거 지구 시절 오랜 조상들이 지구를 떠날 수밖에 없었던 이유도 기후변화 때문이었다. 지구를 떠나 대류이 아닌 바다 행성의 군집 고래 위에서 불안하게 살 수밖에 없었던 것 또한 기후 탓이다. 처음에 군집 고래는 영생을 기약할 수 있는 존재였다. 고래 위에 사는 사람들에게는 비록 안정적이지는 않지만 나름대로 삶의 터전이 될 만했다. 그런데 고래의 영생이 보장되지 않으면 사정은 악화될 수밖에 없다. "하지만 어떤 고래들은 죽어 갔다. 개체가 죽는 속도보다 새 개체가 들어오는 속도가 느리면 고래는 완전히 죽었다. 그 속도가 어느 선을 넘으면 위기를 느낀 개체들은 접근하지 않았다. 고래는 분해되었고 그와 함께 그 위에 있던 마을은 멸망했다"(159쪽). 해바라기 고래가 그렇게 죽어 가자 거기에 살던 사람들은 이제 보트 피플이 된다. 인근 장미 고래에 난민 신청을 해 보지만 거부된다. 잠시 버려진 다른 고래에 올라가 보지만 거기서도 생존을 이어 갈 수 없는 처지여서 다시 바다로 내몰린다. "희망은 없었다. 우리에겐 노도, 돛도 없었다. 이렇게 해류에 맡기고 떠돌다 간 낮과 밤 어딘가에 쓸려 갈 것이고 기다리는 건 죽음뿐이었다"(168쪽). 프레카리아트들의 불안정성은 악화일로를 치닫는다. 그렇게 2주일이 지났을 무렵, 그들은 신체적으로 정신적으로 매우 불건강한 상태로 전락한다. "우리는 우리가 죽어 가고 있는지 살아남았는지 알 수 없었다. 잠이 들기 전에 들려오는 이상한 목소리들은 우리의 뇌가 감염되었다는 뜻일까, 아니면 그냥 흔한 유령일까"(170쪽). 그러다가 가까스로 빙산의 꼭대기로 올라가서 예전의 조상으로 추정되는 남자 시체와 "금속으로 만든 원통 안에 기능을 이해할 수 없는 복잡한 장치들로 가득 차 있"는 "기계"(170쪽)를 발견한다. "우리 행성 역사의 시작"(170쪽)을 보며 혹시 이 기계들과 함께 이곳으로 옮겨 준 우주선 전체를 이 빙산 안에서 발견할 수 있지 않을까, 그래서 "그 기계가 우리를 지옥 같은 행성에서 구출해 다른 곳으로 보내 줄 수 있"(171쪽)지 않을까 기대해 보기도 한다.

나는 비명을 지르며 주저앉았다. 내 머리를 스친 그 희망의 크기는 너무나도 거대해 내 뇌와 몸이 감당할 수 없었다. 그 대부분이 허망하게 끝날 것이며 우리는 곧 붉은 점으로 가득 찬 시체가 되어 끓는 바닷물 속에서 삶아질 것임을 알고 있는데도 그랬다(171쪽).

프레카리아트들이 자신들의 생태불안정성의 연원이 된 기계장치에 대해 보인 반응은 매우 복합적이다. "희망의 가능성"(171쪽)과 기대는 현재의 생태적 불안정성을 극적으로 환기한다. 현존 행성의 상황이 행복한 공간, 안정적인 장소라면, 다시 말해 생태적 안정성과 관련한 결핍이 없다면, 상대적으로 안정적이었을 오래된 과거와 안정 상태의 미래를 욕망하지 않아도 좋을 것이기 때문이다. 그들의 기대와 희망이 '허망하게' 끝날 것이라는 비관적 인식과 그들의 현재 건강 상태도 전경화된다. 생태적으로 안정적이었을 과거에 대한 기억과 그랬으면 좋겠는 미래에 대한 기대와는 달리 현재 프레카리아트들이 처한 바다 행성에서의 상황은 매우 불안정적이고 건강성을 담보할 수 없는 취약한 상태다. 그 생태 취약성의 근본 원인이 기후변화에 있었다는 점을 이 소설은 심층적으로 웅변한다.

몸과 땅의 네트워크, 인간의 건강과 환경의 건강

〈죽은 고래에서 온 사람들〉에서 프레카리아트들이 거주하는 공간은 군집 고래 위다. 호모 사피엔스들이 오래 거주한 땅 위가 아니다. 바다 행성의 고래 위가 거주 장소라는 이 배경 설정이 인간 존재와 그 거주 공간 사이의 긴밀한 상호작용을 성찰케 하는 유효한 성찰 기제로 작용한다. 어떤 획기적인 문제가 발생하지 않는 일상적인 상황에서라면 인간은 거주 공간과 자신의 상호작용에 대해 의식하지 않는 경우가 많다. 그런데 프레카리아트 상황에 처하게 되면 사정이 달라진다. 인간과 땅의 네트워크 내지 인간의 건강과 환경의 건강 사이의 유기적 연관성에 대해 숙고하게 한다. 듀나의 서사적 의도 역시 그럴 것으로 추정된다.

고래병이라고 했다. 전염병이라고 했다. 한 마리의 고래가 죽으면 인근 고래들이 따라 죽는 경우가 보고되었다. 하지만 우리는 그 전염 경로에 대해 아는 바가 없었다. 해류를 타고 감염되는 것일 수도 있었다. 먹이가 되는 물고기 때문일 수도 있었다. 아니면 우리 때문일 수도 있었다. 우리가 별다른 도구 없이 이 행성 생태계의 일부가 될 수 있었던 건 지구인과 이 행성의 생명체 사이에 두드러진 차이가 없었기 때문이었다. 우리는 이곳의 생명체들을 먹을 수 있었고 그들도 마찬가지였다. 우리는 이 행성의 미생물에 감염되었고 이들도 지구의 미생물을 받아들였다. 지금까지 큰일은 없었다. 고래병이 돌아 죽은 고래에서 온 사람들을 받아들인 다른 고래들마저 한 마씩 죽어가기 전까지는(159-160쪽).

앞에서 언급한 것처럼 이 소설에서 군집 고래가 삶의 터전이다. 전체적으로 하나의 고래처럼 생명적으로 연결되어 있지만, 실은 개별적인 많은 고래의 군집적 연합체다. 보통은 구성 요소로서의 어떤 고래가 생명을 다하면 다른 고래의 생명이 보충되어 이 군집 고래의 영생이 보장되는 듯 보였지만, '고래병'의 유행 이후 사정은 달라진다. 고래와 고래 위에 살던 사람들은 그 전염병으로부터 속수무책인 상태가 된다. 감염이 빠르게 진행되어 고래가 완전히 죽었을 때, 거기에 살던 사람들은 다른 고래 위로 오르지 못하게 된다. 마치 코로나19 상황에서 바이러스에 감염된 사람들이 항구로 상륙하지 못하고 배 안에 머물러야 했던 것처럼 말이다. 분리와 배제, 철저한 타자화의 대상이 된다. 죽은 고래가 된 해바라기 고래에서 살던 사람들을 장미 고래 사람들이 허용하지 않는 것은 그 때문이다.

사람의 건강은 곧 그가 처한 환경이나 땅의 건강과 매우 긴밀하고 유기적으로 연결되어 있다는 것,[35] 그것은 매우 상식적임에도 불구

---

35 레오 톨스토이도 "행복의 첫째 조건은 인간과 자연의 관계가 끊기지 않아야 한다는 것"이라고 말한 바 있다. 조효제,《침묵의 범죄 에코사이드》, 창비, 2022, 26쪽에서 재인용.

하고 인류는 오랫동안 에코사이드ecocide를 범해 온 게 사실이다. 이미 레이첼 카슨이 《침묵의 봄》에서 보고한 토양오염, 수질오염 사례들도 그렇거니와 "인간이 치러야 할 대가"[36]가 엄청날 것이라고 했다. 해바라기 고래 출신의 프레카리아트들은 그 대가를 혹독하게 체험한 셈이다. 그들이 장미 고래 사람들에게 거절당한 다음 잠시 올라갔던 고래도 마찬가지다. 폭풍의 행성에 위치한 고래와 거기에 살던 사람들 또한 하나로 얽힌 생명이라는 사실을 입증한다. "비교적 최근의 폭풍으로 마을 대부분이 날아가 버렸"고 "사람들도 같이 폭풍 속으로 사라진 것"(165쪽)으로 추정되며, 그 고래 또한 곧 생명을 다하게 되었으니 말이다. 이처럼 〈죽은 고래에서 온 사람들〉은 인간의 몸과 땅의 네트워크가 유기적으로 얽힌 생명이라는 점, 인간의 건강과 환경의 건강이 긴밀하게 상호작용한다는 점을, '바다 위, 고래 위'의 존재론과 '바이러스' 감염론을 통해 극적으로 형상화하고 있는 텍스트이다.

인간-바이러스 모티프와 인간중심주의 반성

생태불안정성에 처해 있는 해바라기 고래에서 온 사람들은 거친 해류에 쓸려 가지 않으려고 밤낮으로 꾸준히 노를 저어야 한다. 그러면서 이런 정동을 드러낸다. "해류에 맞서 헤엄치며 우리를 보호해 주던 옛 고래가 그리웠다. 하지만 모든 것에는 끝이 있다"(155쪽). 옛 고래에 대한 그리움, 이전 삶의 터전에 대한 기억을 환기하면서 이어지는 이런 성찰이 대단히 문제적이다. "고래들에게 우린 전염병이었을지

36　레이첼 카슨, 《침묵의 봄》, 215쪽.

도 몰라요"[168쪽]. 의사의 말을 더 들어 보자.

　　우린 고래와의 공생관계를 최대한 긍정적으로 보고 싶어 했지요. 고래가 없으면 살아남을 수 없으니까요. 하지만 고래는 우리가 필요 없었어요. 그냥 견딜 만한 작은 기생충에 불과했지요. 그런데 그 견딜 만한 기생충이 치명적인 질병을 옮기기 시작했다면 고래들도 여기에 대비해야 하지 않을까요? 그들은 영리해요. 해류를 읽고 폭풍을 예측하고 정보를 교환해요. 사라진 고래를 이루는 개체들이 다른 고래의 일부가 되었다고 생각해 봐요. 그리고 인간을 퇴치할 수 있는 방법을 전수했다면?"[168쪽]

　　공생관계는 서로 생명이 조화롭게 지속될 수 있을 때는 문제가 되지 않는다. 그러나 공생의 어떤 축이 치명적인 바이러스를 전파하는 기생충이 된다면 사정은 달라진다. 재레드 다이아몬드가 《총, 균, 쇠: 인간 사회의 운명을 바꾼 힘》에서 주목한 핵심 인자이기도 한 균, 곧 바이러스의 문제는 그동안 주로 인간 아닌 다른 생명체에서 발원된 바이러스가 인간의 건강을 해치고 생명을 앗아 가는 것으로 논의되었다. 그런데 이 소설에서 듀나는 그 인식의 방향을 바꾼다. 더 큰 맥락에서 보면 인간도 바이러스 같은 존재일 수 있다는 것, 이런 전복적 인식이 이 텍스트의 어떤 핵심이다. 인간-바이러스가 그 삶의 터전인 고래의 생명을 앗아 간다는 이야기는, 고래를 죽이는 인류세의 플라스틱 과잉 소비의 알레고리처럼 보이기도 한다. 얼마 전 필리핀의 바닷가에 떠밀려 온 죽은 고래의 배 속에서 "쌀 포대며 밧줄 등 16개 종류의 온갖 플라스틱 쓰레기가 40킬로그램"이나 나왔다는 것, "필리핀의 자연사박물관의 조사에 따르면 지난 10년간 사체를 수습한 고래 63마리 가운데 50마리가량이 플라스틱이나 다른 바다 쓰레기를 삼킨 탓에 죽은 것으로 나타[37]났다는 보고가 아주 예외적인 뉴스일 리 없는 상황을 극적으로 환기하기 때문이다.

이와 관련하여 우리는 기후변화와 애도의 주제를 더 논의할 수 있다. 현실에서 이미 죽어간 고래들을 애도하고 서사 상황에서 죽어간 고래를 애도하는 이야기라는 점에서 그렇다. 타차가타 솜Tathagata Som은 〈기후변화와 비애: 엘리스 메이저의 〈인류세에 오신 것을 환영합니다〉에 나타난 매머드를 애도하는 방법〉에서 다른 종의 멸종을 애도하지 못하는 인간의 무능력을 기후변화에 직면한 전 세계적 무관심의 근본 원인으로 지목하고 좀 더 적극적인 기후 행동을 위해서는 이런 정동의 과정에 동참할 필요가 있음을 환기하는 엘리스 메이저Alice Major의 시 〈인류세에 오신 것을 환영합니다〉를 애도의 주제를 중심으로 다루면서, 기후변화로 인한 비애·환경우울증 등의 문제를 성찰한 바 있다. 그러면서 "이미 발생한 피해를 애도하는 것이 아직 발생하지 않은 피해를 예방할 수 있는 길을 열어 줄 수 있음을 보여 준다"[38]고 주장한다. 이런 애도 작업은 개인의 정서에 도움을 줄 뿐만 아니라 회복력 있는 커뮤니티를 형성하는 데 도움을 줄 수 있다.

---

37 몸문화연구소, 《인류세와 에코바디》, 필로소픽, 2019, 8쪽.

38 Tathagata Som, "Climate Change and Grief: How to Mourn a Mammoth in Alice Major's "Welcome to the Anthropocene"", Scott Slovic, Swarnalatha Rangarajan & Vidya Sarveswaran ed., *The Bloomsbury Handbook to the Medical-Environmental Humanities*, p. 90.

기후변화와 생물종 멸종에 대한 인간 책임의 윤리를 깊게 환기하고 부정적인 공멸의 위기를 넘어서기 위해 필요한 새로운 정치적 공동체를 지향할 의무를 함축하기 때문이다. 또 슬픔과 애도는 주디스 버틀러 등 여러 논자들이 강조하는 것처럼, 인간의 교만함을 반성하고 겸손하게 인간의 취약성을 생각하게 한다. 신체적·정서적으로 취약한 존재이기에 서로의 취약성을 보충해야 한다는 공동의 책임감을 윤리적으로 성찰하게 한다. 공동의 과정으로서 애도 문화를 형성하는 것이 중요하다는 사실을 솜은 강조한다. 이 글을 마무리하면서 솜은 의료-환경 인문학이 환경 파괴와 기후변화로 인한 생태 및 건강의 위험에 대처하기 위한 유익한 대화를 나눌 수 있는 담론 장이라고 주장한다. 앨리스 메이저의 시 〈인류세에 오신 것을 환영합니다〉에서 시적 화자는 우리 누구도 혼자서는 살아남지 못한다는 진리를 부정하는 인간을 비판한다. 또한 상실에 대한 슬픔, 멸종에 대한 애도를 통해 개인주의, 인간중심주의를 넘어서 인간과 비인간이 공동으로 긴밀하게 결합된 세상의 지평을 열 수 있는 가능성을 확보할 수 있을 것이라고 지적한다.[39] 앨리스 메이저의 시 〈인류세에 오신 것을 환영합니다〉처럼 듀나의 〈죽은 고래에서 온 사람들〉도 한때 자신들의 삶의 터전이었던 고래의 죽음을 애도하는 방식으로, 가히 "인류세라 불리는 새로운 인공지옥"[40]이라 불릴 만한 생태적 불안정성 문제에서 인류의 책임을 극적으로 성찰한다. 인간-바이러스 모티프를 통해

---

[39] Ibid, p. 93.

[40] Ibid, p. 89.

저간의 인간중심주의를 전복적으로 반성하고, 복합적으로 얽힌 생명 그물의 한 부분으로서 인간이 상생의 책무를 다해야 한다는 사실을, 그래야 "아직 끝나지 않으리라는 희망의 가능성"(171쪽)을 견지할 수 있다는 점을 곡진하게 환기한다.

에코바디와 생태 안정성을 위하여

본고에서 필자는 세계적인 기후 위기와 공멸의 불안에 대응하는 치유 인문학의 방법적 지혜를 최근의 의료-환경 인문학의 관점에서 성찰하고자 했다. 이 관점은 지구환경의 건강과 인간의 건강이 유기적으로 연결되어 있으며, 그것에 대한 인문학적 성찰이 지속가능한 미래를 위해 의미 있다는 전제에서 출발한다. 여섯 번째 대멸종 담론이 넘쳐 날 정도로 위태로운 생태불안정성은 생태적 비애에서 인류세 공포에 이르기까지 다각적인 불안의 파토스를 야기한다. 그만큼 지구와 인간이 공히 건강하기 어려운 위기의 현실에 처해 있다는 것을 시사한다. 이런 위기 상황에 대응하여 물질적 선회와 공동생성의 가능성, 얽힌 생명의 탐색, 건강 회복을 위한 행동과 '자연문화'의 문제 등을 중심으로 최근 의료-환경 인문학의 주요 연구 맥락을 정리했다.

이런 관점에서 듀나의 〈죽은 고래에서 온 사람들〉에 형상화된 '프레카리아트'의 상상력을 논의했다. 이 텍스트에서 작가는 생태적 불안정성의 원인은 기후변화이고, 그 심층 원인은 인류세의 행태와 구조임을 지목한다. 그 결과 생태불안정성의 현상으로 인간과 그 거주 공간이 공히 건강하지 못한 공멸의 위기에 처해 있음을 실감 있게 보여 준다. 코로나19 팬데믹 기간에 창작된 이 작품은 인간이 바이러스로 다른 존재를 감염시키고 죽일 수 있다는 역발상으로 인간중심주의를 반성한다. 그리고 인간만 단독적으로 건강할 수 없으며 존재하는 모든 생명과 그 생명의 터전인 지구와 함께 건강해야 함을 시사한다. 또 죽은 고래를 애도하는 알레고리 서사를 통해 인류세 시대 인간의 생태적 책무와 윤리를 깊게 환기한다. 나아가 인간의 몸은 단지 개체적인 생명이 아니고 모든 것들이 환경적으로 긴밀하게 유기적으로 연결되어 있는 '에코바디'라는 것, 그 에코바디의 생태적 안정성과 건강성을 위해서 프레카리아트의 상상력은 의미심장한 역할을 할 수 있다는 것 등을 추론할 수도 있다.

아직 의료-환경 인문학은 구조적이고 규범적인 체계를 갖춘 분야는 아니다. 의료와 환경, 생태비평의 융합 분야로서 환경심리학이나 환경-의료의 역사, 환경 정의와 건강 불평등, 환경적 권리와 인권의 문제, 인권과 동·식물권의 문제 등 다양한 분야에서 그 연구 분야를 통섭적으로 확대 심화하고 있다. 여기서는 그 일부의 연구 동향을 보고하고 듀나의 〈죽은 고래에서 온 사람들〉을 중심으로 그 논의 가능성과 의미를 확인해 본 것에 불과하다. 향후 더 체계적인 논의가 이어져 시적 정의와 환경적 정의가 어우러지고, 인간과 지구가 함께 건강해질 수 있는 인문학적 지혜의 온축이 계속되기를 기대한다.

참고문헌

자료

듀나, 〈죽은 고래에서 온 사람들〉, 이혜원 · 우찬제 편, 《#생태_소설》, 문학과지성사, 2021.

논저

김민경, 〈"기후위기 골든타임 10년"…"선택지 없다" 강력 경고〉, 《KBS뉴스》 2023년 3월 21일. https://n.news.naver.com/mnews/article/056/0011449500

김욱동, 《환경인문학과 인류의 미래》, 나남출판, 2021.

김정연, 〈탄소배출 이대로라면… 인류 1/3이 사하라사막 더위에서 산다〉, 《중앙일보》 2020년 5월 5일자. https://news.joins.com/article/23768968(검색일: 2023.1.11.)

리베카 헌틀리, 《기후변화, 이제는 감정적으로 이야기할 때》, 이민희 옮김, 양철북, 2022.

레이첼 카슨, 《침묵의 봄》, 김은령 옮김, 에코리브르, 2011.

마크 제롬 월터스, 《에코데믹, 끝나지 않는 전염병》, 이한음 옮김, 책세상, 2020.

몸문화연구소, 《인류세와 에코바디》, 필로소픽, 2019.

박기용, 〈기후변화 · 지구온난화 · 기후위기…무엇이 맞을까〉, 《한겨레》 2020년 1월 8일자. http://www.hani.co.kr/arti/opinion/column/977990.html?_fr=mt2#csidx11ca727c21e42f6a521db6fd319b438(검색일: 2023.1.11.)

아미타브 고시, 《대혼란의 시대》, 김홍욱 옮김, 에코리브르, 2021.

에드먼드 윌슨, 《지구의 절반-생명의 터전을 지키기 위한 제안》, 이한음 옮김, 사이언스북스, 2017.

우리 모두의 일Notre Affaire à Tous, 《기후정의선언: 우리는 실패할 권리가 없습니다》, 이세진 옮김, 마농지, 2020.

임철우, 〈문학의 언어, 당신의 목소리〉, 《2022 서울국제작가축제 에세이집-월담: 이야기 너머》, 한국문학번역원, 2022.

조효제, 《침묵의 범죄 에코사이드》, 창비, 2022.

최성각, 〈나무의 욕망, 사람의 욕망〉, 《2022 서울국제작가축제 에세이집-월담: 이야기 너머》, 한국문학번역원, 2022.

페터 볼레벤, 《나무의 긴 숨결: 나무와 기후 변화 그리고 우리》, 이미옥 옮김, 에코리
브르, 2022.

David Quammen, *Spillover: Animal Infections and the Next Human Pandemic*, New
York: Norton, 2011.

Erin James, *The Storyword Accoed: Econarraatology amd Postcolonial Narratives*,
Lincoln: University of Nebraska Press, 2015.

Scott Slovic, Swarnalatha Rangarajan & Vidya Sarveswaran ed., *The Bloomsbury
Handbook to the Medical-Environmental Humanities*, London: Bloomsbury
Academic, 2022.

T. Clark, "Ecological Grief and Anthropocene Horror," *American Imago*, 77(1),
2020, pp. 61-80.

디지털 포비아와 레트로 테라피

: 현실 같은 영화, 영화 같은 현실

| 노 철 환 |

벨 에포크 또는 카페 벨에포크

니콜라 브도스Nicolas Bedos의 〈카페 벨에포크La belle époque〉(2019)는 현재와 과거, 현실과 가상 사이에서 복잡하게 얽힌 인물들의 사랑을 다룬다. 그 중심에는 의뢰자가 요구한 과거를 재현하는 복고 지향 서비스, '시간여행자들Les voyageurs du temps'이라는 설정이 자리하고 있다. 〈카페 벨에포크〉의 영화 속 이야기diégèse는 크게 현실과 재현된 과거라는 두 개의 층으로 나뉜다. 우선 현실은 한때 잘나가는 풍자만화가였지만 지금은 무기력하기만 한 60대 남자 빅토르를 다룬다. 그는 디지털 기술로 구현된 초연결시대에 적응하며 열정적으로 살고 있는 정신분석가 아내 마리안과 별거를 시작했다. 다른 한 층은 빅토르가 주문한 재현된 과거다. 빅토르는 1974년 5월 16일 리옹의 한 카페, 라 벨에포크 정황의 재구성reconstitution을 요청한다. 이곳에서 빅토르는 사랑하는 여인을 만나 가슴 설렜던 그날을 다시 체험한다.

'벨 에포크Belle Epoque'는 19세기 말부터 제1차 세계대전 발발까지 사회, 경제, 정치, 기술 전역에 걸친 프랑스의 번영기를 가리키는 말이다. 〈카페 벨에포크〉에서 아름답게 재현된 1970년대 중반은 '영광의 30년Trente Glorieuses'이라 불리며 2차 세계대전 후 성장을 거듭하던 현대 프랑스의 '아름다운 시절' 말미였다. 빅토르의 기억으로 재현된 과거일 뿐이지만 〈카페 벨에포크〉는 프랑스와 유럽의 풍요로움을 아우르는 벨 에포크란 용어만큼 아름다운 레트로 감성이 가득하다. 특히 현실과 재현된 세계를 넘나드는 미장아빔mise en abyme 구조, 현실과 가상의 경계를 허무는 등장인물들의 관계, 그리고 정보 제공을 한정

함으로써 흥미를 자극하는 편집 방식 등, 독창적 내러티브를 선보인 〈카페 벨에포크〉는 2019년 칸영화제 비경쟁부문에 초대되었고, 제45회 세자르영화상에서 11개 부문 후보로 올라 오리지널 시나리오상, 조연여배우상, 무대상을 수상한 바 있다.

미장아빔

영화의 매력 중 하나는 시각적 표현을 활용해 기존 예술보다 복잡한 형태의 내러티브를 구성할 수 있다는 점이다. 탄생으로부터 120년 넘게 발전한 영화는 더 이상 시작–중간–끝으로 대표되는 아스리토텔레스 식 극작 방식만으로 관심을 끌기 어렵다. 과거와 비교할 수 없을 만큼 성장한 관객의 내러티브 해독력 때문이다. 감독과 작가들은 볼거리를 새롭게 포장할 독특한 내러티브 방식을 놓고 고민한다. 소설 속의 소설, 그림 속의 그림처럼 하나의 작품이 같은 모양의 작품 안에서 무한히 반복되는 재현 방식을 가리키는 미장아빔도 그러한 고민의 산물 중 하나다.[1] 앙드레 지드André Gide가 1893년 일기에서 언급한 것으로 알려진 미장아빔은 이야기 속에 또 다른 이야기가 삽입

---

[1] 미장아빔 표기는 mise en abîme 또는 mise en abyme로 혼용되고 있으나, 본고에서는 그리스어 어원에 의거해 mise en abyme로 표기한다. 미장아빔에 관한 보다 자세한 사항은 다음을 참조하시오. 노철환, 〈미장아빔 내러티브의 매체적 특성 비교: 고다르의 영화 경멸과 모라비아의 소설 경멸〉, 《프랑스문화예술연구》 63호, 2018, 101~132쪽.

l'enchâssement d'un récit dans un autre된 서사 개념이다.[2] 한 문장^{紋章}blason 안에 작은 문장이 새겨진 것처럼, 미장아빔은 두 번 이상의 반복이 들어 있어 필연적으로 경계의 문제가 발생한다. 미장아빔의 형태로, 현실과 서로 다른 허구지만 현실처럼 받아들여지는 영화 속 세계들 간 모호한 경계는 관객의 흥미를 자극한다.

미장아빔에서 사용된, 심연abyme이라는 단어는 그리스어 abussos 에서 온 말로 심해^{深海}abysse의 어원이기도 하다. 깊은 바닥bussos 이 없는a 상태라는 뜻으로 미장아빔은 회화, 조각, 사진, 신문, 포스터, 영화 등 다양한 방식으로 끝없는 자기복제를 시행한다. 유명 치즈 상표인 '웃는 소La Vache qui rit'의 이미지 반복을 비롯해, 미셀 공드리Michel Gondry가 연출한 비요크Björk의 뮤직비디오 〈미혼여성 Bachelorette〉(1997)에서 책의 내용이 현실로, 현실이 공연으로, 공연은 다시 공연 속 공연으로 재현되는 식의 미장아빔은 얼핏 복잡해 보이지만 반복을 통해 이해를 돕고 해석의 여지를 넓힌다는 장점이 있다. 나아가 영화의 플래시백이나 사건의 재구성처럼 이야기 속에 또 다른 이야기도 좀 더 넓은 의미에서 미장아빔에 포함하기도 한다.[3]

〈카페 벨에포크〉의 핵심 이야기는 주인공 빅토르가 시간여행자들 서비스를 통해 체험하는 1974년 5월 어느 날 상황이다. 신문 카투니

---

2 "J'aime assez qu'en œuvre d'art, on retrouve ainsi transpose, a l'echelle des personnages, le sujet même de œuvre, (...) C'est comparaison avec ce procède du blason qui consiste, dans le premier, a en mettre un seconde ⟨en abyme⟩." André Gide, *Journal <1889-1939>*, Paris: Gallimard, 1975, p.41.

3 Jacques Aumont & Michel Marie, *Dictionnaire théorique et critique du cinéma*, Nathan: Paris, 2004, pp.127-128.

스트였던 빅토르는 시각에 집중한 과거 체험을 주문한다.[4] 서비스 연출자인 앙투안이 스튜디오에 설치한 1970년대 중반 리옹의 카페, 라 벨에포크의 안팎 모습은 빅토르의 그림을 바탕으로 제작되었다.[5] 자신의 과거를 기록한 그림에 기반해 제작된 라 벨에포크의 세트에서 빅토르가 그림 내용과 동일한 과거 사건을 체험하는 과정은 이야기 속의 이야기라는 액자 구조[6]와 함께 자기반영성réflexivité과 자기복제성autosimilarité을 아우르는 미장아빔의 특징을 드러낸다.

---

4   프루스트의 《잃어버린 시간을 찾아서A la recherche du temps perdu》(1913~1927)에서 작가의 자기반영적 화자인 마르셀은 홍차에 적신 마들렌을 한입 베어 물다가 떠오른 과거 이야기를 들려준다. 미각과 후각이 자극한 회상으로 시작하는 《잃어버린 시간을 찾아서》에서 회화 작품들에 대한 탁월한 시각적 묘사는 널리 알려져 있으며, 마지막 권인 〈되찾은 시간Le Temps retrouvé〉은 소설을 쓰기 시작한 현재로 끝나는 미장아빔 구조를 가지고 있다. 에두아르의 소설 〈사전꾼들Les Faux-Monnayeurs〉 속 인물인 오디베르는 역시 소설가로서 에두아르처럼 자신의 주변 세계를 양식화하는 글쓰기 과정을 주제로하는 소설을 쓰는 중이다(페데리코 펠리니 영화 〈8과 1/2Otto e mezzo〉(1963)과 유사). 클로드-에드몽드는 지드의 미장아빔 기법은 형이상학적 현기증이나 깊이와 신비의 환영을 유발한다고 주장한다. Claude-Edmonde Magny, *Histoire du Roman Français depuis 1918*, Paris: Seuil, 1950, p. 244.

5   영화 작품의 의미가 이미지 각자의 위치와 주변 이미지 사이 관계에서 생산된다는 브레송의 언급은 그저 단편적인 과거 기록에 그쳤던 빅토르의 그림이 앙투안의 연출을 통해 생명력을 얻어 내는 과정과 유사하다. "사전 속에 배열된 단어들처럼 이미지들이 각자 위치와 주변 이미지와 관계에 의해서만 힘을 뿜어 내고 가치를 드러내는 게 시네마토그래프의 영화 작품이다." Robert Bresson, *Notes sur le cinématographe*, Paris: Gallimard, 1986, p. 23.

6   수잔 헤이워드Susan Hayward의 《Key Concepts in Cinema Studies》 번역본에서는 미장아빔을 '액자 구조화'로 번역했다. 실제 헤이워드는 '액자 구조화'를 자기복제성보다 겹구조라는 틀에 해당하는 사례로 제시한다. 그러나 액자 구조의 넓은 의미 속에 자기복제성이 가미된 미장아빔을 액자 구조화와 등가에 놓는 것은 적절하다고 보기 어렵다. 수잔 헤이워드, 《영화사전: 이론과 비평》, 이영기·최광열 옮김, 한나래, 2012, 296~297쪽.

오프닝 시퀀스

〈카페 벨에포크〉의 오프닝 시퀀스는 미장아빔 내러티브를 효과적으로 제시한다. 반전을 거듭하며 네 개의 층으로 이루어진 세계를 차례로 드러내는 이 시퀀스는 암전된 상태에서 들려오는 사람들의 소리로 시작한다. 이내 페이드인Fade in되면 벨 에포크 시대 만찬장이 보인다(그림 1). 잘 차려입은 왕과 귀족들의 입에서는 음담패설과 동물·인종·성차별적 발언이 쏟아진다. 선물로 흑인을 준비했다 하고, 그의 얼굴을 만지며(그림 2) 검댕이 묻어나지 않는다고 희롱할 때, 건물 바깥에선 복면을 쓴 사내들이 자동차에서 내린다(그림 3). 만찬장 실내악이 계속 흐르고 있는 것을 감안하면,[7] 전혀 다른 시대 두 가지 사건이 같은 시공간에서 진행되고 있음을 알 수 있다. 만찬장에 난입한

| 그림 1~6 | 만찬장에 들이닥친 무장강도들

7 영화의 사운드는 크게 영화 속 세계 안에서 들리는, 즉 인물들이 들을 수 있는 디제시스 사운드diegetic sound와 보이스오버나 첨가된 사운드 트랙처럼 스크린 내 공간에서 발생하지 않은 비디제시스 사운드non-diegetic sound로 구분할 수 있다. 영화의 내러티브와 사운드에 대해서는 수잔 헤이워드, 《영화사전: 이론과 비평》, 98~99쪽. 참조.

복면 강도들은 제일 먼저 흑인을 준비했다던 여자를 쏴 죽인다. "이 것도 상황극인가요?", "전 배우예요"라는 반응들과 함께 어떤 남자가 스마트폰을 빼서 만진다(그림 4). 악사를 때리고, 도망치는 사람을 향해 총을 쏜 복면 강도가 전화기를 내려놓으라 명령한다. 흑인 얼굴을 만졌던 여자는 "저 남자가 돈을 주고 시켰어요!"라고 왕을 가리킨다. 이어지는 대사와 쉽게 떨어지는 수염 덕분에(그림 5) 나폴레옹 3세의 만찬을 재현한 현장이었다는 사실이 밝혀진다. 한 강도가 만찬장 바닥에 휘발유를 뿌린다(그림 6). 귀족 흉내를 내고 있던 배우들은 자신들이 이슬람교도, 유대인이라고 고백한다. 무장 강도들의 출신이 아랍계임을 짐작할 수 있다.

이내 멍청이라 불리며 말없이 노리개 역할을 하던 흑인이 자신을 능멸한 남자의 입술을 물어뜯는다(그림 7). 이어 불붙인 담배를 떨어뜨린다(그림 8). 어두운 바닥 위에 환하게 불꽃이 일어난다(그림 9). 이때 프레임 왼편에 '스타넷 제공(STARNET PRESENT)'이라는 글씨가 뜬다. 이어 태블릿을 들고 해당 영상을 보고 있는 한 남자의 뒷모습이 보인다(그림 10). 불꽃 영상 위에 〈플래시백Flash Back〉이란 제목이 떴다 사라진다(그림 11). 지금까지 이 영상을 보고 있는, 헤드폰을 낀 빅토르의 얼굴이 보인다(그림 12).

〈카페 벨에포크〉의 오프닝 시퀀스에는 가상 층위를 벗겨 내며 해당 지점까지 목격하던 내용이 허구였음을 알리는 네 가지 지점이 존재한다. 첫 번째는 건물 앞에 자동차가 멈춰 서는 지점이다(그림 3). 벨 에포크 시대 왕의 만찬을 다루는 시대극을 보고 있다고 생각했던 관객은 갑작스런 현대 문물의 등장으로 인해 혼란에 빠진다. 그러나

| 그림 7~12 | 영화 속 영화 〈플래시백〉을 보고 있는 빅토르

복면을 쓴 이들이 만찬장 안으로 들어서며 총을 쏘면, 보고 있던 시대 극이 영화 속 현실이 아닌 영화 속 재현임이 밝혀진다. 두 번째는 전 화기를 꺼내거나(그림 4), "이것도 상황극인가요?", "전 배우예요"라는 대사가 들리는 지점이다. 이어지는 인물들의 대사들로 인해 단순한 시대극이 아니라 한 남자의 의뢰로 배우들과 함께 진행한 만찬 상황 극임이 드러난다. 영화 속에서 19세기를 재현한 상황극임을 알아채 자마자 또 하나의 층위가 드러난다. 바로 흑인이 떨어뜨린 담배가 바 닥에 떨어지면서 '스타넷 제공'이라는 크레디트가 나타나는 순간이다 (그림 9). 처음 시대극이라고 여겼던 것은 강도들의 등장으로 인해 상 황극임이 밝혀졌다. 시대극이건 상황극이건 간에 모두 영화 속의 이 야기 세계diégèse에 해당한다. 일반적으로 '스타넷 제공'처럼 영화 초 반에 등장하는 크레디트는 영화 속 세계를 구현한 회사를 밝히는, 현 실 세계에 속하는 텍스트다. 그런데 이때 네 번째 층위가 드러난다. '스타넷 제공' 장면을 태블릿으로 보고 있는 남자의 등장(그림 10)은 이 제까지 봤던 모든 것이 〈플래시백〉이라는 '영화 속 영화le film dans le film'[8]였을 뿐이라고 말하며 층위 벗겨 내기에 종지부를 찍는다.

영화 속 영화, 〈플래시백〉

시대극에서 시작해 상황극을 거쳐 액션물로 바뀌기까지는 일반적인 영화에서 볼 수 있는 단순한 반전이라고 여길 수 있다. 그러나 빅토르가 〈플래시백〉이라는 제목을 가진 미니시리즈의 파일럿 에피소드를 보고 있었다는 사실이 밝혀지면, 〈플래시백〉은 일반적인 영화le film가 아니라 영화 속 영화가 된다. 〈그림 13〉은 오프닝 시퀀스의 네 가지 층위를 도식화한 것이다.

| 그림 13 | 〈카페 벨에포크〉 오프닝 시퀀스의 네 가지 층위

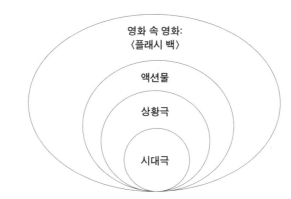

8 영화 속 영화와 '영화에 대한 영화le film sur le film'에 관한 자세한 사항은 다음 논문을 참조하시오. 노철환, 〈〈8 ½〉의 내러티브 구조 재해석: 크리스티앙 메츠의 분석에 대한 반론〉, 《영화연구》 59호, 2014, 73~76쪽.

만약 일반적인 영화였다면 하나의 이야기 세계를 이루며 상황극 현장에서 살인을 저지른 강도 일당이 이후에 벌일 일련의 사건과 인물들의 운명이 중요하다. 그러나 이것이 영화 속 이야기 세계에만 존재하는 스타넷이라는 회사의 〈플래시백〉이라는 영화 속 영화라면, 나폴레옹 3세의 가짜 만찬장에서 벌어질 이후 사건은 무의미해진다. 오히려 영화 속 영화인 〈플래시백〉을 영화의 맨 앞에 제시한 까닭이 더 중요해진다.

〈카페 벨에포크〉의 시작을 알리는 영화 속 영화 〈플래시백〉은 적어도 다섯 가지 임무를 담당한다. 첫째는 미장아빔이라는 형식적 특징을 드러낸다. 〈카페 벨에포크〉의 여러 층 이야기는 동일하거나 유사해, 비슷한 목각 인형이 겹겹이 들어 있는 러시아 전통 인형 마트료시카matryoshka를 연상시킨다. 〈카페 벨에포크〉의 핵심 소재는 고객의 요청대로 특정 과거를 재현하는 '시간여행자들'이라는 서비스다. 흔히 과거 회상을 위해 사용하는 영화 용어(플래시백flash back)와 동일한, 영화 속 영화 〈플래시백〉에서 나폴레옹 3세 만찬을 통해 과거를 재현하는 서비스가 있다는 것을 소개한다. 이것이 〈플래시백〉의 두 번째 임무다. 세 번째로 진실을 찾아가는 방법론을 엿볼 수 있다. 시대극-상황극-액션물로 껍질을 벗겨 가며 진실을 드러내는 〈플래시백〉의 내러티브 구조는 빅토르가 다시 만나고자 한 첫사랑의 존재를 서서히 밝히는 형태와 유사하다. 〈플래시백〉의 네 번째 역할은 현실과 가상의 경계 구분이 쉽지 않다는 지적이다. 관객은 극장 안에서 영화를 보고 있다는 사실을 알고 있음에도 불구하고 종종 등장인물의 상황에 동일시identification되어 울고 웃는다. 〈플래시백〉을 이해하지 못하는 빅토르는 시간여행자들 서비스 안에서도 마치 영화를 보는 관객과 유사한 반응을 보인다. 마지막으로 디지털 기술로 인한 변화를 두려워하는 주인공 빅토르의 성향을 설명한다. 빅토르는 겹겹이 쌓인 〈플래시백〉의 이야기 방식을 이해하지 못할 뿐만 아니라, 디지털 기술 전반에 관한 거부감을 표출한다. 빅토르가 디지털 포비아 digital phobia를 극복하는 건 자신의 과거를 상황극 형태로 재현하는 시간여행자들 서비스를 통해서다.

시간여행 모티브

과거에서 미래로 향하는 시간의 선형적 흐름을 초월하는 시간여행 voyage dans le temps은 현대 과학으로 아직까지 풀리지 않은 상상의 영역이다. 시간여행은 과학적 설정과 연결해 주로 SF 장르에서 활용된다.[9] 아인슈타인의 특수상대성 이론이나 웜홀 이론을 이용한 가능성 같은 과학 이론의 적용에서, 변경된 과거로 인한 예측할 수 없는 변화, 또 다른 자신과 만남 같은 논리적 문제 해결까지 시간여행과 그로 인해 발생한 역설적인 상황, 이른바 타임 패러독스Paradoxe temporel가

---

9   웰스H. G. Wells가 소설 〈타임머신The Time Machine〉을 발표한 건 뤼미에르 형제가 시네마토그래프로 영화의 대중상영을 실시한 1895년 일이다. 영화는 마치 타임머신처럼 시간의 역행, 압축, 건너뛰기가 가능한 최초의 시각 매체였다. 웰스의 〈타임머신〉은 1960년과 2002년 동명 영화로 제작된 바 있다.

시간여행 소재 작품의 사건들을 주도한다.[10] 주문자가 요구하는 시대
와 상황을 재현해 주는 〈카페 벨에포크〉의 '시간여행자들' 서비스는
타임 패러독스를 유발하지 않는 일종의 시간여행 모티브에 해당한다.

디지털 신기술을 향한 불평만 가득한 빅토르는 웹 심리상담으로
전문성을 확대하고 있는 아내 마리안과 사사건건 대립한다. 결국 아
내의 별거 선언으로 집에서 쫓겨난 빅토르는 아들 막심이 선물한 시
간여행자들 서비스를 이용해 과거 한 여인을 만났던 날을 체험하기
로 한다. 여기까지는 권태에 빠진 현재/현실 속 부부와 생동감 넘쳤
던 과거/재현 속 연인의 평범한 대조처럼 보인다.[11] 영화는 현실과 재
현된 가상이라는 두 개의 층위에서 빅토르를 중심으로 형성된 현재
와 과거의 (의사)연인 관계를 풀어 간다. 기억으로 재현된 과거 연인
과 달리 현실의 연인들은 늘상 다툰다. 빅토르는 아내 마리안과 별거
중이고, 마리안은 빅토르의 친구 프랑수아와 동거 중이다. 과거 재현

---

10 어릴 적부터 한 남자의 죽음을 목격한 기억을 가지고 있는 주인공이 시간여행자가
되어 과거에서 똑같은 장면과 마주하는데, 죽는 남자가 바로 자신이라는 크리스 마
케르의 〈환송대La Jetée〉(1962), 저항군 지도자가 탄생하지 못하도록 그의 어머니를
죽이려는 로봇에 맞서 그녀를 보호하기 위해 파견된 인간이 결국 저항군 지도자의
아버지가 된다는 제임스 카메론의 〈터미네이터The Terminator〉(1984), 타임머신을
타고 과거로 간 주인공이 젊은 시절 어머니와 사랑에 빠져 존재가 사라질 뻔한 로버
트 저메키스의 〈빽 투 더 퓨쳐Back to the Future〉(1985), 타임머신으로 과거에서 온
사람이 현재의 자신과 100미터 이내로 접근하면 격렬한 기상 반응과 함께 하나로 합
쳐지는 폭발이 발생하는 장-마리 푸아레의 〈비지터Les Visiteurs〉(1993, 1998, 2016)
등 타임 패러독스는 시간여행 모티브의 흥미를 유발하는 핵심 요소이다.
11 영화 속 연출자인 앙투안 역을 맡은 기욤 카네는 시나리오의 주제에 대해 "하나는
열정에 가득 찬, 또 하나는 정체 상태에 빠진 다른 시대의 두 개 사랑 이야기"라고
말한다. Charlotte Marsal, « Guillaume Canet, acteur dans "La Belle Époque": "Je suis
nostalgique et fâché avec la connerie" », CNews (3 février 2020)

서비스를 운영하고 있는 앙투안 역시 시간여행자들 서비스 안에서 마리안 역할을 수행하고 있는 연인 마르고와 사이가 좋지 않다.

〈카페 벨에포크〉의 큰 이야기 세계는 소원한 연인들의 재결합이다. 보통 영화의 내러티브를 형성하는 이야기 세계는 영화 속 현실le réel dans le film로 파악된다. 여기에 시간여행자들이라는 과거 재현 또는 시대 재구성 서비스라는 또 하나의 세계가 더 존재한다. 〈카페 벨에포크〉는 시간차를 둔 편집을 통해서 숨겨진 인물의 정체를 조금씩 밝히는 시각 내러티브를 활용한다. 이는 마르고가 연기하는, 빅토르가 다시 만나고 싶어 한 여인의 정체와 관련 있다.

교차편집: 비밀의 노출

시간여행자들 서비스 계약을 위해 앙투안의 회사를 찾아간 빅토르는 1974년 5월 16일 리옹의 한 카페로 시점과 장소를 구체화한다. "그날 만난 여인을 정말 좋아했다"는 그가 "그녀는 몇 년 전에 죽었다(Elle est morte depuis quelques années)"라고 말하는 순간 여자 얼굴을 그리는 손이 교차편집된다(그림 14). 연출자인 앙투안은 인터뷰하고 있는 빅토르를 옆방에서 몰래 바라보고 있다(그림 15). 이때까지 제공된 정보에 따르면, 아내 마리안과 관계가 소원해진 빅토르가 세상을 떠난 첫사랑과 만남을 재현하길 원한다고 짐작된다. 담당자가 서비스 제공 시점과 장소를 설명할 때, 빅토르는 이미 리옹의 옛 모습을 재현한 스튜디오에 들어서고 있다. 영화에서 흔히 사용하는 편집을 활용

| 그림 14~15 | 빅토르가 그린 그림과 지켜보는 앙투안

한 시간의 축약이다.

빅토르는 당시 묵었던 호텔 벨뷔에 짐을 풀고, 레트로 스타일의 옷으로 갈아입은 후 라 벨에포크에 들어선다. 실제처럼 재현되어 있는 카페 모습에 흐뭇해 하면서도 세트의 흠을 찾고, 조명이 노출된 천장을 올려보며, 연기자들의 실수를 지적한다. 카페 주인과 마주 앉으면서 빅토르는 바 위에 놓여 있는 삶은 달걀을 바라본다(그림 16, 그림 17). 빅토르가 마르고를 만나는 순간 라 벨에포크 신은 마리안이 아들 막심과 저녁을 먹는 식당 신과 느슨한 형태로 교차편집된다. "식사를 하

| 그림 16~19 | 달걀을 보는 빅토르와 주문하는 마리안

려면 테이블로 가게"라는 라 벨에포크의 주인 말에 따라 빅토르가 몸을 돌리는 순간(그림 18)은 후식으로 삶은 달걀과 설탕을 주문하는 마리안(그림 19)으로 연결된다.

본인의 말처럼 '이상한 취향'의 후식을 주문한 마리안은 심리상담가답게 프로이트를 인용하며 막심에게 아버지와 별거 그리고 새로운 동거남에 관해 이야기한다. 라 벨에포크에서 빅토르 역시 막 합류한 마르고와 이야기를 시작한다. 배역 설정을 온전히 숙지하지 못한 마르고에게 빅토르는 당시 상황을 이야기하며, "당신에게 모든 것을 빚졌다"고 말한다. 이때 거울 너머에서 앙투안의 연출팀은 빅토르가 줬던 그림을 참조하며(그림 20), 마르고에게 지시한다. 마르고는 조금 전 마리안이 식당에서 한 것과 동일한 삶은 달걀과 설탕을 주문한다. 이에 달걀 두 알과 설탕이 나오는데(그림 21), 카메라가 틸트업하면 "난 이게 맛있더라"고 말하는 이가 마르고 아닌 마리안이다(그림 22). 이어

| 그림 20~23 | 마리안과 마르고의 교차편집

설탕에 찍어 먹는 마르고로 다시 연결된다(그림 23). 흥미로운 교차편집에 의해 마르고가 맡고 있는 역할이 마리안이란 심증이 간다. 앞서 빅토르가 그녀가 죽었다고 말하면서 특정 과거 시점을 지칭하는 'il y a' 대신 'depuis'(…이래로)를 사용한 까닭도, 사랑했던 여인의 물리적인 '죽음décès'이 아닌 언젠가부터 마음속에서 '소멸mort'되었다는 의미임을 알 수 있다.

숏/역숏: 시선의 응답

숏/역숏shot/reverse shot, 즉 카메라의 이동과 편집으로 창출되는 연속성의 환영은 연극과 구별되는 영화의 대표적인 특징 중 하나다. 배우가 어떤 상황에 대한 반응을 보일 때, 원인과 상황 전체를 동시에 목격하는 연극과 달리 영화는 인물의 시점숏point of view shot을 통해 등장인물이 보는 것처럼 반응의 원인을 관객에게 제시한다.[12] 숏/역숏의 활용과 의미에 관한 가장 잘 알려진 이론은 우다르Jean-Pierre Oudart의 봉합la suture 개념이다. 얌폴스키Mikhail Iampolski는 우다르의 숏/역숏을 다음과 같이 정리한다.

---

[12] "연극과 영화의 중요한 차이 중 하나는 카메라가 이동한다는 사실이다. 이것은 극장의 객석이라는 객관적 위치에서 매우 주관적인 시점숏으로 이어지는 하나의 범위 내에 관객을 위치시킨다는 것을 의미한다." 켄 댄시거 · 제프 러시, 《얼터너티브 시나리오: 할리우드 시나리오 작가들은 요즘 어떻게 쓸까》, 안병규 옮김, 커뮤니케이션북스, 2006, 372~373쪽.

우다르에 따르면 영화 읽기에서 가장 중요한 국면은 관객이 재현의 불충분함, 즉 숏 외부 공간의 존재를 인식하는 순간이다. 관객은 이 불충분함의 사실로부터 재현 자체가 기표의 영역에 속한다는 것, 즉 그것이 연속적이지 않고 분절적 성격을 지니는 담론이며 따라서 작가를 갖는다는 결론을 도출한다. 이 작가란 곧 '부재하는 것'으로서의 '대타자'인데 라캉에 따르면 그것과의 동일시는 주체의 형성과 그 비일관성의 극복에서 가장 중요한 국면에 해당한다. 그러나 영화는 이 부재하는 것absent의 존재를 은폐하는 방식으로 작동하는바, 그것은 디제시스적 연속성의 환영을 만들어 내면서 마치 담론을 누비는 듯하다.[13]

빅토르가 시간여행자들 서비스를 통해 만나고 싶어 한 첫사랑이 마리안이고, 그 역할을 마르고가 하고 있다는 사실을 결정적으로 확인할 수 있는 것은 짧은 형태로 연결된 숏/역숏의 활용 덕분이다.[14] 앞의 달걀＋설탕 편집에 이어 이번엔 전화를 이용한다. 먼저 전화가 걸려온다는 연출부의 주문이 들어가면(그림 24), 전화벨이 울리고 빅토르는 "당신 전화일 거예요"라고 젊은 마리안 역할을 하고 있는 마르고에게

13 미하일 얌폴스키, 〈대화와 영화적 공간의 구조: 리버스 몽타주 모델에 관하여〉(1984), 《영화와 의미의 탐구 1: 언어-신체-사건》, 최선·김수환·이현우 옮김, 나남, 2017, 102~103쪽; Jean-Pierre Oudart, "La Suture", Cahiers du cinéma, No.211, Avril 1969, p.38; 우다르 글의 번역본은 다음에서 찾을 수 있다. 장-피에르 우다르, 〈봉합〉, 《사유 속의 영화》, 이윤영 편역, 문학과지성사, 2011, 221~245쪽.

14 "텍스트의 불연속성에서 연속성을 상상하고 관객이 영화를 봉합하는 것과 동시에 영화도 서사 구조의 약호화를 통해 분열적인 텍스트의 움직임을 조절하면서 관객을 서술된 주체로서 봉합한다." 스티븐 코핸·린다 샤이어스, 《이야기하기의 이론: 소설과 영화의 문화 기호학》, 이호·임병권 옮김, 한나래, 1996, 235쪽.

| 그림 24~27 | 전화를 받는 마리안의 숏/역숏

| 그림 24~27 | 전화를 받는 마리안의 숏/역숏

말한다. 전화를 받은 점원이 "마리안"을 외치면(그림 25), 빅토르의 시점으로 전화를 받고 오겠다고 말하는 이가 보이는데, 마르고가 아닌 마리안이다(그림 26). 막스와 식당 신에서 검은 옷을 입고 있던 마리안은 이때 마르고와 유사한 하얀 옷을 입고 있다. 이에 대한 역숏은 일어서는 마리안을 바라보는 빅토르의 클로즈업이다(그림 27). 이때 프레임 왼쪽 바깥으로 나가는 이는 또다시 마리안이 아닌 마르고다.

현실과 가상의 흐릿한 경계

1974년 리옹의 그녀가 마리온이었다는 사실을 밝히는 교차편집과 숏/역숏의 활용은 현실과 가상 그리고 상상의 경계가 점점 모호해지는 빅토르의 상태를 암시한다. 영화에서는 철저하게 감춰지는 촬영 장면과 유사한 앙투안의 연출 장면 그리고 인 이어 모니터를 통해 연출자와 소통하는 마르고의 행동은 시간여행자들 서비스가 가상현실임을 관객에게 반복적으로 환기시킨다. 마리안을 사랑했던 초심을 확인하려는 게 빅토르가 시간여행자들 서비스를 이용한 최초 동기임에 틀림없다. 빅토르는 마르고의 연인이자 빅토르를 은인으로 생각하는 앙투안이 연출한 가상세계 안에서 사랑의 감정과 활력을 되찾는다. 문제는 마리안을 통해 새 삶을 시작했던 과거의 빅토르처럼, 마르고에게 빅토르의 마음이 끌리게 된다는 점이다. 여기에 마리안을 재현하고 있는 마르고를 보면서 자신의 잘못을 깨닫는 앙투안의 변화가 끼어든다. 1970년대를 체험하면서도 현재를 동시에 살고 있는 빅토르와 과거 마리안-현실 마르고의 독특한 이중 관계는 시간여행자들 서비스의 연출을 맡고 있는 앙투안의 간여로 인해 한층 흥미로워진다. 현실과 가상의 경계가 흐릿해지는 지점이다.

〈카페 벨에포크〉의 시간여행자들 서비스는 가상을 현실처럼 속이는 〈트루먼쇼The Truman Show〉(1998), 〈토탈리콜Total Recall〉(1990, 2012), 〈엑시스텐즈eXistenZ〉(1999)나 현실과 가상의 경계를 뒤섞은 〈어댑테이션Adaptation〉(2002), 〈매트릭스The Matrix〉 시리즈(1999~2021) 등과 결을 달리한다. 극중극le théâtre dans le théâtre과 연출, 영화 속 현실과 가상이라는 미장아빔 구조 속에 영화적 기법을 첨가하고 있지만, 고다르의 〈경멸Le Mépris〉(1963), 트뤼포의 〈사랑의 묵시록La Nuit américaine〉(1973)처럼 영화 제작 과정을 다룬 영화에 대한 영화le film sur le film와 차이도 분명하다. 〈카페 벨에포크〉는 플라톤의 동굴의 비유에서 시작한 보드리Jean-Louis Baudry의 영화 장치le dispositf의 사실성과는 거리가 있다.[15] 영화 제작 과정의 은폐와 카메라의 동일시 그리고 영화 관람 과정에서 관객이 영화를 사실적이라고, 또 영화가 제시하는 것을 사실적이라고 받아들이는 느낌impression de réalité과도 다르다. "보는 것이 믿는 것이다Seeing is believing"[16]라는 격언처럼 졸리Martine Joly는 시각적인 것에 대해 기본적으로 진실의 감정을 기대하고, 가시적인 것에서 그 증거를 찾으려 한다고 주장한다.[17] 시간여행자들 서비스를 체험하고 있는 빅토르는 자신이 가짜 세계에 있다는 사실을 온전히 인지하고 있지만, 꾸며진 세계에 빠져드는 영화 경험과 약속을 통해 내러티브에 집중하는 연극 경험의 중간 즈음에 자리한 독특한 체험을 진행한다.[18] 가짜인 줄 알면서도 주인공의 감정에 공감하며

---

[15] Jean-Louis Baudry, "Effet idéologiques produits par l'appareil de base", *Cinéthique*, No. 7-8, 1970; "Le dispositif: approches métapsychologiques de l'impression de réalité", Communications, No. 23, 1975. 오몽과 마리는 보드리의 영화장치 이론을 "종종 픽션의 특징 중 하나인 그 모방적 측면을 강조했다."고 주장한다. 자크 오몽 · 미셸 마리,《영화작품 분석의 전개(1934-2019)》, 이윤영 옮김, 아카넷, 2020, 123쪽.

[16] Arthur Asa Berger, *Seeing Is Believing*, New York: McGraw-Hill, 1997.

[17] "…하지만 우리는 리얼한 것과 현실, 현실과 진실의 혼동을 그 무엇보다 원하고 있다는 점이다. 이렇게 하여 우리가 알 수 있는 것은 시각적le visuel인 것에서 기대되는 진실의 감정은 시각적인 것이 가시적le visible인 것을 대체하면서 가시적인 것에서 증거의 특성을 빌리고 있다는 생각과 일치한다." 마르틴 졸리,《이미지와 해석》, 김웅권 옮김, 동문선, 2002,159~160쪽.

[18] 빅토르와 앙투안은 '시간여행자들'에 대해 양가적 태도를 고수한다. 앙투안은 상황을 통제하는 연출가이면서 예측할 수 없는 진행 과정을 바라보는 관객이다. 빅토르는 체험하는 고객이면서 상황의 방향을 주도하는 연출자이기도 하다. 두 사람의 태도는 본다는 것을 근간으로 하는 연극과 영화의 감상 특성과 긴밀하게 연결되어 있다. "연극이 더 오래된 행사 형식으로서 영화에서 속행되었다는 사실은 명백하다. … 연극과 영화의 매체 형식을 기술하는 데 있어서 구조적 상동관계들은 본질적이며, 양측에 공통적인 무대 위나 스크린 위의 심미적 사건에 대한 관찰자 배치를 뜻한다." 요아힘 페히, 〈영화의 상호매체성〉, 위르겐 펠릭스 편저,《현대 영화이론의 모든 것》, 이준서 옮김, 앨피, 2004, 420쪽.

흥미롭게 영화를 보는 관객처럼, 빅토르 역시 카페 라 벨에포크 주변과 그 안에 있는 인물들이 연출된 가짜라는 사실을 파악하고 있다. 그러나 영화와 연극의 관객보다 한 걸음 더 나아가 빅토르는 재현된 과거를 직접 체험하면서 상황 속으로 빠져든다.

재현과 체험

〈카페 벨에포크〉의 이야기 세계는 영화 속 작품, 영화 속 현실 그리고 영화 속 가상세계로 구분할 수 있다. 먼저 영화 속 작품으로는 오프닝 시퀀스에 등장하는 TV 시리즈 〈플래시백〉 같은 영상물, 마르고가 출연하는 연극, 그리고 빅토르가 그린 그림들이 있다. 영화 속 현실에는 빅토르 가족의 일상, 가상세계를 연출하는 앙투안과 출연하는 마르고, 진행하는 스태프들의 본모습이 드러난다. 영화 속 가상세계는 앙투안이 연출한 재현된 세계, 즉 시간여행자들 서비스다. 마르고를 비롯한 배우들은 연출된 세계인 영화 속 가상세계에서 배역을 연기함으로써 사실감을 부여한다. 앙투안과 스태프는 재현된 세계를 누리는 빅토르를 비롯한 고객들에게 보이지 않는 존재다. 마치 영화 관객이 카메라와 조명을 포함한 제작 현장을 볼 수 없는 것과 유사하다. 마르고와 출연자들은 고객과 함께 재현 세계를 이루지만, 그들의 영화 속 현실 세계 삶은 고객에게 드러내지 않는 것을 원칙으로 한다.

앙투안이 과거를 재현하기 위해서 활용하는 주 자료는 빅토르가 직접 그린 그림이다. 마치 만화처럼 그림 순서에 따라 빅토르의 과거 사건들이 연출된다. 빅토르는 마리안과 만났던 그날의 중요한 순간을 이미지로 옮기고, 그림 아래쪽에 상황 설명을 글로 덧붙여 놓았다. 종이신문이 사라지면서 할 일을 잃기 전 빅토르는 신문사의 풍자만화가였다. 그림은 빅토르의 재능이면서, 앙투안이 능력 있는 연출자로 성장하도록 도운 오브제이기도 했다. 빅토르의 그림이라는 대상과 그림을 바라보는 이성적 주체에 해당하는 앙투안 사이의 흐릿한 경계는 메를로-퐁티Maurice Merleau-Ponty의 타자와 주체가 서로 혼재되는 현상학적 지각perception을 연상시킨다.[19] 빅토르의 그림은 앙투안에게 감상의 대상이 아닌, 재현의 자료임과 동시에 재현을 이끄는 큐시트로 작동한다. 감각하고 감각되는 주객의 지위가 아니라, 과거 재현을 가능케 하고, 상황을 점검하며 인도한다. 빅토르는 영화나 연극의 시청각적 자극을 넘어 재현된 과거를 직접 체험한다. 이는 극장 문 밖을 나서며 현실을 직시하게 되는 영화나 연극과 달리, 삶의 태도를 온전히 바꾸는 결과에 도달하는 〈카페 벨에포크〉 후반부 이야기와 맞닿아 있다.

영화와 회화의 상호매체성

영화는 종합예술적 특성과 기술적 속성 그리고 공동창작 방법론으로

---

19 모리스 메를로-퐁티, 《간접적인 언어와 침묵의 소리》, 김화자 옮김, 책세상, 2005, 118쪽.

인해 필연적으로 서로 다른 둘을 연결하고 전달하며, 다른 형태로 변환하는 (상호)매체적 성격을 띤다.[20] 영화의 시작점 중 하나로 꼽히는 사진 기술의 발전 배경에, 시각적 인상과 순간 포착을 회화의 영역으로 인정하게 된 시각예술문화의 흐름이 있었다는 사실을 무시할 수 없다.[21] 표현주의와 인상주의, 사진술은 미래파와 입체파 등에 영향을 끼쳤다. 움직임의 분석이 회화적 표현 방식의 연구 영역에 들어섰을 때, 영화는 연속사진술을 영사와 연결시키면서 스크린이라는 2차원 공간에 선원근법적 세계를 구현하는 회화의 고전적 표현 방식을 차용했다. 앙드레 바쟁André Bazin도 사진은 회화에게 유사성의 강박을 면제해 주고, 사진의 편리성으로 인해 대체할 수 없는 회화의 가치와 특질을 인정받을 수 있게 했다고 말한 바 있다.[22] 선형적인 발전이 아닌 서로 영향을 주고받으며 비선형적으로 변화하는 형태다.

시간여행자들 서비스를 경험하면서 빅토르는 적극성을 회복한다. 그는 서비스의 계약 연장을 위해 부부 공동소유로 가지고 있던 콘도를 팔고, 거절해 왔던 디지털 카툰 사업도 아들 막심과 시작한다. 직접

---

20 "영화는 언제나 이것인 동시에 다른 것이다. 영화와 기술, 영화와 경제, 영화와 예술, 영화와 매체처럼 말이다. 영화가 매체로서, 즉 기술적 의사소통 매체로서, 의식산업 매체로서, 예술이나 멀티미디어 네트워킹 매체로서 정의된다면, 영화의 상호매체성은 이 모든 연결과 관련이 있다." 요아힘 페히, 〈영화의 상호매체성〉, 399쪽.

21 오몽은 "사진 발명의 가장 직접적인 결정 요인은 1800년경 회화에 영향을 준 몇몇 중요한 이데올로기의 변화 속에서 읽어야 한다. 이러한 변화의 핵심은 1780년에서 1820년 사이 사생 스케치에서 절정에 이르는데,"라고 주장한다. 자크 오몽, 《멈추지 않는 눈》, 심은진·박지회 옮김, 아카넷, 2019, 54~55쪽.

22 앙드레 바쟁, 〈연극과 영화〉(1951), 《앙드레 바쟁의 영화란 무엇인가?》, 박상규 옮김, 시각과 언어, 2001, 227쪽.

| 그림 28~31 | 마르고와 경험을 그림으로 옮기는 빅토르

추가 비용을 지불한 만큼 빅토르는 1974년 라 벨에포크의 상황이 실제가 아닌 가상임을 이제 명백히 알고 있다. 〈카페 벨에포크〉에서 빅토르가 재현된 과거를 통해 체험하는 현실성은 에이지크만Claudine Eizykman이 지적한 것처럼 '그것이 고무시키는 신뢰성에 달려' 있다.[23] 조금씩 다른 부분을 직접 수정하고 보강하며 빅토르는 마르고와 함께하는 순간을 추가해 그리기 시작한다(그림 28~31).[24] 새롭게 그린 그림들에는 빅토르와 행복한 시간을 보내고 있는 마르고 모습이 담겨

---

23 Claudine Eizykman, *La Jouissance-cinéma*, Paris: Inédit, 1976, pp. 25-27; 에이지크만은 "현실성에 대한 인상은 영화가 현실성의 일부로 생각되지만 다른 한편으로는 비현실적이고 유형적이지 않은 강한 영향을 생산한다는 것을 암시한다. 이 간극, 이 단절에서 현실감이 발생한다. 그리고 이 간격 또는 이 절단이 우리가 현실성이라고 부르는 것이 조직되는 체계다"라고 말하며 영화를 보며 발생하는 현실 감각은 비현실을 깨닫는 과정에서 발생한다고 본다.

24 "영화 속 회화의 상호매체적 형태화는 다시금 두 차원에서, 즉 영화의 차원과 회화의 차원에서, 연관성을 띤다." 요아힘 페히, 〈영화의 상호매체성〉, 421쪽.

| 그림 32~33 | 떠나는 마르고와 또 다른 마리안의 대역

있다(그림 29, 그림 31).[25] 행복한 시간을 보내고 있는 두 사람의 시간여행자들 속 일상은 빅토르의 그림이 되고, 벽을 가득 메운 (그러나 영화 속 가상세계로서 제시된 바 없는) 새롭게 그린 그림들은 결국 영화 속 현실에 영향을 끼친다.

첫사랑의 설렘을 찾으려 했던 처음 의도와 달리 재현된 가상세계에 빠져 살아가는 빅토르가 현실 감각을 되찾게 된 것은 마르고의 결단 때문이다. 여느 때처럼 재현 배우들과 파티를 하던 빅토르는 자신의 호텔방으로 사람들을 초대한다. 웃으며 방 안에 들어선 마르고는 벽 하나를 채우고 있는 그림들을 발견한다(그림 32). 그 그림들이 마리안과 함께했던 빅토르의 과거 기록이 아니라, 자신과 함께 있던 기억이라는 것을 깨달은 마르고는 조용히 방을 나선다.

다시 하루가 지나고, 반복되는 5월 16일을 체험 중인 빅토르 앞에 마

---

25 카메라와 조명의 활용에 따라 철저하게 분절되는 영화배우의 연기와 달리, 연극배우는 긴 호흡으로 극의 시작부터 끝까지 배역에 몰입하는 것이 일반적이다. "연극배우는 자기가 맡은 등장인물과 자신을 동일시한다. 그러나 영화배우는 항상 그럴 수 있는 것이 아니다. 영화배우의 연기는 전혀 단일한 것이 아니다. … 배우의 연기를 이후에 연결시킬 수 있는 단편들로 분해하는 것은 바로 기계장치의 기본적 요구 때문이다." 발터 벤야민, 〈기계복제 시대의 예술작품〉(1963), 《사유 속의 영화》, 124쪽.

르고 아닌 다른 배우가 나타난다(그림 33). 브뉘엘Luis Bunuel의 〈욕망의 모호한 대상Cet obscur objet du désir〉(1977)에서 콘치타 역을 카롤 부케Carole Bouquet와 안젤라 몰리나Ángel Molina가 태연하게 나눠 연기한 것과 비슷한 상황인 셈인데, 빅토르는 바뀐 젊은 마리안을 받아들이지 못한 채, 호텔방의 그림을 모두 챙긴 후 마르고를 찾기 위해 떠난다.

돌아보지 마시오

마르고 집을 방문한 빅토르는 아이가 둘 있는 금발의 카미유 피오트로프스카가 마르고의 정체라고 생각하게 된다. 이내 빅토르는 마음을 정하고 돌아선다. 여기까지 상황은 영화 속 현실처럼 보인다. 그런데 빅토르가 떠난 후 감성적인 음악이 흐르는 순간, 균열이 발생한다. 영화 속 인물들이 듣지 못하는 비디제시스 사운드처럼 들리는 이 음악은 다름 아닌 현장을 몰래 지휘하고 있던 앙투안이 튼 것이었다. 즉, 아이 엄마 카미유는 영화 속 세계가 아닌, 마르고가 연기하는, 또 다른 영화 속 가상세계의 인물이라는 게 밝혀진다. 마르고는 영화 속 가상세계를 기록하고 있는 카메라를 찾아 깨부수며 더 이상 못하겠다고 뛰쳐나간다.

〈카페 벨에포크〉는 프랑스에서 흔치 않은 '닫힌 결말 + 해피엔딩'을 가지고 있다. 파국 위기에 처했던 앙투안-마르고와 빅토르-마리안은 시간여행자들이라는 상황극을 통해 연인의 진심을 깨닫고 치유와 회복에 도달한다. 앙투안은 마르고를 위로하고, 그만두겠다는 의

견을 받아들인다. 빅토르는 재현된 라 벨에포크에서 진짜 마리온과 마주한다.

〈카페 벨에포크〉는 잊고 지냈던 연인의 소중함이라는 주제를 과거-그림-연기/연출-그림-현실로 이어지는 미장아빔 구도를 통해 표현했다. 어쩌면 빅토르는 〈플래시백〉을 봤던 시작부터 라 벨에포크 세트에서 마리안을 만나는 끝까지 현실과 가상의 경계를 일관되게 알아채지 못했을 수도 있다. 이는 미장아빔 구조가 적용된 예술작품의 감상 과정에서 흔히 발생하는 현상이다. 일반적으로 관객은 작품과 다른 세계에 위치해 있다. 그러나 미장아빔이 적용된 작품에서는 관객 자신이 자리한 정확한 위치를 알 수 없게 되는 순간이 발생한다. 꿈을 꾸고 있다고 자각한 순간이 꿈속 순간이거나, 잠에서 깨어나서도 꿈이 아닌지 헷갈리는 것처럼, 미장아빔은 작품과 작품 속 작품만이 아니라 작품과 관객의 경계를 파괴하기도 한다.

미장아빔은 전체 틀과 삽입된 틀 사이의 관계를 상기시키며 예술의 자기지시 문제를 제기한다. 작품만이 아니라 그 작품을 창작하고 있는 작가의 자기반영성, 또는 이를 관찰하는 관객의 위치나 지위에 대한 질문을 던지기도 한다. 일종의 '속이기'다. 관객이 동일시를 거듭하며 이야기 세계에 빠져들어 가려 하지만, 미장아빔은 그것이 거짓이었다고 말한다. 마치 가짜인 줄 알면서도 흥미롭게 영화를 보는 관객처럼, 시간여행자들 서비스를 체험하는 주문자도 재현된 과거가 가짜인 것을 알고 있다. 그러나 둘 다 유사한 방식으로 가상의 세계를 실감나게 즐기고, 이를 통해 삶의 정화와 재정렬이 이뤄진다. 아마도 예술의 가장 긍정적인 효과일 것이다. 작품 소비 방식에 대한 약속이 존재하는 연극적 소재를 활용한 〈카페 벨에포크〉는 바라보는 것만으로도 현실성을 체험하는 영화의 관람 특성을 충실히 표현하고 있다. 여기에는 시간여행자들이라는 과거 재현 서비스를 단순히 바라보는 것이 아니라, 미장아빔 구조, 현실과 가상을 오가는 흥미로운 서사와 인물의 감정선을 자연스럽게 연결한 편집이 작동하고 있다.

"돌아보지 마."[26] 무너지는 소돔과 고모라를 돌아보다 소금기둥이 된 롯의 아내처럼, 혹시나 하는 마음으로 돌아보다 에우리디케를 잃은 오르페우스처럼, 과거를 돌아보는 행위는 쓸모없다고 간주되는 경향이 있다. 소원해진 아내와 사랑을 회복하기 위해 과거 첫 만남의 순간을 재현하는 빅토르는 과거를 아름다운 것으로 재소비함으로써 잃어버린 것을 찾고, 미래를 열어 가는 생산적인 '돌아봄'을 수행한다. 〈카페 벨에포크〉는 디지털 포비아에 빠져 초연결시대의 부적응자로 취급받던 한 인물과 주변 인물들이 추억이라는 레트로 테라피를 통해 현재에 안착하는 과정을 보여 준다. 이 영화의 시각 내러티브의 효과적인 작동은 과거 재현과 치유 과정에서 영화적 설득력을 강화한 사례로 꼽을 만하다.

---

[26] 〈Ne te retourne pas〉(2009)는 마리나 드 방Marina de Van이 연출하고 모니카 벨루치와 소피 마르소가 출연하는 영화 제목이기도 하다.

참고문헌

단행본

마르틴 졸리, 《이미지와 해석》, 김웅권 옮김, 동문선, 2002.

모리스 메를로-퐁티, 《간접적인 언어와 침묵의 소리》, 김화자 옮김, 책세상, 2005.

미하일 얌폴스키, 《영화와 의미의 탐구 1: 언어-신체-사건》, 김수환 외 옮김, 나남, 2017.

수잔 헤이워드, 《영화사전》, 이영기 외 옮김, 한나래, 2012.

스티븐 코핸 · 린다 샤이어스, 《이야기하기의 이론: 소설과 영화의 문화 기호학》, 임병권 외 옮김, 한나래, 1996.

앙드레 바쟁, 《앙드레 바쟁의 영화란 무엇인가?》, 박상규 옮김, 시각과 언어, 2001.

자크 오몽, 《멈추지 않는 눈》, 신은진 외 옮김, 아카넷, 2019.

자크 오몽 · 미셸 마리, 《영화작품 분석의 전개(1934-2019)》, 이윤영 옮김, 아카넷, 2020.

켄 댄시거 · 제프 러시, 《얼터너티브 시나리오: 할리우드 시나리오 작가들은 요즘 어떻게 쓸까》, 안병규 옮김, 커뮤니케이션북스, 2006.

André Gide, *Journal <1889-1939>*, Paris: Gallimard, 1975.

Arthur Asa Berger, *Seeing Is Believing*, New York: McGraw-Hill, 1997.

Claude-Edmonde Magny, *Histoire du Roman Français depuis 1918*, Paris: Seuil, 1950.

Claudine Eizykman, *La Jouissance-cinéma*, Paris: Inédit, 1976.

Jacques Aumont, & Michel Marie, *Dictionnaire théorique et critique du cinéma*, Paris: Nathan, 2004.

Robert Bresson, *Notes sur le cinématographe*, Paris: Gallimard, 1986.

논문

노철환, 〈《8 $\frac{1}{2}$》의 내러티브 구조 재해석 : 크리스티앙 메츠의 분석에 대한 반론〉, 《영화연구》 59호, 2014.

＿＿＿, 〈미장아빔 내러티브의 매체적 특성 비교: 고다르의 영화 경멸과 모라비아의

소설 경멸〉,《프랑스문화예술연구》63호, 2018.

발터 벤야민, 〈기계복제 시대의 예술작품〉(1963),《사유 속의 영화》, 이윤영 편역, 문
학과지성사, 2011.

요아힘 페히, 〈영화의 상호매체성〉,《현대 영화이론의 모든 것》, 이준서 옮김, 앨피,
2004.

Charlotte Marsal, "Guillaume Canet, acteur dans "La Belle Époque": "Je suis
nostalgique et fâché avec la connerie"", *CNews*, 3 Février 2020.

Jean-Louis Baudry, "Effet idéologiques produits par l'appareil de base",
Cinéthique, No.7-8, 1970.

_____, "Le dispositif: approches métapsychologiques de l'impression de
réalité", *Communications*, No.23, 1975.

Jean-Pierre Oudart, "La Suture", *Cahiers du cinéma*, No.211, Avril 1969.

디지털 중독과 상담적 개입 방안

ㅣ이헌주ㅣ

디지털 중독과 그로 인한 문제점

바야흐로 디지털 세계가 도래했다. 현대인들은 작은 스마트폰으로 쇼핑, 게임, 연락, 업무, 건강, 최신의 정보에 언제든 손쉽게 접속할 수 있다. 많은 개인은 디지털 세계 안에서 일을 하고 놀기도 하며, 친구를 만나고 건강을 챙기기도 한다. 이로 인해 점점 많은 인구가 종이책보다는 이북E-Book이나 오디오북을 선호하며, 직접 만나는 회의보다는 온라인 회의를 선택한다. 디지털로 관계를 맺는 것이 너무나 일상이 된 나머지 직접 만나는 관계보다 온라인상에서의 관계가 좀 더 편한 사람이 늘어나고 있다.

이러한 추세와 함께 최신 기술인 메타버스와 챗 GPT, 바드와 같은 첨단 AI 시스템이 디지털 세계에 계속적으로 공급되며 급속도로 자신의 영토를 확장하고 있다. 그러나 그만큼 우리 삶에 깊숙이 침투하기 시작한 디지털 혁명은 데칼코마니처럼 밝은 면만큼이나 어두운 면을 가지고 있다. 그중 하나가 디지털 중독 현상이다. 요즘 사회 전반에서 디지털 매체가 중독적 경향을 띠고 있다는 목소리가 높다. 그러나 사실 '디지털 중독'이란 용어는 확정된 개념은 아니다. 디지털 매체에 인간이 정말로 중독되는지, 아니면 그저 몰입의 한 형태로 봐야 하는지는 학자들 사에서도 첨예한 논쟁 거리이다(Griffiths M, 2000; American Psychiatric Association, 2013; Panova & Carbonell, 2018).

그럼에도 불구하고 '디지털 중독'을 정의하자면, 디지털 매체가 없으면 불안을 느끼는 증상으로 일상생활이 곤란할 정도로 디지털 기기를 과도하게 이용하는 현상을 말한다(한경 경제용어사전, 2021). 또한, 디지털 매체엔 TV·인터넷·스마트폰·컴퓨터 등 다양한 것들이 있으나 최근에는 스마트폰의 현저한 보급률 증가와 사용 시간 증가가 함께 나타나고 있으며, 이는 최근 디지털 중독이라는 현상의 가장 큰 부분을 차지하고 있다.

디지털 중독의 핵심에 있는 스마트폰 중심으로 통계를 살펴보도록 하자. 한국정보화진흥원(2021)의 조사에 따르면, 2019년 대한민국의 만 3~69세 스마트폰 이용자 중 과의존 위험군이 20퍼센트에 달한다고 한다. 이는 전년 대비 0.9퍼센트 증가한 것으로 나이별로 살펴보면 유·아동(만 3~9세) 22.9퍼센트, 청소년(만 10~19세) 30.2퍼센트, 성인(만 20~59세) 18.8퍼센트, 60대(만 60대~69세) 14.9퍼센트로 젊은 층일수록 스마트폰 과의존 위험군이 현저한 비율을 차지하고 있다. 한편, 유·아동의 경우 부모의 통제력이 강하게 영향을 줄 수 있고 스마트폰 보급이 원활하지 않음을 고려할 때 스마트폰 과의존 비율이 무려 20퍼센트를 넘는다는 것은 주목할 만하다. 실제로 우리는 식당이나 놀이 장소에서 유·아동이 스마트폰에 노출되어 있는 것을 심심치 않게 볼 수 있다.

유·아동의 과의존 비율은 2018년 대비 2.2퍼센트 증가하여, 전체 연령층 중에서 가장 현저하게 증가하고 있다. 또한, 유·아동과 청소년의 과의존 위험은 부모가 과의존 위험군이거나 맞벌이 가정일 경우 좀 더 취약한 것으로 나타났다(한국정보화진흥원, 2021). 아울러 여성가족부(2022)에 따르면 청소년의 스마트폰 과의존 위험군(잠재적 위험군·고위험군)은 37퍼센트에 달한다. 젊은 층일수록 디지털 매체에 대한 의존도가 높다는 것을 알 수 있다.

스마트폰 과의존은 실제 삶에 어떤 영향을 주고 있을까? '사람인'(2019)에서 성인 남녀 5,267명을 대상으로 조사한 결과, 하루 평균 스마트폰 사용 시간은 3시간 55분이었으며, 스스로 스마트폰 중독이라고 생각한 적이 있느냐는 물음에는 40.6퍼센트가 그렇다고 응답했다. 더 나아가 스마트폰 중독이라고 생각한 증상에 대해서는(중복 응답) "별다른 목적 없이 수시로 스마트폰을 켜서 보는 것" 75.2퍼센트, "스마트폰이 없으면 불안함" 38.5퍼센트, "PC·TV보다 스마트폰이 가장 편함" 34.4퍼센트, "스마트폰을 하느라 시간 가는 줄 모름" 30.2퍼센트, "대화, 식사 등 다른 용무 중에도 스마트폰을 함" 24.1퍼센트, "걷거나 운전 중에도 스마트폰을 함" 17.4퍼센트로 나타나 일이나 관계·식사와 같은 기본적인 일상생활에 얼마나 디지털 기기가 가까이 있는지를 여실히 보여 주었다.

그러나 유기체와 디지털의 만남은 그다지 순탄치만은 않은 듯하다. 앞선 조사에 참여한 응답자는 이로 인해 "시력 악화, 거북목 등 건강이 나빠짐"(59.9퍼센트), "다른 활동을 안 하고 스마트폰만 하게 됨"(45.7퍼센트), "학업이나 업무 등 본업에 차질이 생김"(28.7퍼센트), "대화가 줄어드는 등 인간관계가 소홀해짐"(21.8퍼센트), "스마트폰과 관련한 쓸데없는 지출이 많아짐"(12.7퍼센트) 등을 호소하는 등 신체적·관계적·업무적·경제적 문제가 복합적으로 드러나고 있기 때문이다.

그렇다면 현대인이 디지털에 과몰입하게 된 배경엔 무엇이 있을까? 통계를 살펴보면 디지털 과의존과 현대인의 스트레스의 현저한 증가는 상당한 연관성을 갖는 듯하다. 통계청(2022)의 '2022 사회조사'

에 따르면 스트레스 정도에서 직장 생활 스트레스가 62.1퍼센트에 달한다. 그중 전반적인 일상생활이 44.9퍼센트, 가정생활이 34.9퍼센트, 학교 생활이 35.6퍼센트로 나타난다. 전반적으로 일상생활에서의 스트레스 지수가 현저히 높은 수준인 것이다.

좀 더 젊은 세대를 들여다보면 어떨까? 여성가족부(2022)에 따르면 2021년 현재 중·고등학생의 스트레스 인지율은 38.8퍼센트이고 최근 1년 내 중·고등학생의 26.8퍼센트는 우울감을 경험하고 있다. 한편 2021년 초·중·고등학생 사교육 참여율은 75.5퍼센트로, 이는 20년 전보다 무려 9퍼센트가 증가한 수치이다. 또한, 인크루트 설문 조사(2019) 결과 직장 생활에서 얻은 질환 1위는 스트레스성 정신질환(우울증, 화병)으로 18.9퍼센트를 차지했고, 소화기 장애(소화불량, 변비)가 16퍼센트, 번아웃증후군이 12.6퍼센트로 나타났다. 또한, 현대인이 경험하고 있는 급격한 스트레스 상황 증가와 디지털 중독 사이엔 깊은 연관이 있다는 여러 연구 결과가 있다(김남석 등, 2007; 김세윤, 2007; 김동희, 2016; 박민정·조미희, 2019; 민동옥·성한기, 2021; 김병수, 2022; 최인하, 2023). 게다가 이는 다시 정신적/신체적 문제와도 다시 긴밀한 연관성을 갖는데, 디지털 중독은 강박적인 사고, 내성, 충동성, 우울, 불안, 타 활동에 대한 흥미 저하, 일상생활의 문제, 사회성 발달의 저하와 연관되고, 이는 여타 다른 행동 중독의 증상과도 긴밀하게 연관된다(김병년, 2013; 최현석·이현경·하정철, 2012; 서보경, 2014; 안주아, 2016; 서장원, 2017; Samaha & Hawi, 2016; Smetaniuk, 2014).

디지털 중독으로 인한 심리적/신체적 문제

우리 사회는 고래로부터 직접 이동하며 거래하고 관계를 하는 일명 '트랜스포트transport' 사회였다. 그러나 기술이 발전하고 스마트 사회가 본격적으로 도래하며 물리적 이동이 통신망의 연결로 대체되기 시작했다. 일명 '텔레포트teleport' 사회가 형성된 것이다.

이러한 시류에서 2019년 말부터 전 세계적으로 창궐한 코로나19가 호흡기를 통해 전염된다는 사실이 알려지면서 많은 대면 모임 자체가 축소되었고 이와 동시에 비대면 사회, 디지털 세계의 망이 더욱 가속화되었다.

이제 현대사회에서 작은 기기를 통해 음식을 배달해서 먹고 쇼핑을 하는 것이 일상이 되었다. 디지털로 복잡다단한 일을 하고 수업에 참여하며 누군가와 소통을 하는 것은 당연한 일이 되었다. 어느덧 우리 세계에 급속도로 들어온 디지털 사회는 사회 곳곳에 깊숙하게 파고들면서, 디지털 기기가 없는 사회를 상상하기 어려워졌다. 게다가 이러한 흐름은 더욱더 가파르게 진행될 것이다. 이미 많은 현대인의 일상 세계의 상당 부분이 디지털 세계와 접속해 있으며, 이로 인해 많은 이들이 단 몇 시간이라도 디지털 세계와 끊어져 있을 때 급격한 불안감을 느끼기도 한다.

이러한 급격한 전환은 그로 인한 효용성 증가를 의미하는 동시에 다양한 문제점을 갖게 된다. 이를 좀 더 심층적으로 살펴보면 총 여섯 가지의 문제가 있다.

첫째, 정서 조절의 문제이다. 시대의 빠른 변화에서 나타나는 불확실성과 급격한 스트레스 증가는 불안을 일으킨다. 불안은 도피flight 반응을 일으키는데, 디지털 기기는 이를 위한 좋은 도피처이다. 우리가 힘든 시험을 끝내거나 과로하게 되었을 때 매콤하거나 자극적인 음식이 당기는 것처럼, 디지털 세계는 음악·영상·연락망·게임·흥미로운 정보 등을 제시하며 스트레스 상황에서 일시적인 기분 개선제가 된다. 문제는 디지털 사용 증가가 불안과 우울감을 근본적으로 해결해 주지는 않는다는 사실이다. 오히려 디지털 세계에 집중하면 일시적으로는 기분이 좋으나 그와 동시에 내성 역시 강해지며 오히려 그보다 더 많은 시간을 디지털에 접속해야 하는 문제가 발생한다. 게다가 이전의 자극으로는 만족할 수 없어 더 자극적인 영상이나 게임을 찾게 되고, 이를 중단하게 되었을 땐 분노·우울·불안 같은 부정적 감정이 오히려 더 증폭될 수 있다. 여기에 더해 여전히 존재하는 스트레스 상황은 우리의 교감신경 체계를 활성화하고 이는 다시 도파민 욕구를 상승시킨다.

디지털 세계는 도파민을 소비할 수 있는 좋은 도피처이지만, 문제는 이 도파민 수용체의 저항성이 더욱 높아지며 내성을 갖게 되는 것이다. 그로 인해 더 많은 시간과 자극적인 내용에 집중하게 되며, 이를 그만두었을 땐 되려 금단현상이 발생하면서 부정적인 감정이 오히려 촉진되는 뫼비우스의 띠와 같은 현상이 일어나는 것이다. 이를테면 잠이 안 와서 스마트폰을 보게 되었는데, 이 때문에 잠이 달아나 버리는 것이다.

둘째, 다양한 신체적 문제이다(윤현서·권명순·윤정순, 2018; 이해숙·신윤미, 2019; 이해국 등, 2020; Aziz et al., 2021; Dresp-Langley, 2022). 디지털 화면은 눈에 무리를 주어 안

구건조증을 불러일으킬 수 있으며, 화면에서 발생하는 블루라이트는 멜라토닌 분비를 억제해 수면장애를 유발할 수 있다. 게다가 손가락을 과도하게 사용해 힘줄이 손목을 압박하면서 손목터널증후군이 나타나거나, 오랜 시간 나쁜 자세로 화면에 집중하다 보니 목디스크·근막통증증후군이 나타날 수도 있다. 게다가 강한 정보에 뇌가 익숙해지면서 현실 세계의 느리고 약한 자극엔 뇌가 쉽게 싫증을 느끼며 집중력의 저하로 나타날 수 있다.

셋째, 일상생활에서 발생하는 부적응이다. 스마트폰 및 인터넷 매체에 많은 시간을 쏟다 보면 당면한 일에 집중하기가 점점 어려워질 수 있다. 일상은 온라인처럼 자극으로 점철되어 있지 않으며, 온라인 세계에 비하면 지나치게 느려 지루하기까지 하다. 즉, 온라인 매체에 집중할수록 오프라인 세계가 낯설고 그 괴리감이 더 커지는 것이다. 결국 이는 학생에게는 학업 수행 저하로, 직장인에게는 업무 집중력 저하로 나타나는데, 이로 인한 절망과 실패 경험은 다시 도피처로서 디지털 세계로의 몰입으로 나타나게 된다. 이처럼 일상 세계에서의 여러 장애는 본인뿐만 아니라 주변 및 환경과의 갈등으로 비화될 수 있다. 이는 가족 및 사회에서의 여러 관계적 문제로 나타나기도 하며, 이는 다시 일상생활의 부적응을 촉발한다.

넷째, 대인관계의 어려움이다. 많은 사람이 온라인 매체를 통해 새로운 관계의 망을 형성하면서 관계의 양 자체가 폭발적으로 늘어났다. 소셜 네트워크, 온라인 커뮤니티, 온라인 회의 모임 등이 급속도로 늘어나며 가상의 관계를 맺는 경우가 현저하게 늘어나고 있다. 그러나 어디까지나 디지털은 가상의 세계이며, 이곳에서의 관계는 어디까지나 비대면 관계를 의미한다. 즉, 현실 세계에서의 관계와는 건널 수 없는 간극이 존재하는 것이다. 한편 가상의 관계가 늘어나는 만큼, 실제 만남이 줄게 되며 실제 만남에서는 정작 관계를 어떻게 맺어야 하는지에 대한 괴리감 역시 커지고 있다. 최근 '콜 포비아'(전화공포증)란 신조어가 화제가 되고 있다. 콜 포비아란 전화통화를 꺼리는 것을 넘어 통화 자체에 두려움과 불안을 느끼는 등, 통화 전에 필요 이상으로 긴장하는 증상이다. 잡코리아(2020)가 실시한 한 연구에 의하면 성인 남녀 중 46.5퍼센트가 전화통화에 두려움을 느끼는 콜 포비아를 겪고 있다고 답했다. 또한, 이 증상을 갖게 된 이유를 묻는 질문에 "메시지나 앱, 문자 등 비대면 의사소통에 익숙해져서"라는 응답이 58.2퍼센트에 달했고, "나도 모르게 말실수할까 봐"가 35.3퍼센트를 차지했다. 시차를 두고 소통할 수 있는 온라인 채팅이나 메신저의 만남이 비대면에 가깝다면, 전화는 현장감을 가지고 있고 즉시성을 발휘해야 한다는 점에서 대면과 가깝다고 할 수 있다. 가상세계의 확장이라는 시대적 흐름 속에서 인간 세계의 망 역시 온라인 세계로 편입되면서, 정작 실제 인간관계의 만남이 불편해지고 어려워지고 있다. 이러한 과정이 반복되고 점차 실제 관계를 맺을 수 있는 사람이 줄어들면서 삶에서 외로움과 고립감이 발생할 수 있다. 관계의 팽창 속에서 역설적인 관계의 빈곤이 똬리를 틀고 있는 것이다.

마지막으로 다양한 중독과 복합적으로 나타날 수 있다. 디지털 내에서의 중독적 행동은 얼마든지 다른 행동으로 전이될 수 있다. 이를테면 온라인 게임중독은 게임 영상에 대한 과몰입으로 전이되고 다른 게임 유저와의 만남과 커뮤니티로의 몰입으로 나타날 수 있다. 또한, 이는 물질 중독의 형태인 알코올중독이나 담배중독 등으로도 나타날 수 있다. 이를테면 도박중독은 디지털 매체로 전환되어 얼마든지 온라인 도박게임으로 확장될 수 있다.

디지털 중독과 상담적 개입 방향

이렇듯 디지털 중독은 우리 사회에 많은 문제를 일으키지만, 그런데도 디지털 세계로의 편입 속도가 줄어들지는 않을 예정이다. 또한, 첨단 기술과학 시대를 사는 현대인에게 디지털 기기를 활용하는 것은 선택의 문제가 아닌 필수이기 때문이다.

따라서 디지털 중독적 행동을 낮추고 실제 세계와 디지털 세계의 공존을 획득하고 균형적인 삶을 구축하는 것이 보다 바람직하다. 따라서 이를 중독으로 규정하고 무조건 끊는 데 방점을 두거나 문제의 방식으로만 볼 것이 아니라, 어떻게 디지털 세계와 공존할 수 있을지, 좀 더 건강한 삶을 구축하는 데 필요한 것이 무엇인지를 찾는 것이 더 중요할 수 있다. 이를 위한 상담적 개입엔 어떤 것이 있는지 살펴보도록 하자.

욕구 기반의 상담적 개입: 문제에서 욕구의 방향으로 "풍성한 욕구"

현대사회에서의 높은 경쟁성, 효율성, 적응성은 인간의 욕구를 제한하고 타율성을 강화한다. 현대사회의 치열한 입시 경쟁 시스템에서 아동 및 청소년에게 있어 학업과 경쟁이란 자기주도적이기보다는 부모 또는 사회에서 요구되는 측면이 많이 있다. 또한, 성인이 된다고 하더라도 이러한 타율성으로부터 자유롭기는 어렵다. 오히려 많은 경우 개인은 사회에서 요구하는 직업, 능력, 연봉, 직급을 확보하기 위해 노력하는 한편 압박감을 느낀다.

이러한 흐름에서 디지털 매체는 과몰입의 대상이 되기도 하지만 타율성과 압박감에 대한 대안의 기지이기도 하며, 펼치지 못하는 욕구가 반영되는 중요한 장소가 되기도 한다. 실제로 정여주 등(2017)이 인터넷 및 사용 욕구를 분류한 바에 따르면, 온라인 관계 형성, 현실 친구 소속 인정, 괜찮은 자기 확인, 새로운 자기 경험, 생각과 의견 표현, 정서 표현, 정보 습득, 스트레스 해소, 게임 조작 성취, 재미의 요소 등이 있다. 이는 디지털 공간이 중요한 관계적 장이자 놀이의 장이며, 중요한 정보와 학습을 구축하는 매개체라는 것을 의미한다. 즉, 현실 사회에서 경험하지 못하는 중요한 욕구가 인터넷 공간에서 메워지는 것이다.

그렇다면 욕구엔 어떤 것이 있으며 이는 디지털 세계와 어떠한 관련성을 맺는가? 매슬로우Abraham H. Maslow(1968)는 《Toward a psychology of being》에서 욕구계층이론Hierarchy of needs을 주창하며 크게 하위 욕구인 결핍 욕구와 상위 욕구인 성장 욕구를 구분하고, 하위 욕구가 어느 정도 충족되고 난 뒤에서야 상위 욕구로 올라갈 수 있다고 보았다. 결핍 욕구에는 생리적 욕구biological and physiological needs, 안전 욕구safety needs가 있는데, 이를 하나씩 살펴보면 생리적 욕구란 식욕 · 성욕 · 수면욕과 같은 본능적인 욕구이고, 안전 욕구는 위험 · 위협으로부터 자신을 보호하려는 욕구이다. 한편, 성장 욕구엔 소속 및 애정 욕구belongingness and love needs, 존중 욕구esteem needs, 자아실현의 욕구self-actualization needs가 있다. 이 역시 하나씩 살펴보면, 소속 및 애정 욕구는 가족·사회·여러 공동체에 소속되고 사랑받고 싶은 욕구, 존중 욕구는 자신의 가치와 능력을 누군가에게 인정 및 존중받고 싶은 욕구, 마지막으로 자아실현 욕구는 자기를 계속 발전시켜 가능성과 잠재력을 실현하고 싶은 욕구이다.

매슬로우는 결핍 욕구일수록 유한하고 성장 욕구일수록 무한한데, 사회가 고등하게 바뀌게 될 때, 욕구는 상위의 욕구로 올라간다고 보았다. 즉, 그의 이론에 따르자면, 현대사회는 그 어느 시대보다 물질적으로 풍부한 사회가 되었기 때문에 결핍 욕구보다는 성장 욕구가 대두된다. 즉, 우리가 저녁 약속을 잡는 이유는 굶주린 배를 채우기 위해서라기보다는, 그 안에 모인 공동체에서 소속되고 싶고 인정받고 싶기 때문이다. 경제적 불안 역시 절대적 빈곤보다는 상대적 빈곤에 가까운 것이 태반이다. 이러한 관점에서 조망해 볼 때, 온라인 매체는 성장 욕구를 반영하는 중요한 매개체가 된다. SNS에서 "좋아요"의 횟수가 많아지거나 자신이 해낸 멋진 업적이나 명품 사진이 누군가에게 인정을 받는 것은 수용과 인정 욕구를 채워 준다. 나아가 온라인 게임에서 높은 레벨업을 달성한 게임 유저에게 그 게임 캐릭터는 자아실현에 대한 상징적 행동일 수 있다.

따라서 디지털 세계를 무조건 차단하는 것은 이미 온라인 매체로 산업구조와 일상 세계가 넘어가는 추세에 역행할 뿐 아니라, 개인이 가진 심리적 욕구를 박탈하는 행동이 될 수 있다. 따라서 상담사는 디지털 과몰입 자체를 문제로 보기보다는 이 안에서의 친밀한 관계, 개인의 능력, 이 세계 안에서 개인이 추구하는 가치를 존중하는 동시에 이러한 욕구가 채워질 수 있는 다양한 행동을 함께 정의할 필요가 있다.

즉, 불안을 충분히 다루고 이에 대한 파국적/부정적 사고를 교정하는 것뿐만 아니라, 개인의 욕구가 실현되고 있는 온라인 매체에서의 다양한 수용, 즐거움, 자유의 욕구를 충분히 드러내고 이를 좀 더 다양하고 풍성하게 나타날 수 있도록 지지하고 격려하는 지지적 관계를 수립할 필요가 있다. 더 나아가 온라인 매체에서의 관계와 다양한 욕구가 충분히 발현될 수 있도록 돕는 동시에, 오프라인에서의 친구관계 및 가족관계를 탐색하고 친밀감과 공동체 망에서의 안전 기지를 구축하도록 도울 수 있다.

신체와 심리를 통합한 상담적 개입: 마음챙김mindfulness

디지털 사진과 영상을 보면 이제는 너무나 현실을 빼닮아서 일상 세계와 구분이 잘 되지 않을 정도이지만 사실 이 모든 현상은 0과 1의 코드의 집합에 불과하다. 문제는 정작 그것을 보고 응답하는 인간은 이렇게 숫자로 입력된 존재가 아니라 감각으로 세계를 경험한다는 사실이다. 인간은 피와 뼈와 살로 이뤄진 유기체이며, 자연친화적 존재를 넘어 자연 그 자체이다. 아무리 메타버스가 훌륭한 세계를 구현한다고 하더라도, 그곳에서 먹는 화려한 식단이 정말로 나를 배부르게 할 수는 없다. 게다가 소변이 마렵다면 고글을 벗어야만 할 것이다.

가상세계에서의 아무리 좋은 관계도 직접 손을 맞대는 실제 관계를 대체할 수는 없다. 우리는 여전히 심장을 가지고 있고 호흡하는 존재이며, 무엇인가에 접촉하고 느끼고 숙고하는 존재이다. 디지털 세계와 오프라인 세계엔 반드시 간극이 존재할 수밖에 없기에 우리는 가상세계에서 즐거웠다가도 모니터를 끄는 동시에 허무함과 공허함을 느낀다. 즉, 유기체가 경험할 수밖에 없는 몸의 소외이다. 따라서 소외된 몸을 활성화하고 이를 통해 심리적 개입을 하는 방법이 늘고 있다. 그중 마음챙김mindfulness은 가장 잘 알려진 개입 중 하나이다.

마음챙김은 분주함을 내려놓고 '지금 여기'에 현존하는 몸의 반응에 집중한다. 이는 불안에 휩싸인 나머지 편견에 가득 찬 판단의 렌즈로 세계를 바라보는 것이 아니라, 있는 그대로 우리가 하는 경험을 직관하고 인식해 보는 훈련 과정이기도 하다. 마음챙김은 일반적으로 호흡을 통해 신체적 감각을 알아차리고 몰입·숙고 능력을 형성하는데, 이는 스마트폰 중독뿐만 아니라 불안·우울·분노와 같은 부정적인 감정에 대한 파국적 해석을 줄이고 정서를 조절하는 데 도움이 된다(남수아·조용래·노상선, 2019; 박슬기·김정호, 2020; 신나연, 2022; 정은실·손정락, 2011; Grossman, 2004; Creswell, 2014; Strohmaier, 2020).

이는 결국 압도적인 스트레스 상황에서 우리의 신체/심리적 반응 체계와 감정을 조절하여 좀 더 건강한 대응 체계를 구축하는 데 도움이 된다. 또한, 마음챙김은 자기인식 능력을 향상하여 반복적인 생각으로부터 대안의 생각을 구축할 수 있다.

이처럼 마음챙김은 현재의 감각 경험에 집중하여 현재를 자명하게 바라보도록 하여 경험을 직관할 수 있게 함으로써 메타인지metacognition를 형성해 자신의 감각, 감정, 생각에 대한 인식을 고양하는 데 중요한 역할을 한다(Goleman, D., & Davidson, R. J., 2022). 메타인지란 자신의 사고 과정을 판단할 수 있는 능력으로 "지금 너무 불안해", "저 사람은 왜 이렇게 이기적이야"와 같은 감정이나 생각이 들 때, "지금 불안하다는 것을 경험했구나", "저 사람에 대해 이기적이라는 생각이 들었구나"라고 자신을 스스로 돌아보고 이것이 적절한 반응인지를 평가할 수 있는 능력이다.

메타인지 능력을 갖추는 것은 감정 자체에 매몰되거나 수동적으로 반응하는 것이 아니라, 사태를 좀 더 분명하고 명확하게 보고 숙고할 수 있는 능력을 형성하고 평가하는 힘을 갖게 한다. 이는 자기인식 능력을 향상시킬 뿐만 아니라 타인의 생각과 감정을 이해할 수 있는 조망 수용 능력을 형성시키게도 한다. 자기인식 능력과 이해 능력의 향상은 반복적인 충동행동을 줄이고 좀 더 적절한 선택을 할 힘을 키워 준다.

만약 학업에 대한 압박감이 들 때마다 이로 인해 불안이 촉발되면서 디지털 과몰입으로 빠져드는 악순환의 고리가 형성되었다고 해 보자. 이때 마음챙김 훈련은 학업에 대한 압박감을 좀 더 명료하게 들여다볼 수 있게 할 수 있다. 개인은 깊은 호흡 속에서 다음과 같은 질문을 할 수 있다. "지금 느껴지는 압박감은 몸에 어떤 반응을 일으키는가?", "그것은 어느 부위에 있는가?", "압박감은 어떤 생각을 불러일으키는가?", "압박감은 어떤 감정으로 나타나는가?", "나는 압박감이 느껴질 때마다 어떤 행동을 하려고 하는가?" 등이다. 이렇게 형성한 숙고의 기지는 즉각적인 감정, 생각, 반응을 제어하는 기지가 된다. 즉, 이전엔 불안을 회피하기 위해 무작정 온라인 매체로 몇 시간이고 빠져들었다면, 좀 더 건강한 스트레스 대처 기술을 함양하기 위한 다양한 활동들, 이를테면 운동이나 공동체에서의 다른 관계 맺기 등을 형성할 수 있다. 이러한 인지 능력 강화를 통해 디지털 과몰입의 행동

방식을 넘어 좀 더 적절하고 다양한 대처 방식을 구축할 수 있다.

이 밖에도 신체적인 활동을 활성화하고 교감신경을 부교감신경으로 전환하는 이완적 개입이나 실제 관계 경험에 노출되는 것 역시 디지털 과몰입을 예방하는 데 도움이 된다. 이를테면 자연에서 걷는 산책, 좋아하는 운동을 찾아서 꾸준히 하기, 다양한 휴식, 사회적 공동체 참여 등 개인의 상황과 욕구에 따라 이를 다양하게 구축하고 실행할 수 있도록 돕는 것은 신체 감각을 활성화하여 균형적인 삶을 구축하고 정신건강을 증진하는 데 도움이 되며 더 나아가 스트레스 대처 기술을 폭넓게 함양할 수 있는 좋은 토대가 된다.

자기조절 상담적 개입

자기조절self control이란 충동을 조절하고 정서적·인지적·행동적으로 자신의 동기를 구축하고 목표를 달성할 수 있도록 하는 능력을 의미한다. 반두라Albert Bandura(1991)는 자기조절self-regulation이란 자기반영self-reflection·자기평가self-evaluation·자기반응self-reaction 등으로 구성되며, 조절이란 단순한 인내력을 말하는 것이 아니라 스스로를 반영하고 조율하고 평가하고 적절한 반응을 할 수 있도록 돕는 체계적 과정이라고 주창하였다.

자기조절 능력은 어떤 어려운 상황이나 충동이 일어날 때 자신이 세운 목표를 이루기 위해 욕구를 지연하고 대안을 구축하고 적극적으로 대응할 수 있는 능력이다. 이러한 자기조절 능력은 학습할수록 강화될 수 있다. 따라서 이는 장기 목표를 구축하는 능력, 욕구를 지연하는 능력을 형성하며 이를 피드백하고 조절하는 평가 체계이다.

또한 억제 조절을 형성시키는 체계로서 충동으로부터 감정, 사고, 행동을 조절하는 능력을 의미한다.

디지털 중독과 관련하여 국내에서 실시되고 있는 자기조절 프로그램엔 스마트폰 중독(김동일 등, 2020), 아동의 인터넷 중독(고수연, 2002), 고등학생 인터넷 중독(김수진, 2009), 대학생의 게임중독(최오·영손, 2011) 등이 있으며, 이는 인지행동치료, 마음챙김, 관계중심적 접근 등 다양한 심리적 개입과 함께 활발히 실시되고 있다.

자기조절을 좀 더 구체적으로 알아보기 위해 정서적 측면, 인지적 측면, 행동적 측면으로 고찰해 보면 다음과 같다. 먼저 정서적 측면에서 자기조절 프로그램은 정서 조절력을 향상하는데, 이는 자신의 감정대로 움직이는 것이 아니라 감정을 조절할 수 있는 주체가 자신임을 인식하고, 이를 통제할 수 있는 능력을 형성하는 것이다. 이를테면 짜증이 날 때, 이를 해소하기 위해 공격적이고 자극이 강한 게임을 반복적으로 했다고 가정해 보자. 이때 짜증이라는 감정 자체를 스스로 인식하는 한편 자극과 반응 사이의 간극을 넓혀, 짜증 나는 대로 행동하는 것이 아니라 짜증이 날 때 어떻게 행동하는 것이 바람직할 것인지 선택할 수 있도록 돕는 것이다. 이는 좀 더 적절한 기분 전환의 요소나 새로운 관계성을 획득할 수 있는 토대가 되기도 한다.

한편, 부정적인 감정 자체를 낮추는 개입뿐만 아니라 좀 더 긍정적 감정인 열정, 흥미, 재미의 요소를 증진하는 것 역시 자기조절 능력을 형성하는 데 긍정적으로 작용할 수 있다. 이를테면 개인이 내재적으로 좋아하는 취미를 갖는 것은 이에 대한 호기심·도전감·열정·성취감을 형성할 수 있고, 이는 짜증과 같은 부정적 감정을 경감할 수 있다. 더 나아가 상담사의 정서적 지지 역시 중요하다. 지지적이고 안전한 환경에서 자신이 왜 화가 나고 짜증이 났는지를 상담사와 대화하면서 자신의 감정을 타당화해 보고 이 이면에 숨겨져 있는 심층 감정을 다루는 것은, 억눌린 감정을 해소하고 심층 감정을 포함한 다양한 감정을 수용하고 피드백하는 과정을 거침으로써 정서 조절을 형성하는 토대를 형성할 수 있다.

둘째, 인지 능력의 향상이다. 인지 능력이 향상된다는 것은 목표를 계획하고 예측하며, 어려움이 있다면 이를 어떻게 극복할지를 명확하게 형성하는 것, 더 나아가 주어진 과제에 집중하고 동기를 유지하는 능력을 갖추는 것을 의미한다. 목표와 행동·동기를 구축하는 것은 디지털 매체를 선용하고 활용할 수 있는 힘을 길러 줌으로써 디지털 기기에 빠지는 것을 방지하는 힘을 키워 준다. 인지 능력 향상 과정에서 많이 쓰이는 심리적 개입엔 인지 치료cognitive therapy가 있다. 해당 개입은 개인의 인지 및 패턴을 인식하고 변화하는 것을 목표로 한다. 상담사는 디지털 중독 행동을 일으키는 사고를 탐색하고 그 근저에 있는 핵심 신념을 다루어 대안의 사고를 할 수 있는 토대를 열어 줌으로써 부적응적 행동을 교정할 수 있는 패턴을 구축할 수 있다. 또한, 이러한 토대에서 개인의 디지털 기기 사용을 통제하고 자기 통제력을 높이는 기술을 함께 구축하며 시간관리 전략, 목표 설정, 과제에 집중하기 위한 기술 등을 함께 정의하고 연습할 수 있다.

셋째, 행동 조절의 향상이다. 디지털 매체는 시각과 청각에는 엄청난 자극을 주지만 후각, 촉각, 미각의 자극엔 상대적으로 소홀하다. 따라서 디지털 자극에 대한 반응을 억제하기 위해 다양한 자극을 활성화하고 좀 더 체험적인 방식을 구축하여 실행해 보는 능력을 갖출 수 있다. 이러한 과정에서 오감을 활성화할 수 있는 생태적 장이나 원예·미술·놀이·음악을 도구로 한 치료적 매체를 구축하는 것 역시, 다양한 감각·자극·감정을 촉진할 수 있기 때문에 좀 더 행동 조절을 향상할 수 있다. 또한, 실제 디지털 행동을 의도적으로 지연하는 동시에, 앞서 다뤘던 인지 능력의 향상을 토대로 적절한 행동을 구축해 보고 이를 강화해 보는 연습 역시 디지털 과몰입으로 이어지는 부정적 행동 패턴을 바꾸는 훈습의 장이 될 수 있다.

즉, 요약한다면 자기조절 프로그램은 정서적으로 좌절감을 극복하고 좀 더 긍정적 감정을 형성할 수 있도록 하며, 인지적으로 목표와 동기를 구축하고 이를 계획하고 시간을 조절하며 집중할 수 있는 능력을 형성한다. 더 나아가 행동 조절은 다양한 경험을 활성화하며 특정 자극인 디지털 시간의 양을 축소하고 디지털 기기 자체의 반응을 다른 대체의 양식으로 전환할 수 있는 장점이 있다.

디지털 중독 상담에서의 통합적 접근: K씨의 사례를 중심으로

한 사립대학교 2학년에 재학 중인 K씨[1]는 이공계 관련 전공자이다. K씨는 심각한 게임중독에 빠져 있었고, 이 때문에 부모에 의해 의뢰된

---

1 해당 사례는 필자가 한 상담 사례이며 내담자에게 허락을 받았지만, 상담에서 다뤄지

비자발적인 내담자이다. K씨는 부모가 요구했던 대로 여태껏 입시 공부를 부단히 하면서 명문 대학교에 입학했지만, 실제로 다녀 보니 기대했던 것과 달리 너무나 재미가 없었고 허탈한 마음이 들었다고 한다.

고등학교 때까지 성적이 매우 우수했던 K씨는 이상하게도 대학에 들어가자마자 바닥으로 떨어졌다. K씨의 학점은 바닥에 가까웠고 수업 시간을 제외하고는 학교 자체를 가지도 않았거니와 심지어 수업도 빠지기 일쑤였다. 그나마 알고 있던 과 동기 몇 명이 군대에 가면서 학교생활에서 완전히 소외되었다.

물론 처음부터 그랬던 것은 아니다. 원래는 열심히 해 보려고 했으나 전공 관련 공부가 너무나 흥미가 없다 보니 학과 사람들에게도 관심이 점점 멀어지면서 성적도 기하급수적으로 떨어지게 된 것이다. K씨는 아침부터 밤까지 온종일 집에서 게임을 할 때가 많았으며, 부모는 잔소리도 하고 여러 방법을 써 봤지만 아무 소용이 없다고 하소연했다. 상담사는 K씨에게 어떤 것을 하고 싶은지, 고등학교 3학년으로 다시 돌아간다면 어떤 전공을 선택하고 싶은지 물어보았지만 무미건조한 표정으로 모르겠다는 말만 되풀이했다. 그는 정말로 어떤 것에도 흥미를 갖고 있지 않아 보였다.

단, 예외가 있었다. K씨는 대부분의 상담 시간 동안 마치 로봇과 같이 표정이 얼어붙어 있었지만, 게임 이야기가 나올 땐 표정이 밝아지기 시작했다. 실제로 그는 일상 세계에서 게임을 실제로 하는 것과 유

는 중요한 내용을 제외하고는 일부 변경을 하였다.

튜브 및 커뮤니티에 접속하는 것에 많은 시간을 할당하고 있었고 이곳엔 그의 욕구가 숨겨져 있었다. 따라서 상담사는 내담자의 게임 행동 이면에 있는 욕구를 깊이 있게 탐색해 보기로 합의했다.

상담사는 K씨가 하는 게임의 종류 및 캐릭터가 무엇인지 묻고, 그것이 주는 여러 성취 및 즐거움의 요소를 탐색했다. 그리고 게임 안에서의 관계 및 커뮤니티에서 만나는 관계도 탐색해 보았다. 또한, 상담사 역시 해당 게임을 주제로 공부해 보면서 그 안에서의 여러 경험의 역동성과 즐거움의 기지가 무엇인지를 함께 대화하기도 했다.

상담의 과정은 온라인 게임과 각종 정보에 관한 이야기로 가득해지기 시작했다. 상담사가 여러 게임의 용어를 공부하고 심지어 비슷한 게임을 해 보기도 하면서 K씨는 진정성을 느끼기 시작했고 상담의 몰입도 역시 올라가기 시작했다. 상담은 어느덧 그에게 매우 중요한 장소가 되었다. 실제로 말하고 있는 유일한 장소가 바로 이곳밖에 없었기 때문이다.

상담사는 K씨의 상황을 묘사하고 상상하며 그가 느꼈을 만한 감정과 생각, 행동을 바라보기 시작했고 K씨 역시 그런 상담사의 모습에 고마워하며 여러 정보를 알려주기 시작했다. 이러한 과정에서 K씨의 비자발적 상담 태도는 자발적인 상담 태도로 바뀌었다. 상담사는 외과의사가 아니기에 비자발적 내담자를 마취시킨 뒤 외과 수술을 할 수 없다. 실제로 변화의 주체는 내담자에게서 나타난다. 따라서 디지털 중독 상담에서 동기는 변화의 필수 조건이다.

상담의 과정은 게임에 대한 정보와 그곳에서 느꼈던 즐거움을 나누는 것에서부터, 더 나아가 그 안에서 맺고 있는 다양한 관계와 그

역동 속에서 K씨의 역할을 알아 가는 것이었다. K씨는 여러 사람과 함께 팀을 이뤄 상대 팀과 겨루는 게임을 좋아했는데, 그때마다 그가 선택하는 캐릭터의 역할은 타인을 보조적으로 돕는 것이었다. 게다가 그는 뛰어난 전략가이기도 했다. 그의 진정한 활약은 게임을 할 때보다는 게임을 하기 전이나 게임이 끝난 후에 나타났다. 게임 전엔 팀원들과 함께 어떻게 해야 효과적으로 승리할 수 있을지를 고민하고, 게임에서 지고 나면 왜 졌는지를 복기하는 꼼꼼함을 가지고 있었다. 그는 온라인에서 실제 싸움을 벌이고 다양한 아이템을 조합하여 상대를 제압하는 것보다는 전체적인 그림을 그리고 전략을 짜며, 자신은 뒤에서 여러 캐릭터를 돕고 조율하는 역할을 맡는 것을 즐겼던 것이다. 그는 여러 종류 게임을 해 왔지만 대부분 이런 역할에 흥미를 느꼈다. 또한 그는 살면서 누군가와 프로젝트를 수행할 때에도 자신이 주축으로 나서기보다는 여러 사람과 함께 팀을 이루어 어떻게 하면 프로젝트를 효과적으로 잘할 수 있는지를 고민하는 전략가의 역할을 해 왔음을 깨닫게 되었다. 그는 어린 시절부터 해 왔던 농구, 컴퓨터 게임, 여러 협업 프로젝트 등을 모두 그렇게 하고 있었다.

그러다가 그는 각인되는 경험을 이야기하기 시작했다. 그는 중학교 1학년 때부터 2년 넘게 친구들과 방송 관련 동아리를 했던 경험이 인생에서 가장 행복한 시절이었다고 회상했다. 방송 동아리에서 다큐멘터리, 뉴스, 콩트 등을 했는데 그는 배우나 아나운서가 아니라 프로젝트를 기획하는 PD를 주로 맡았다. 그는 카메라 밖에서 전체적인 기획을 하고 동선을 잡고 멋진 프로젝트를 할 수 있도록 돕는 역할을 하였다. 그는 팀 메이커로서 재능이 있었다. 이를 연결 짓게 되면서, 그는 왜 이 경험이 자신에게 가장 행복한 경험인지를 깨닫게 되었다. 뿐만 아니라 그 이전에 친구들과 놀이를 하거나 문제를 해결할 때 자신에게 이러한 경향이 있었던 것을 알게 되었고, 그 이후 성공적으로 입시를 잘 치르게 된 이유도 무작정 공부를 열심히 한 것이 아니라 주도적으로 목표를 세우고 그에 따라 체계적이고 효과적으로 공부를 해 왔던 데에 있음을 깨닫게 되었다.

그에게 유독 대학에 입학해서 흥미를 잃은 이유를 물어보았다. K 씨는 주도적이었던 자신이 갑자기 학교 내에서 객체화되고 소외가 되었던 변곡점이 무엇인지를 곰곰이 떠올리기 시작했다. 그리고 그는 그 과정에서 혼자 세부적인 무엇인가를 직접 만들고 실험하는 것이 너무나 싫었다는 것을 주목하게 되었다. 그는 팀을 이루고 싶었고, 전체 그림을 보고 싶었으며, 직접 만들기보다는 팀을 지원하는 데 더 많은 흥미를 갖고 있었다.

그는 현실의 벽에 둘러싸여 불안해 하는 모습을 상담자에게 보이기 시작했다. 상담자는 그제야 그의 비자발성 이면에 있는, 현실에서의 좌절감, 불안감을 마주하기 시작했다. 상담자는 거울 반영mirroring으로 그를 수용하고 그의 처지에서 생각해 보려고 애썼고, 함께 공명하며 불안에 대한 안전 기지가 되기 위해 노력했다. 그는 이러한 과정에서 조금씩 자신을 들여다보고 자신이 원래 좋아하는 것, 잘할 수 있는 것을 발견하게 되었다. 그는 상담자와 함께 작은 목표를 발견하고 조금씩 자신이 관심이 있는 분야를 찾기 시작했다. 그는 자신이 원래 하고 싶었던 꿈이 방송계 PD라는 것을 깨닫기 시작했다. 중학교 때도 어렴풋하게 꿈꾸었는데, 부모님이 입시 공부에 쓸 시간을 빼앗아

간다며 반대하여 동아리 활동을 하지 못하게 되었다는 것을 기억해 냈다. 그리고 고등학교 입시만 마치면 자신이 원하는 삶을 살고 싶었는데 막상 학교에 와 보니 하기 싫은 혼자 해야 하는 실무에 내던져졌다. 그것이 바로 그가 게임에 몰두하게 된 이유였다.

그는 아직 늦지 않았고 여전히 기회가 있고 가능성이 있다는 것을 서서히 체득해 갔다. 그는 조금씩 자신의 욕구를 조율하면서 아침에 일어나자마자 게임에 들어가는 습관을 개선해 나갔다. 자기조절이 시작되며, 집 밖을 나가 학원에 다니기도 했고, 여러 사람과 어울리는 경험을 하게 되고, 온라인 매체의 커뮤니티도 다양해지기 시작했다.

그는 상담자와 팀을 이뤄 협업하며 스스로 전략을 세우기 시작했다. 처음엔 질문에 단답형으로 대답했던 그가 이제는 무엇인가를 제안하고 묻기도 하였다. 그는 온라인 매체를 십분 활용한 방송 관련 일을 하기로 마음을 먹었다. 그는 상담자와 그 마음을 구체화하여 큰 목표를 세우고 이를 위한 세부 계획을 정밀하게 짜기 시작했다.

K씨는 이러한 토대에서 이전부터 연습해 온 작은 습관을 토대로 학교 생활에 조금씩 적응하기 시작했다. 떨어졌던 학점을 메우고 전과를 준비하기 시작했다. 그 와중에도 여러 분야의 교양 과목을 듣고 캠퍼스 내에서 좋은 관계를 형성하였다. 상담 종결 시에도 K씨는 여전히 온라인 게임을 하고 있었으나 게임 시간의 양과 흥미는 현저히 줄어들어 있었다. 주저앉아 있던 그는 일어나 조금씩 뛰기 시작했다. 온라인에서 그가 선택했던 캐릭터와 서사는 현실로 조금씩 전환되기 시작했다. 뛸 수 있다는 믿음과 꿈꾸는 세계에 대한 열망은 그를 세상 밖으로 안내했다.

디지털 중독 상담에서 필요한
가장 중요한 전제

시대가 빠르게 흐르고 있다. 자고 일어나면 새로운 기술이 발견되었다는 뉴스가 계속 업데이트되고 있다. 그중 디지털 기술이 발군이다. 지하철을 타 보면 아이나 노인 할 것 없이 대부분 스마트폰을 보고 있는 것이 더는 낯선 일이 아니다. 많은 이들이 디지털로 인해 효용성을 경험하면서도 앞서 다뤘던 것처럼 중독적 경향 역시 함께 경험하고 있다. 무조건 멀리할 수도 없겠지만 시대적 흐름이라고 해서 이러한 중독적 경향성을 도외시하고 무작정 디지털 세계에 몰입한다면 그만큼 우리의 일상 세계는 허약해지고 스스로가 가지고 있는 통제감과 효능감을 상실하게 될 것이다.

기술과학이 빠르게 변하는 시대에서 단 하나 변하지 않는 것이 있다. 그것은 이 모든 기술과학의 생산자이자 소비자가 되는 존재, 바로 유기체인 '인간'이다. 인간은 수천 년 전이나 지금이나 별로 바뀐 것이 없다.

이미 디지털 세계는 효과적인 정보와 학습의 매개체이자 관계의 핵심적인 망으로 급부상하고 있다. 과도한 스트레스와 불안에서 디지털 공간은 안전한 휴식 공간이 되기도 한다. 따라서 앞으로 디지털 세계는 시간이 갈수록 우리 일상에 더 깊이 뿌리박힐 것이다. 그런데도 우리가 디지털 매체를 사용하는 주체인 인간이 될 것인지, 그것에 이끌려 살 것인지는 우리 스스로 선택할 수 있다. 온라인과 오프라인 세계가 중첩되는 사회 속에서 변하지 않는 것은 우리 자신뿐이기 때문이다.

디지털 중독에 대한 상담적 개입 역시 마찬가지이다. 디지털 중독을 방지하기 위한 정교한 프로그램이 계속 개발될 것이다. 이를 극복하기 위한 효능감, 목표, 도전, 탄력성, 자기조절 같은 개념 역시 임상적/과학적 토대에서 더욱 정교하게 발전될 것이다. 그러나 만약 상담사가 기술technique에 몰입한 나머지 내담자의 디지털 중독 이면에 있는 스트레스, 좌절된 욕구, 존재성을 주목하지 않는다면 이는 장기적으로 볼 때 그다지 효과적이지 않을 수 있다. 중독적 경향은 매우 강하므로 그보다 더 강한 내담자의 자발성이 필수적으로 요구되기 때문이다. 따라서 이 모든 개입이 얼마나 효과가 있고 지속력을 가질지는 내담자와 상담사 사이의 깊은 인간적 만남과, 내담자라는 한 존재가 꿈꾸고 있는 심층적 욕구와 열망하는 토대에서 출발한다는 것은 변하지 않을 것이다.

참고문헌

김남석 · 신상은 · 이계성 · 이명지 · 장은영, 〈일 도시지역 사업장내 인터넷 중독과 직무스트레스에관한 연구〉,《중독정신의학》 11(2), 2007, 78~85쪽.

김동일 · 우예영 · 임정은 · 이수빈 · 송주석 · 최수미, 〈스마트폰 중독 예방 교육 프로그램 효과성 검증: 자기조절력을 중심으로〉, 《상담학연구》 21(5), 2020, 315~338쪽.

김동희, 〈청소년의 스트레스와 스마트폰 사용에서 스트레스 대처방식의 조절효과〉, 《스트레스硏究》 24(2), 2016, 57~64쪽.

김병년, 〈청소년의 스마트폰 중독이 사회성 발달에 미치는 영향〉,《한국콘텐츠학회 논문지》 13(4), 2013, 208~217쪽.

김병수, 〈청소년이 인식하는 가족기능이 스마트폰 의존에 미치는 영향: 스트레스 대 처방식의 매개효과를 중심으로〉,《청소년시설환경》 20(3), 2022, 3~10쪽.

김세윤 · 최서윤 · 김범수, 〈자아의식, 스트레스 및 인터넷 사용통제가 성인의 인터 넷 중독에 미치는 영향〉,《한국 IT 서비스학회지》 6(3), 2007, 47~67쪽.

남수아 · 조용래 · 노상선, 〈스마트폰 중독 위험 대학생들의 스마트폰의 과다사용, 일 상적 기능의 손상 및 정신건강에 대한 마음챙김에 기반을 둔 개입의 효능 및 자기 조절력의 매개 역할〉,《Korean Journal of Clinical Psychology》 38(1), 2019, 29~44쪽.

다니엘 골먼 · 리처드 J. 데이비드슨,《명상하는 뇌》, 미산 · 김은미 옮김, 서울: 김영사, 2022.

민동옥 · 성한기, 〈청소년의 학업스트레스가 스마트폰 과의존에 미치는 영향: 부모- 자녀의사소통의 조절효과〉,《놀이치료연구》 25(1), 2021, 77~88쪽.

박민정 · 조미희, 〈청소년의 성별에 따른 스트레스, 스마트폰 중독, 사회적 지지, 생 리적 지수가 수면의 질에 미치는 융복합적 영향〉,《디지털융복합연구》 17(4), 2019, 335~344쪽.

박슬기 · 김정호, 〈정서 마음챙김 명상이 기능성 소화불량증 경향 여대생들의 상복 부 소화기 증상, 스트레스, 우울 및 불안에 미치는 영향〉,《한국심리학회지: 건 강》 25(5), 2020, 911~928쪽.

서보경, 〈성인 인터넷중독 및 스마트폰 이용 특성〉,《한국콘텐츠학회논문지》 14(1),

2014, 305~317쪽.

서장원,《인터넷 중독》, 서울: 학지사, 2017.

신나연, 〈한국형 마음챙김 명상에 기초한 인지 치료가 불안 장애 환자의 불안과 우울에 미치는 효과 비교〉,《디지털정책학회지》1(1), 2022, 1~5쪽.

안주아, 〈대학생들의 스마트폰 이용행태와 중독: 우울, 충동성이 중독에 미치는 영향 및 중독이 대인관계와 대학생활 만족도에 미치는 영향〉,《언론과학연구》16(4), 2016, 128~162쪽.

윤현서 · 권명순 · 유정순, 〈대학생 스마트폰 중독에 따른 정신건강과 신체건강〉, 《한국보건간호학회지》32(3), 2018, 411~423쪽.

이해국 · 신윤미, 〈유아동의 디지털미디어 노출 및 과사용 관련 건강문제에 대한 일차의료의 중재〉,《의료정책포럼》17(1), 2019, 70~74쪽.

이해국 · 임현우 · 이종주 · 신윤미 · 이승엽 · 정성훈,《디지털컨텐츠/기기 과사용 관련 건강문제에 대한 예방적 임상 개입 권고안 개발》, 대한의사협회 의료정책연구소 연구보고서, 2020, 1~188쪽.

정여주 · 이아라 · 고영삼 · 김한별 · 전아영,《청소년 인터넷 사용 욕구 검사 개발》, 《학습자중심교과교육연구》17(21), 2017, 531~562쪽.

정은실 · 손정락, 〈마음챙김 기반 인지치료 (MBCT) 프로그램이 대학생의 인터넷 중독 수준, 불안 및 스트레스에 미치는 효과〉,《Korean Journal of Clinical Psychology》30(4), 2011, 825~843쪽.

조윤미, 〈청소년의 일상적 스트레스와 자아존중감이 스마트폰 중독에 미치는 영향〉, 《인문사회 21》13(2), 2022, 1753~1768쪽.

최오 · 영손, 〈자기 통제 훈련 프로그램이 온라인 게임 중독 대학생들의게임 중독 수준, 공격성 및 충동성에 미치는 효과〉,《한국심리학회지: 임상》30(3), 2011, 723~745쪽.

최인하, 〈청소년의 스마트폰 과의존과 학업무기력과의 관계에서 우울과 학업스트레스의 이중 매개효과〉,《청소년상담학회지》4(1), 2023, 133~149쪽.

최현석 · 이현경 · 하정철, 〈스마트폰중독이 정신건강, 학교생활, 대인관계에 미치는 영향: K 대 대학생을 중심으로〉,《한국데이터정보과학회지》23(5), 2012, 1005~1015쪽.

American Psychiatric Association, D., & American Psychiatric Association. (2013). *Diagnostic and statistical manual of mental disorders: DSM-5* (Vol. 5, No.

5). Washington, DC: American psychiatric association.

Aziz, N., Nordin, M. J., Abdulkadir, S. J., & Salih, M. M. M. (2021). Digital addiction: systematic review of computer game addiction impact on adolescent physical health. *Electronics*, 10(9), 996.

Bandura, A. (1991). Social cognitive theory of self-regulation. *Organizational behavior and human decision processes*, 50(2), 248-287.

Creswell, J. D., & Lindsay, E. K. (2014). How does mindfulness training affect health? A mindfulness stress buffering account. Current directions in *psychological science*, 23(6), 401-407.

Dresp-Langley, B., & Hutt, A. (2022). Digital addiction and sleep. *International Journal of Environmental Research and Public Health*, 19(11), 6910.

Griffiths, M. (2000). Does Internet and computer" addiction" exist? Some case study evidence. *CyberPsychology and Behavior*, 3(2), 211-218.

Grossman, P., Niemann, L., Schmidt, S., & Walach, H. (2004). Mindfulness-based stress reduction and health benefits: A meta-analysis. *Journal of psychosomatic research*, 57(1), 35-43.

Maslow, A. H. *Toward a psychology of being*. New York: Van Nostrand Reinhold.

Panova, T., & Carbonell, X. (2018). Is smartphone addiction really an addiction?. *Journal of behavioral addictions*, 7(2), 252-259.

Samaha, M., & Hawi, N. S. (2016). Relationships among smartphone addiction, stress, academic performance, and satisfaction with life. *Computers in human behavior*, 57, 321-325.

Smetaniuk, P. (2014). A preliminary investigation into the prevalence and prediction of problematic cell phone use. *Journal of behavioral addictions*, 3(1), 41-53.

Strohmaier, S. (2020). The relationship between doses of mindfulness-based programs and depression, anxiety, stress, and mindfulness: A dose-response meta-regression of randomized controlled trials. *Mindfulness*, 11, 1315-1335.

디지털 자료

〈성인남녀 10명 중 4명, 나는 스마트폰 중독〉, 사람인, 2019. https://www.saramin.

co.kr/zf_user/help/live/view?idx=9955&listType=news

〈전화보다 메시지가 편해요〉, 잡코리아, 2020. https://www.jobkorea.co.kr/goodjob/
tip/view?News_No=18310&schCtgr=120001&schTxt=%EC%BD%9C%ED%8F%AC%E
B%B9%84%EC%95%84&Page=1

〈2022 청소년 통계〉, 여성가족부, 2023. http://www.mogef.go.kr/nw/enw/nw_enw_s001d.
do;jsessionid=lSrQZiQAAMl2yhL0nALbD7Ea.mogef11?mid=mda700&bbtSn=710167

〈2022 사회조사〉, 통계청, 2022. https://kostat.go.kr/board.es?mid=a10301060300&bi
d=219&tag=&act=view&list_no=421772&ref_bid=

〈2019년 스마트폰 과의존 실태조사〉, 한국정보화진흥원, 2019. https://www.korea.
kr/news/pressReleaseView.do?newsId=156376457

〈디지털 중독〉, 《한경 경제용어사전》, https://terms.naver.com/entry.naver?docId=2
067516&cid=50305&categoryId=50305

초연결시대의 그늘
치유론적 탐색

2023년 6월 30일 초판 1쇄 발행

지은이 ｜ 정지은 양유성 최성민 정락길
        이민용 우찬제 노철환 이헌주
펴낸이 ｜ 노경인 · 김주영

펴낸곳 ｜ 도서출판 앨피
출판등록 ｜ 2004년 11월 23일 제2011-000087호
주소 ｜ 우)07275 서울시 영등포구 영등포로 5길 19(양평동 2가, 동아프라임밸리) 1202-1호
전화 ｜ 02-336-2776 팩스 ｜ 0505-115-0525
블로그 ｜ bolg.naver.com/lpbook12
전자우편 ｜ lpbook12@naver.com

ISBN 979-11-92647-15-9